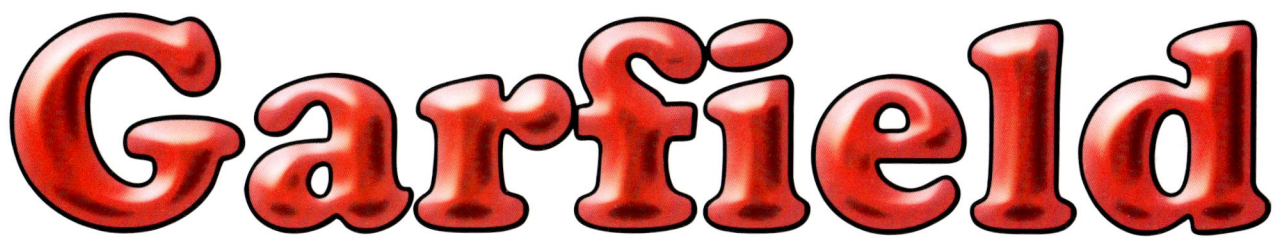

ALBUM GARFIELD

PRESSES AVENTURE

Copyright © 2006 PAWS, Inc. Tous droits réservés.
www.garfield.com
Garfield et les autres personnages Garfield sont des marques déposées ou non déposées de Paws inc.

Publié par **Presses Aventure,** une division de
Les Publications Modus Vivendi inc.
55, rue Jean-Talon Ouest, 2e étage
Montréal (Québec) H2R 2W8
Canada

www.groupemodus.com

Conception de la couverture : Marc Alain
Infographie : Modus Vivendi
Version française : Jean-Robert Saucyer

Dépôt légal, 1er trimestre 2006
Bibliothèque nationale du Québec
Bibliothèque nationale du Canada

ISBN 978-2-89543-328-6

Tous droits réservés. Aucune section de cet ouvrage ne peut être reproduite, mémorisée dans un système central ou transmise de quelque manière que ce soit ou par quelque procédé électronique, mécanique, de photocopie, d'enregistrement ou autre sans l'autorisation écrite de l'éditeur.

Nous reconnaissons l'aide financière du gouvernement du Canada par l'entremise du Programme d'aide au développement de l'industrie de l'édition (PADIÉ) pour nos activités d'édition.

Gouvernement du Québec — Programme de crédit d'impôt pour l'édition de livres — Gestion SODEC

Imprimé à Singapour

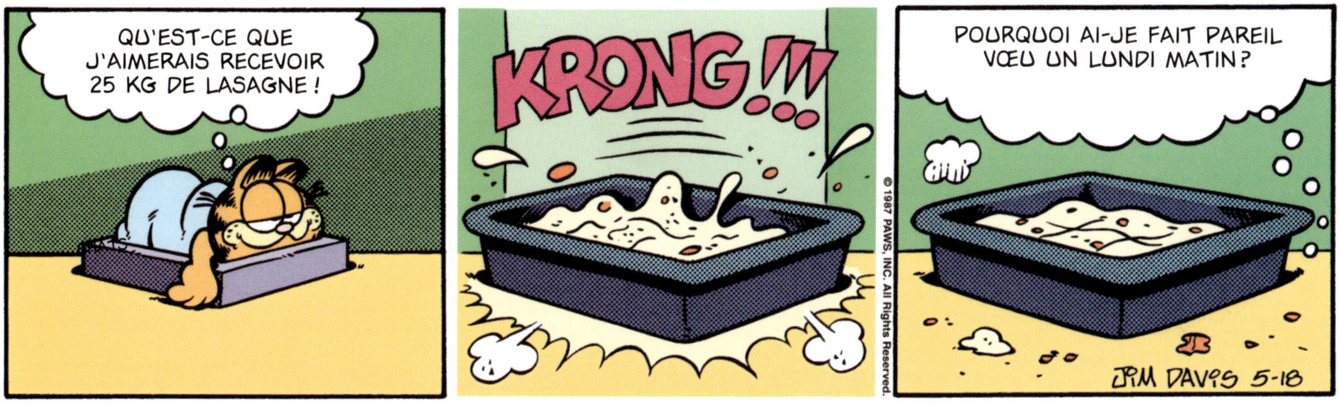
QU'EST-CE QUE J'AIMERAIS RECEVOIR 25 KG DE LASAGNE !
KRONG !!!
© 1987 PAWS, INC. All Rights Reserved.
POURQUOI AI-JE FAIT PAREIL VŒU UN LUNDI MATIN?
JIM DAVIS 5-18

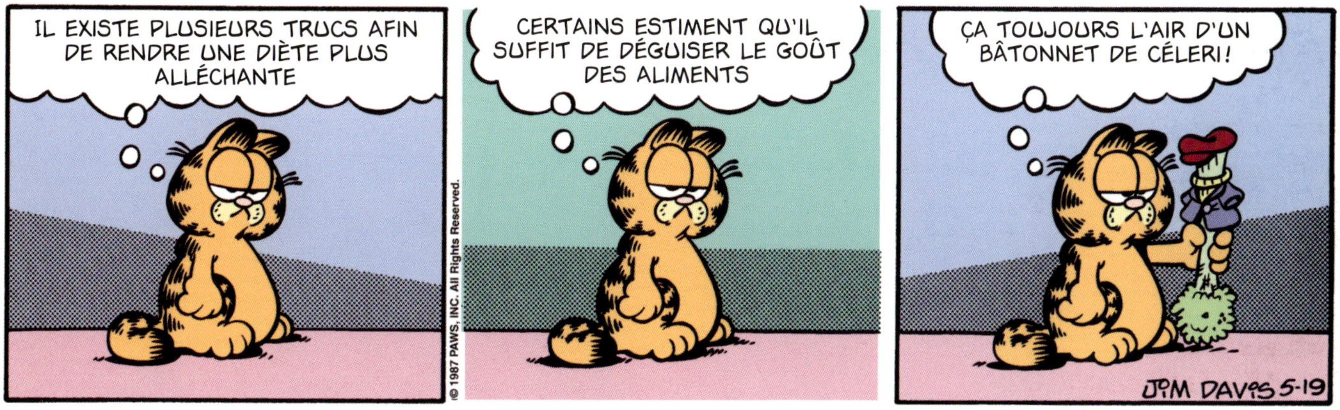
IL EXISTE PLUSIEURS TRUCS AFIN DE RENDRE UNE DIÈTE PLUS ALLÉCHANTE
© 1987 PAWS, INC. All Rights Reserved.
CERTAINS ESTIMENT QU'IL SUFFIT DE DÉGUISER LE GOÛT DES ALIMENTS
ÇA TOUJOURS L'AIR D'UN BÂTONNET DE CÉLERI !
JIM DAVIS 5-19

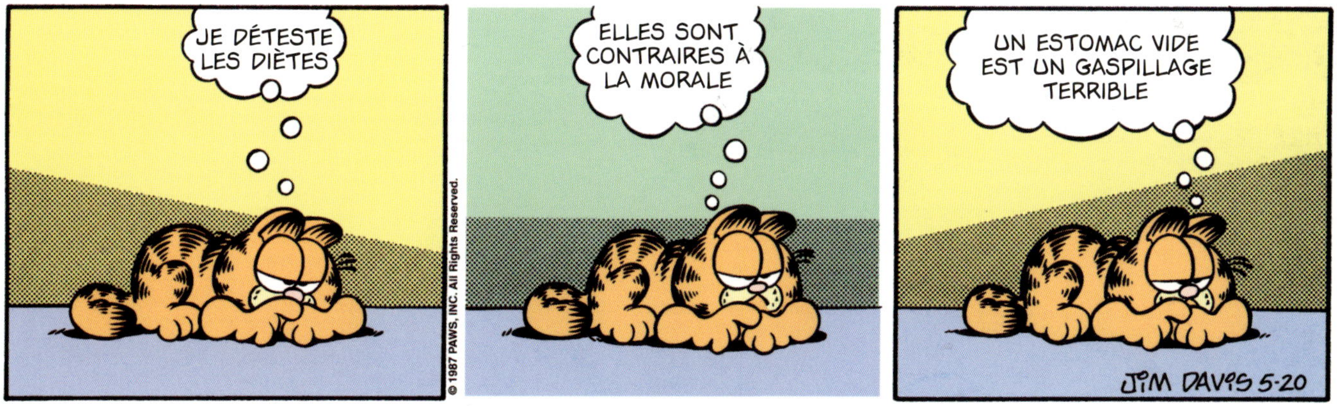
JE DÉTESTE LES DIÈTES
© 1987 PAWS, INC. All Rights Reserved.
ELLES SONT CONTRAIRES À LA MORALE
UN ESTOMAC VIDE EST UN GASPILLAGE TERRIBLE
JIM DAVIS 5-20

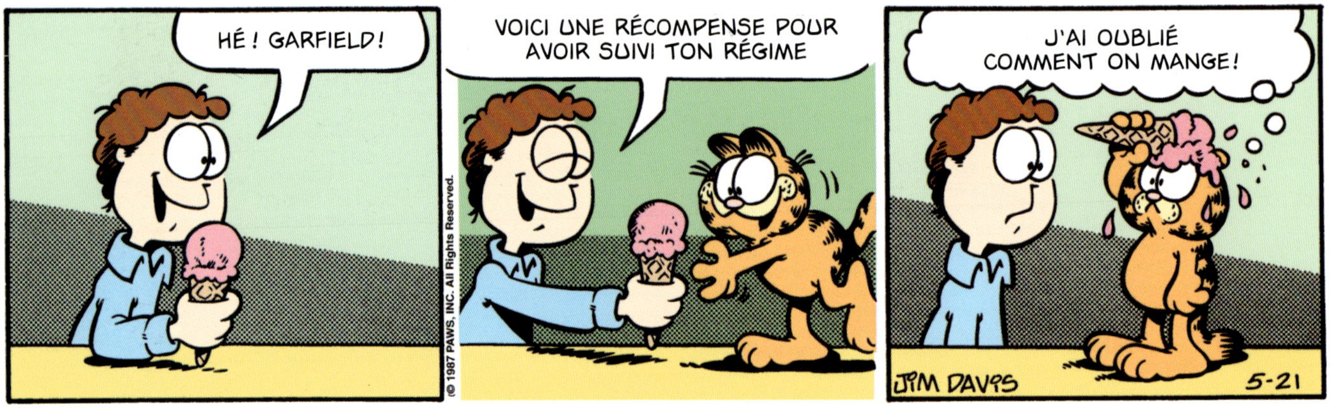
HÉ ! GARFIELD!
VOICI UNE RÉCOMPENSE POUR AVOIR SUIVI TON RÉGIME
J'AI OUBLIÉ COMMENT ON MANGE!
© 1987 PAWS, INC. All Rights Reserved.
JIM DAVIS
5-21

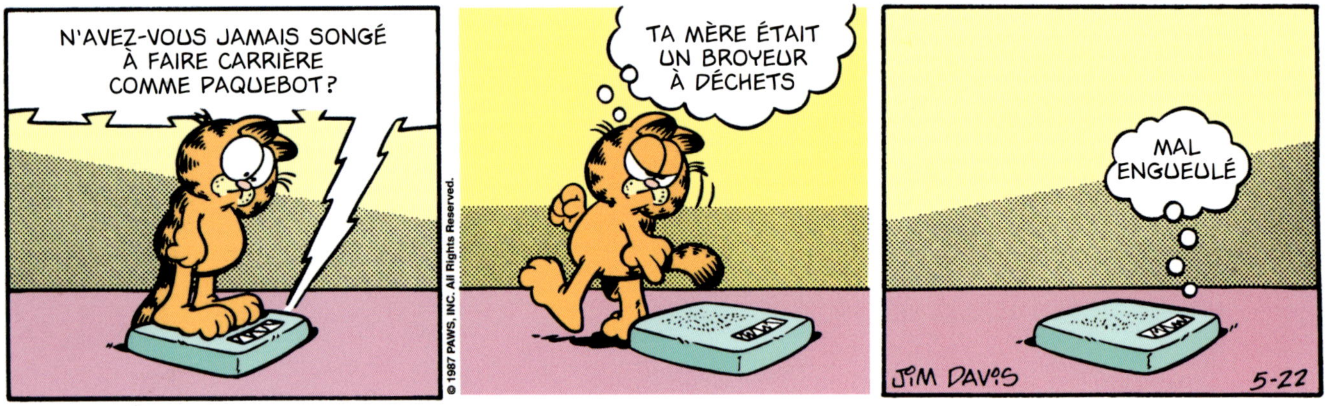
N'AVEZ-VOUS JAMAIS SONGÉ À FAIRE CARRIÈRE COMME PAQUEBOT?
TA MÈRE ÉTAIT UN BROYEUR À DÉCHETS
MAL ENGUEULÉ
© 1987 PAWS, INC. All Rights Reserved.
JIM DAVIS
5-22

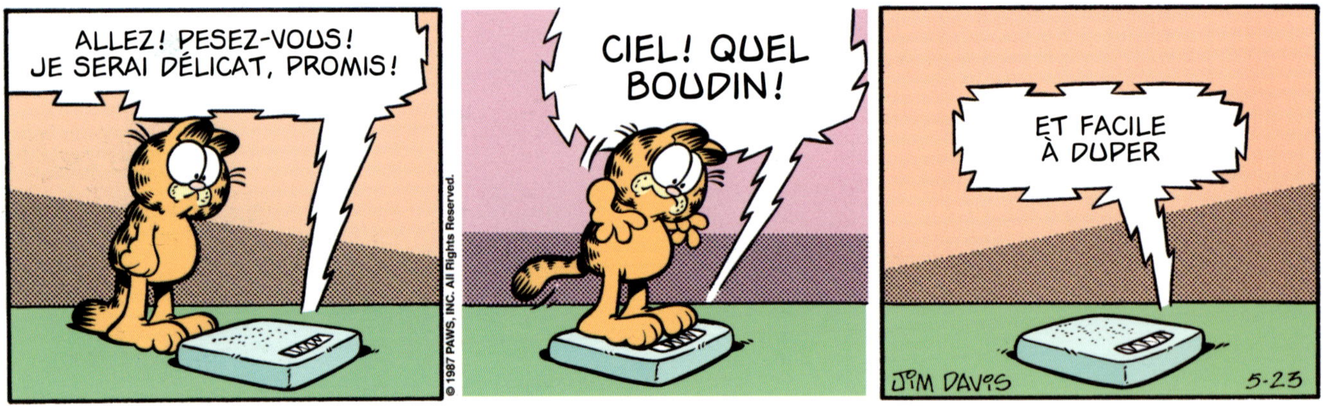
ALLEZ! PESEZ-VOUS! JE SERAI DÉLICAT, PROMIS!
CIEL! QUEL BOUDIN!
ET FACILE À DUPER
© 1987 PAWS, INC. All Rights Reserved.
JIM DAVIS
5-23

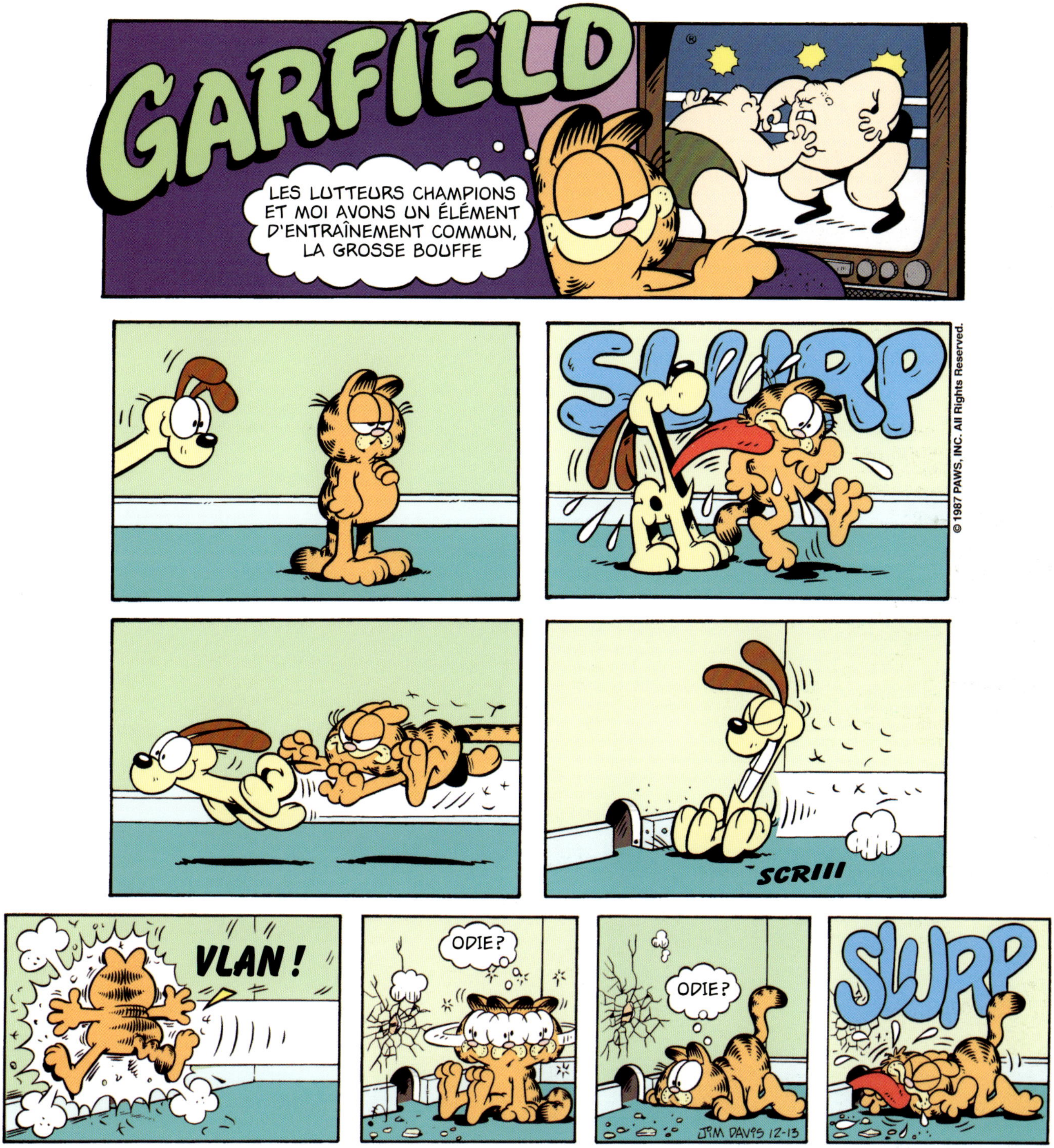
GARFIELD
LES LUTTEURS CHAMPIONS ET MOI AVONS UN ÉLÉMENT D'ENTRAÎNEMENT COMMUN, LA GROSSE BOUFFE
SLURP
SCRIII
VLAN !
ODIE?
ODIE?
SLURP
JIM DAVIS 12-13

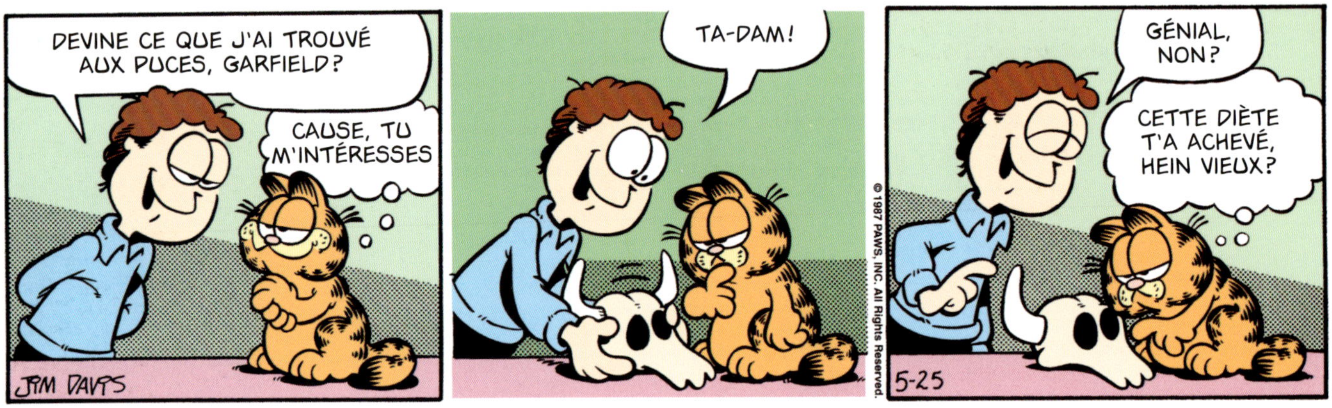
DEVINE CE QUE J'AI TROUVÉ AUX PUCES, GARFIELD?
CAUSE, TU M'INTÉRESSES
JIM DAVIS
TA-DAM!
© 1987 PAWS, INC. All Rights Reserved.
GÉNIAL, NON?
CETTE DIÈTE T'A ACHEVÉ, HEIN VIEUX?
5-25

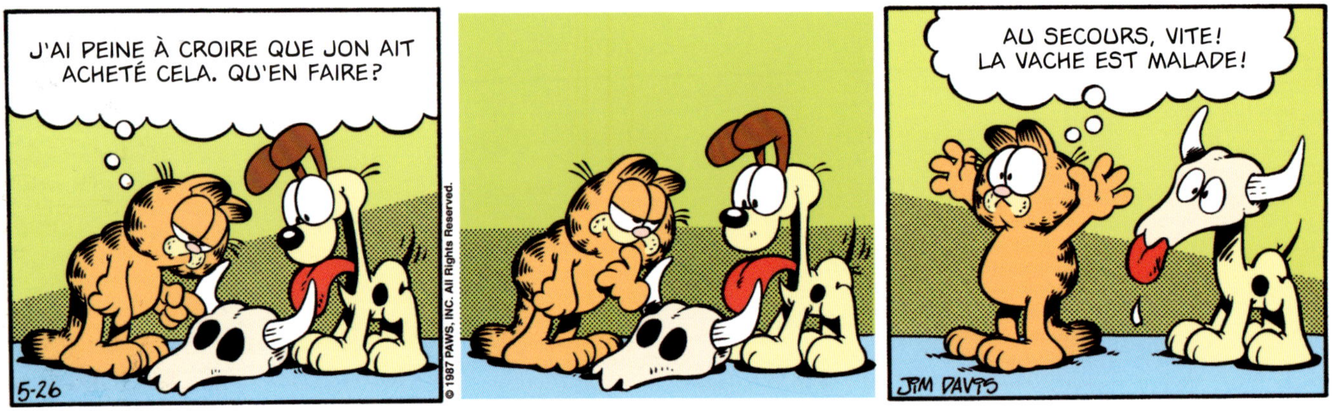
J'AI PEINE À CROIRE QUE JON AIT ACHETÉ CELA. QU'EN FAIRE?
5-26
© 1987 PAWS, INC. All Rights Reserved.
AU SECOURS, VITE! LA VACHE EST MALADE!
JIM DAVIS

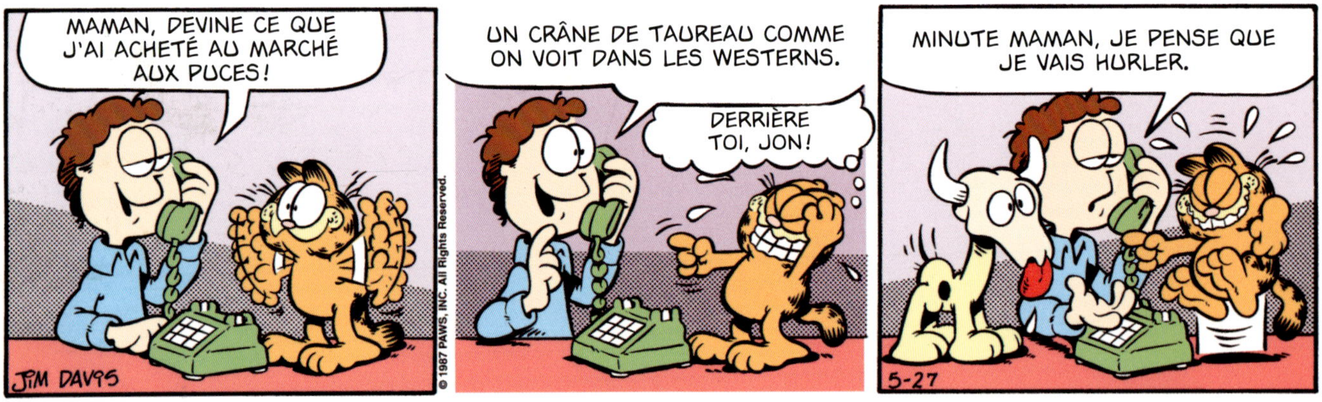
MAMAN, DEVINE CE QUE J'AI ACHETÉ AU MARCHÉ AUX PUCES!
JIM DAVIS
© 1987 PAWS, INC. All Rights Reserved.
UN CRÂNE DE TAUREAU COMME ON VOIT DANS LES WESTERNS.
DERRIÈRE TOI, JON!
MINUTE MAMAN, JE PENSE QUE JE VAIS HURLER.
5-27

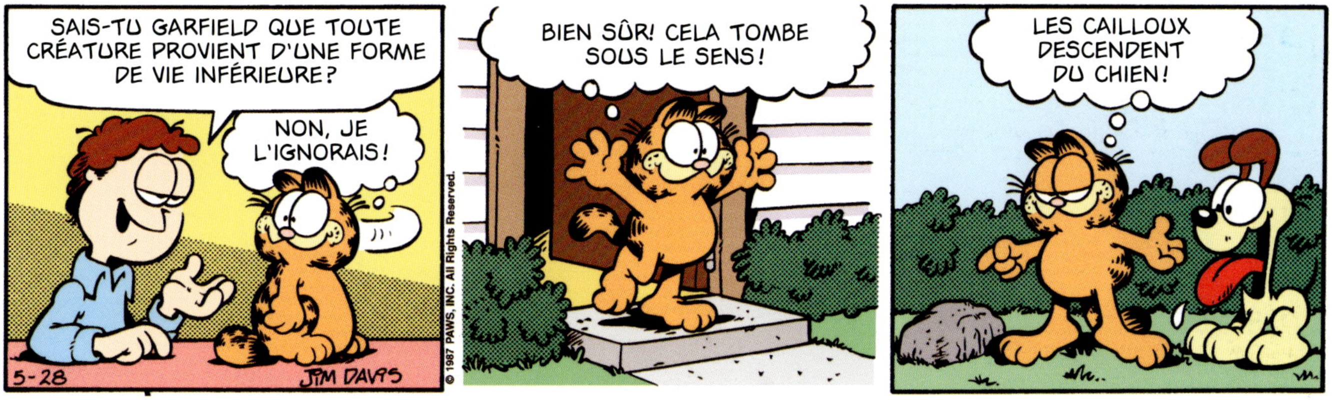
SAIS-TU GARFIELD QUE TOUTE CRÉATURE PROVIENT D'UNE FORME DE VIE INFÉRIEURE?
NON, JE L'IGNORAIS!
5-28
JIM DAVIS
© 1987 PAWS, INC. All Rights Reserved.
BIEN SÛR! CELA TOMBE SOUS LE SENS!
LES CAILLOUX DESCENDENT DU CHIEN!

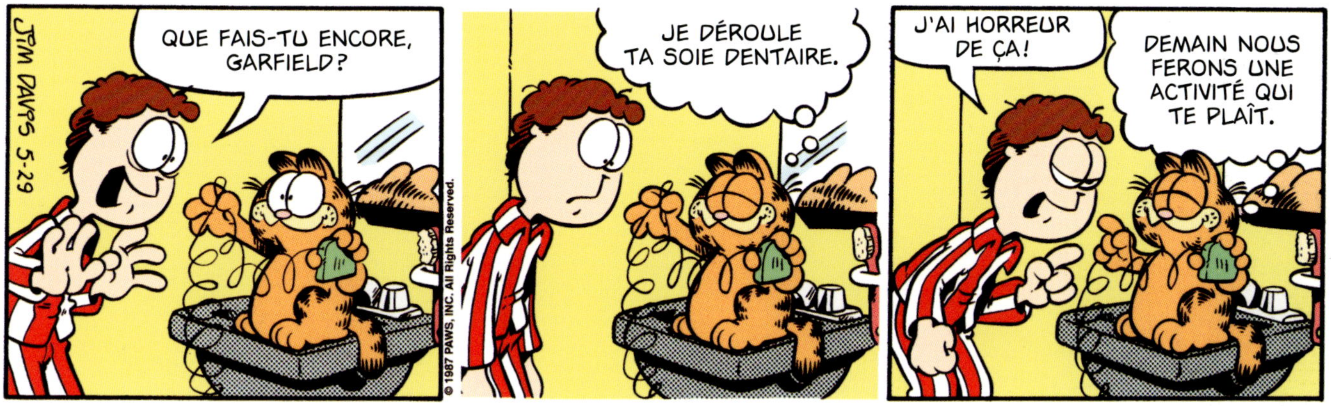
JIM DAVIS 5-29
QUE FAIS-TU ENCORE, GARFIELD?
© 1987 PAWS, INC. All Rights Reserved.
JE DÉROULE TA SOIE DENTAIRE.
J'AI HORREUR DE ÇA!
DEMAIN NOUS FERONS UNE ACTIVITÉ QUI TE PLAÎT.

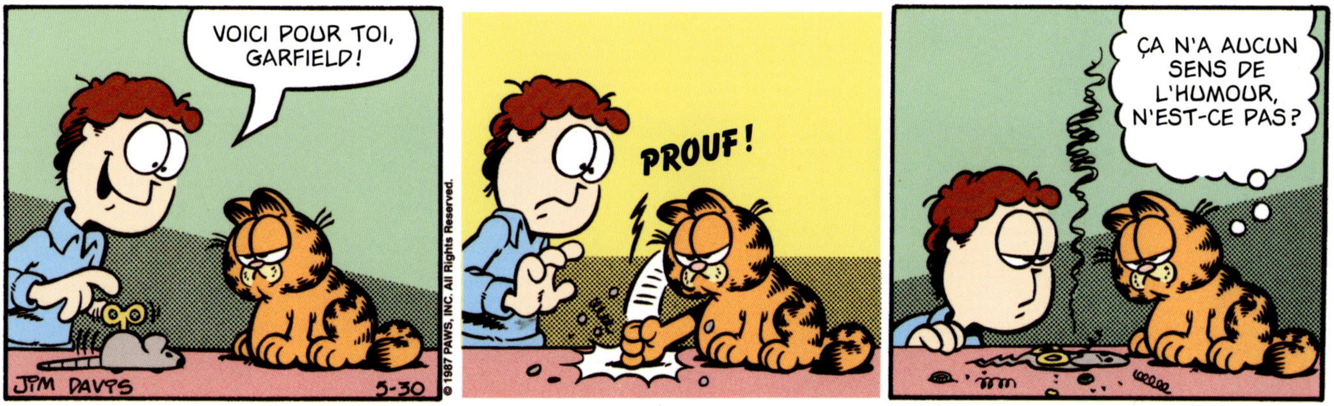
VOICI POUR TOI, GARFIELD!
JIM DAVIS
5-30
© 1987 PAWS, INC. All Rights Reserved.
PROUF!
ÇA N'A AUCUN SENS DE L'HUMOUR, N'EST-CE PAS?

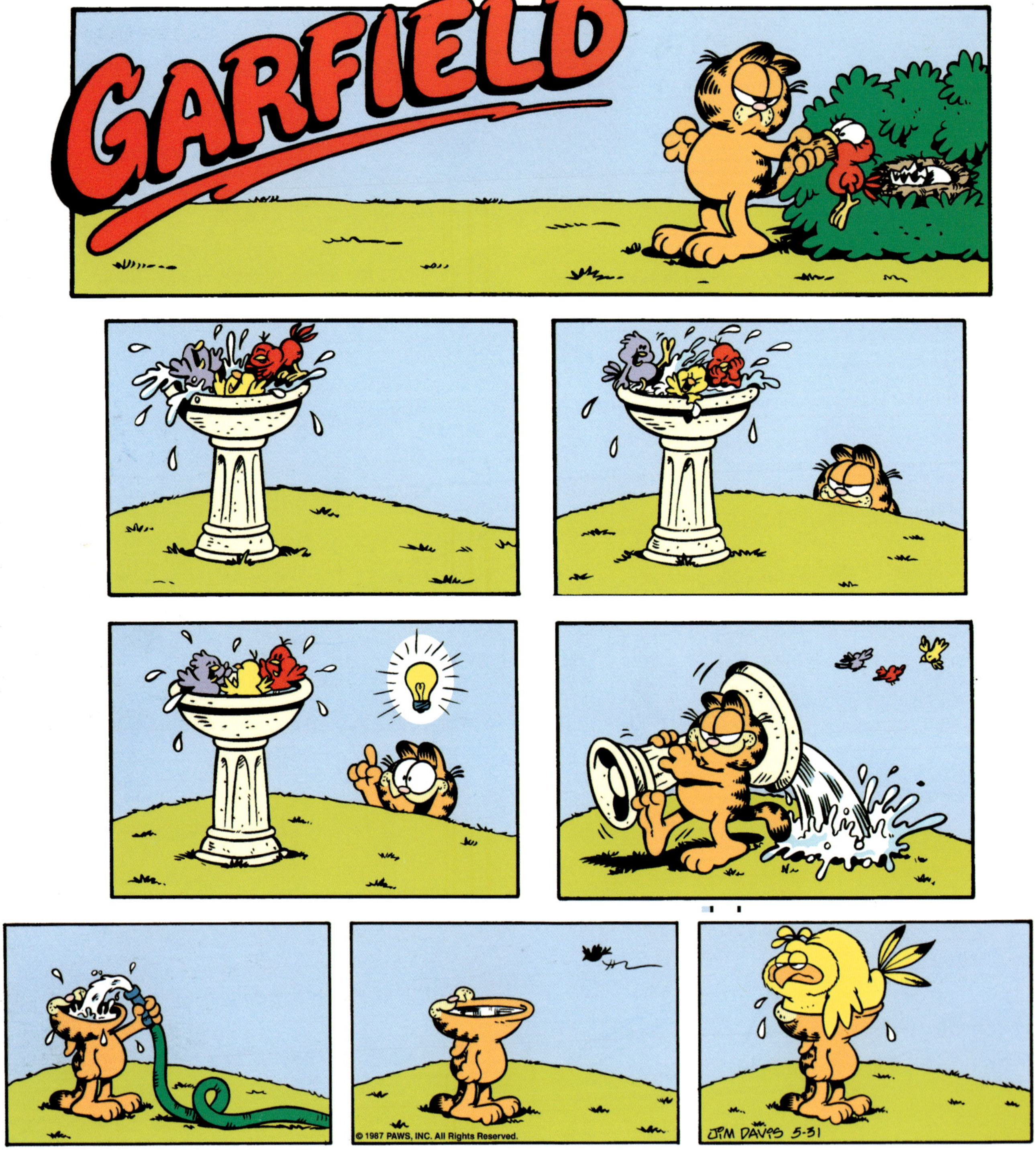
GARFIELD
© 1987 PAWS, INC. All Rights Reserved.
JIM DAVIS 5-31

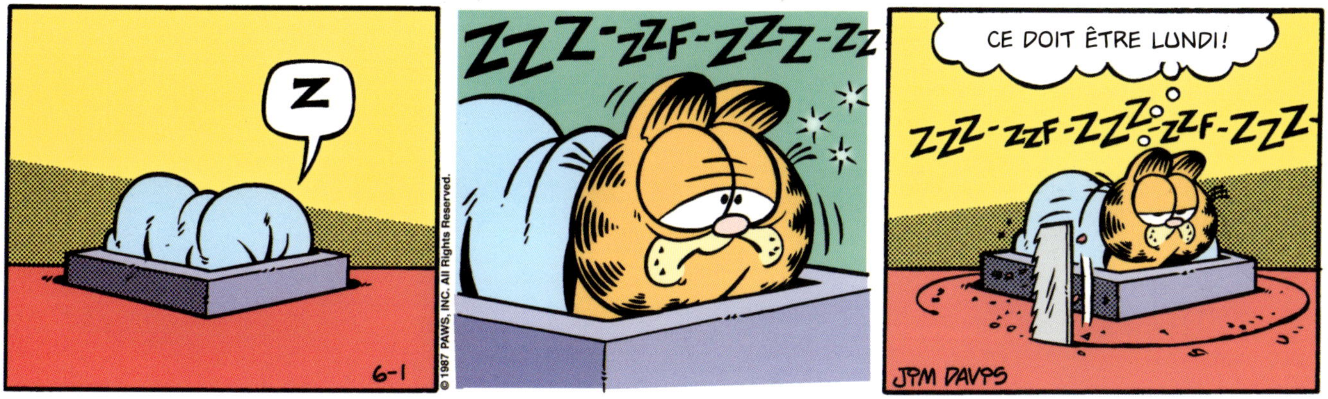
Z
ZZZ-ZZF-ZZZ-ZZ
CE DOIT ÊTRE LUNDI!
ZZZ-ZZF-ZZZ-ZZF-ZZZ-
6-1
© 1987 PAWS, INC. All Rights Reserved.
JIM DAVIS

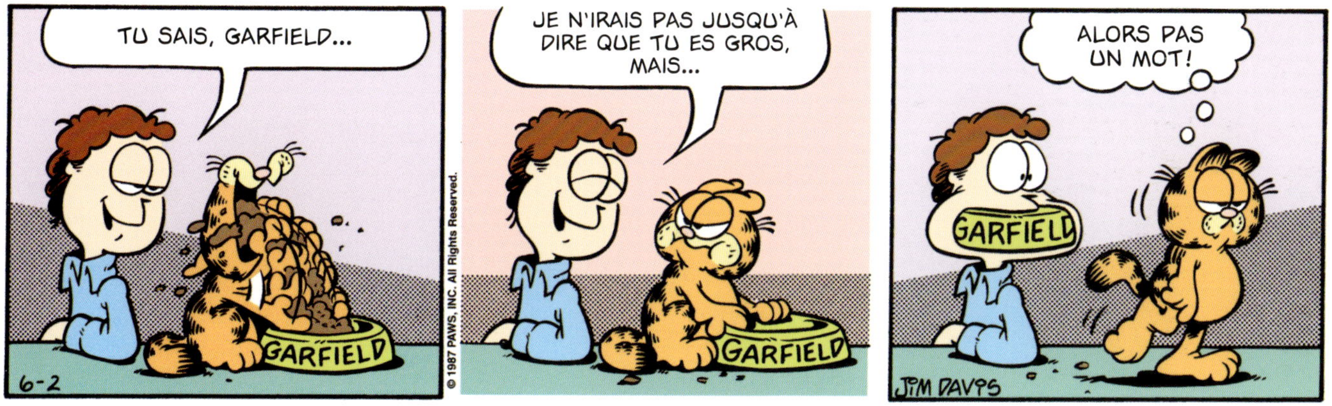
TU SAIS, GARFIELD...
GARFIELD
JE N'IRAIS PAS JUSQU'À DIRE QUE TU ES GROS, MAIS...
GARFIELD
ALORS PAS UN MOT!
GARFIELD
6-2
© 1987 PAWS, INC. All Rights Reserved.
JIM DAVIS

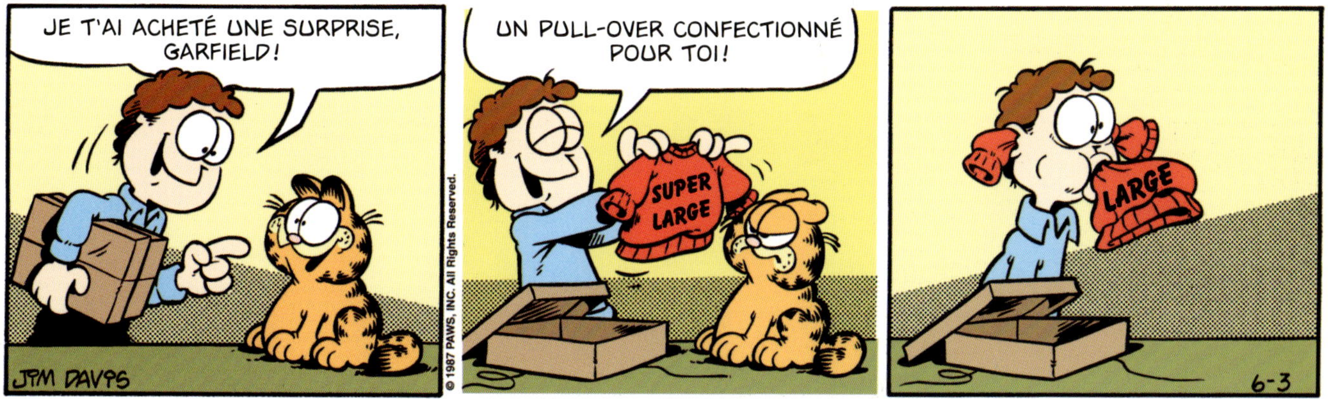
JE T'AI ACHETÉ UNE SURPRISE, GARFIELD!
UN PULL-OVER CONFECTIONNÉ POUR TOI!
SUPER LARGE
LARGE
JIM DAVIS
© 1987 PAWS, INC. All Rights Reserved.
6-3

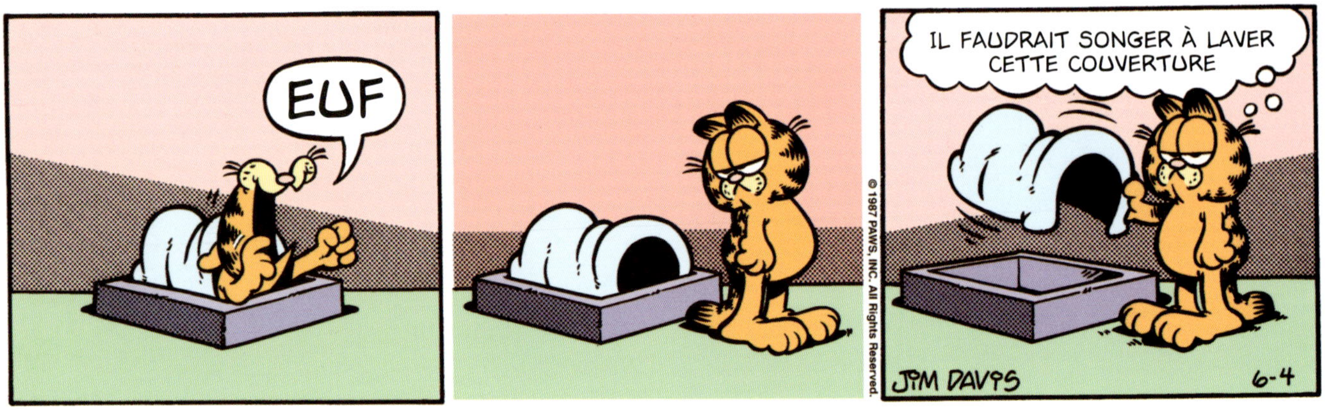
EUF
IL FAUDRAIT SONGER À LAVER CETTE COUVERTURE
© 1987 PAWS, INC. All Rights Reserved.
JIM DAVIS 6-4

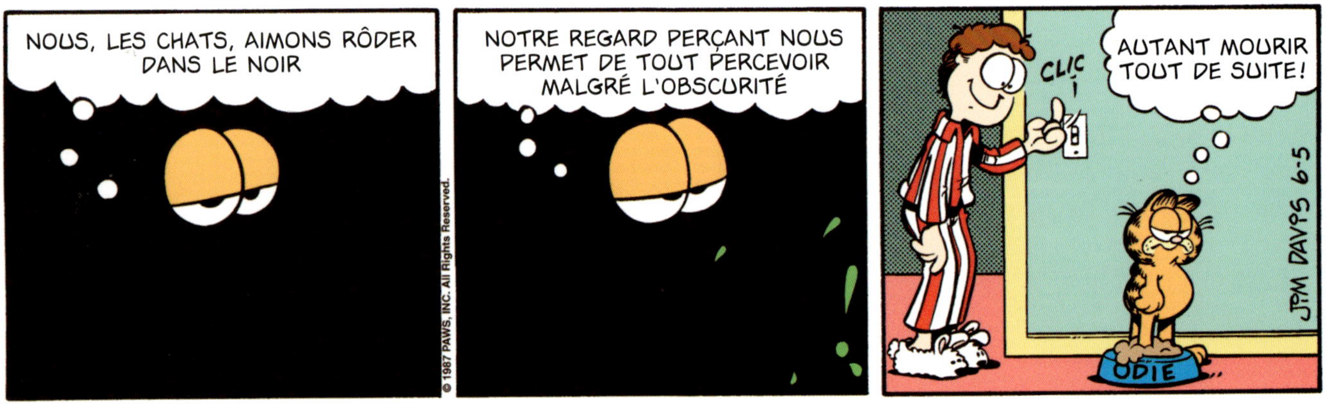
NOUS, LES CHATS, AIMONS RÔDER DANS LE NOIR
NOTRE REGARD PERÇANT NOUS PERMET DE TOUT PERCEVOIR MALGRÉ L'OBSCURITÉ
CLIC
AUTANT MOURIR TOUT DE SUITE!
ODIE
© 1987 PAWS, INC. All Rights Reserved.
JIM DAVIS 6-5

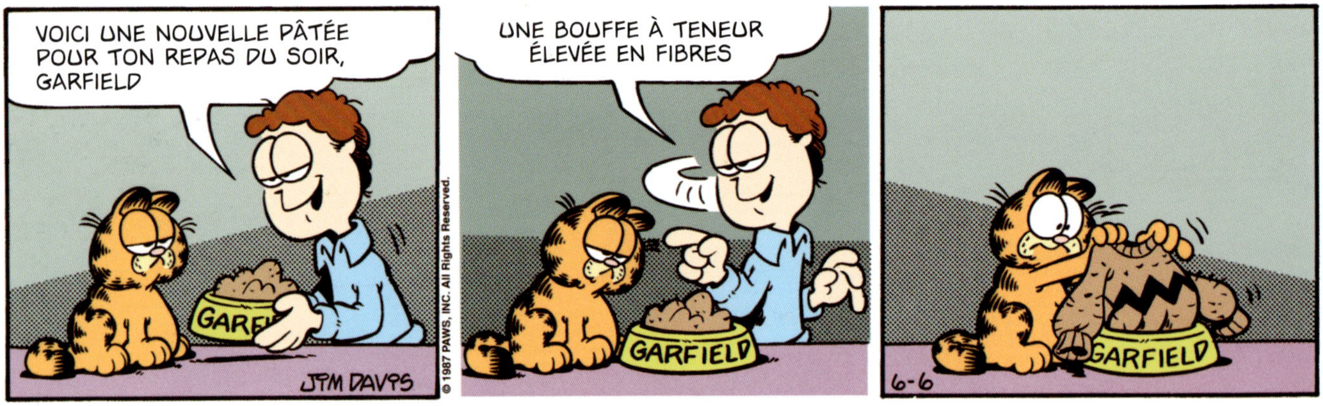
VOICI UNE NOUVELLE PÂTÉE POUR TON REPAS DU SOIR, GARFIELD
UNE BOUFFE À TENEUR ÉLEVÉE EN FIBRES
GARFIELD
© 1987 PAWS, INC. All Rights Reserved.
JIM DAVIS 6-6

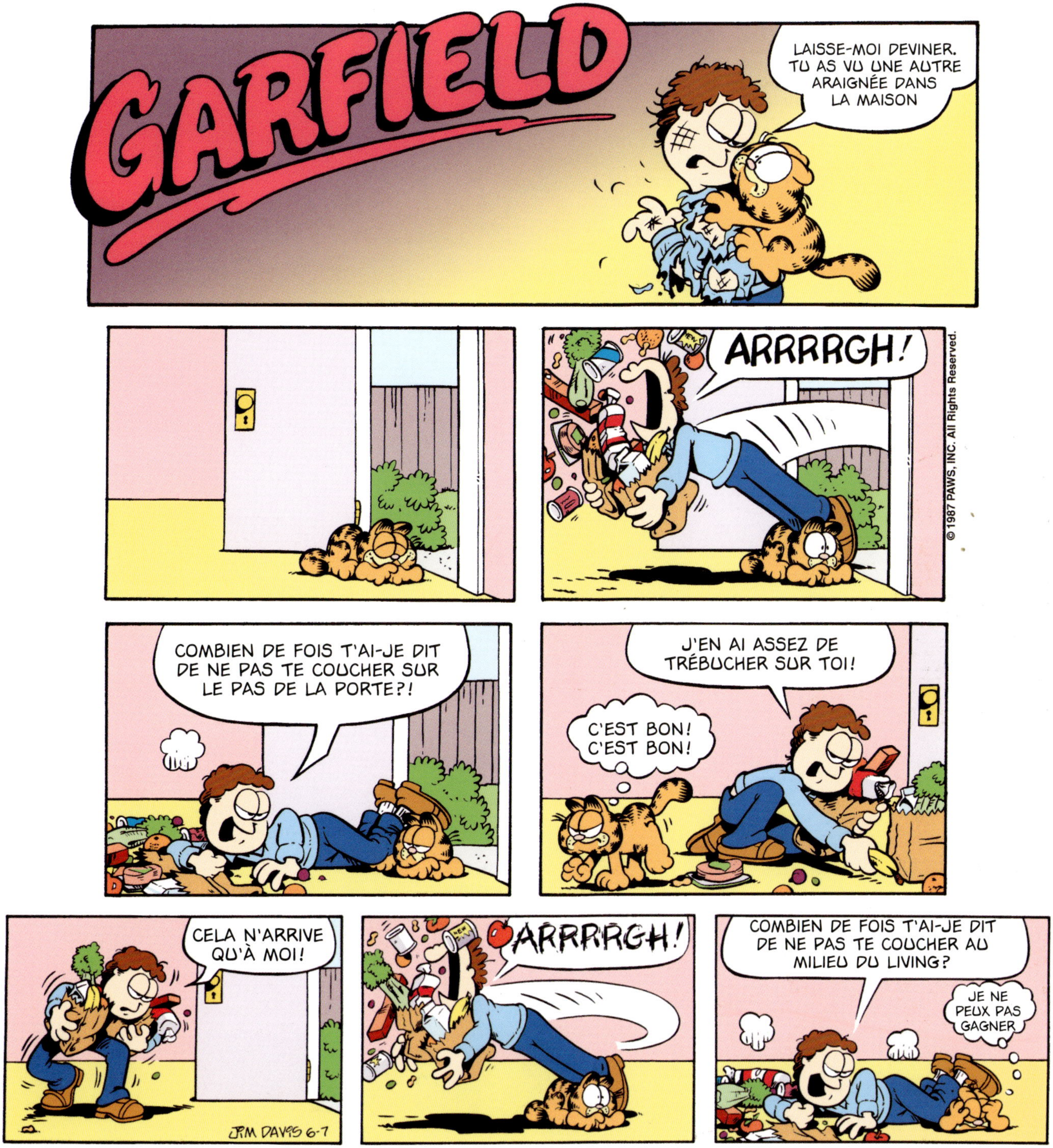
GARFIELD
LAISSE-MOI DEVINER. TU AS VU UNE AUTRE ARAIGNÉE DANS LA MAISON
ARRRRGH!
© 1987 PAWS, INC. All Rights Reserved.
COMBIEN DE FOIS T'AI-JE DIT DE NE PAS TE COUCHER SUR LE PAS DE LA PORTE?!
J'EN AI ASSEZ DE TRÉBUCHER SUR TOI!
C'EST BON! C'EST BON!
CELA N'ARRIVE QU'À MOI!
JIM DAVIS 6-7
ARRRRGH!
COMBIEN DE FOIS T'AI-JE DIT DE NE PAS TE COUCHER AU MILIEU DU LIVING?
JE NE PEUX PAS GAGNER

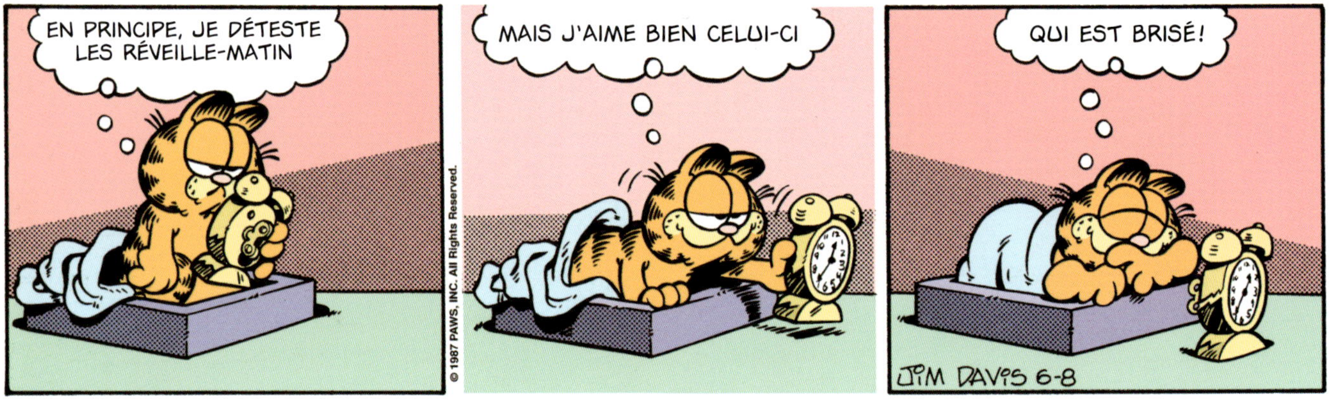
EN PRINCIPE, JE DÉTESTE LES RÉVEILLE-MATIN
© 1987 PAWS, INC. All Rights Reserved.
MAIS J'AIME BIEN CELUI-CI
QUI EST BRISÉ!
JIM DAVIS 6-8

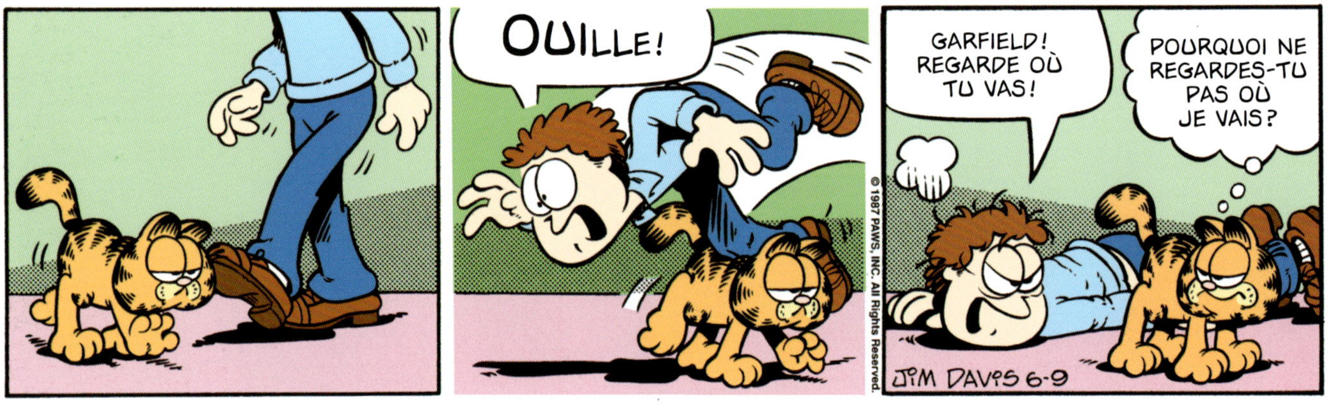
OUILLE!
© 1987 PAWS, INC. All Rights Reserved.
GARFIELD! REGARDE OÙ TU VAS!
POURQUOI NE REGARDES-TU PAS OÙ JE VAIS?
JIM DAVIS 6-9

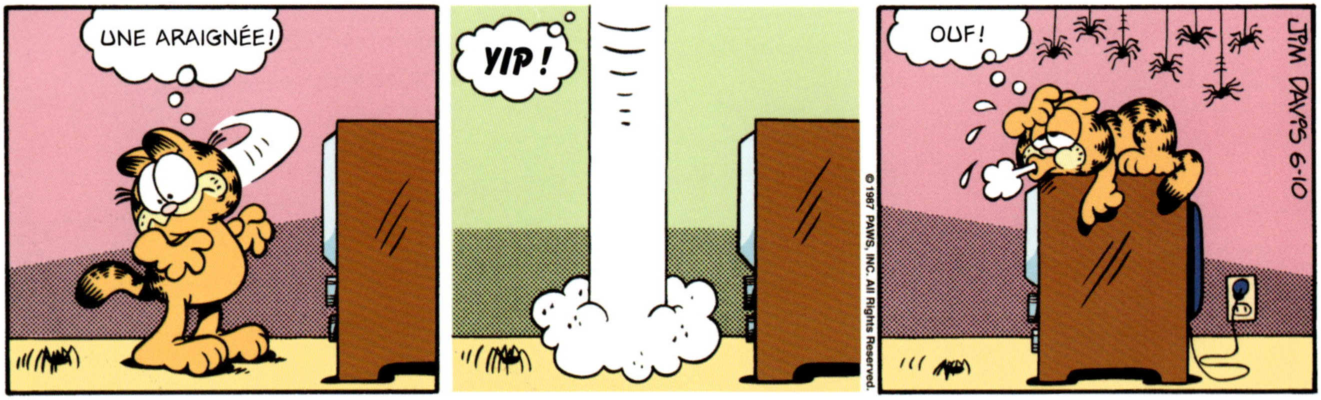
UNE ARAIGNÉE!
YIP!
© 1987 PAWS, INC. All Rights Reserved.
OUF!
JIM DAVIS 6-10

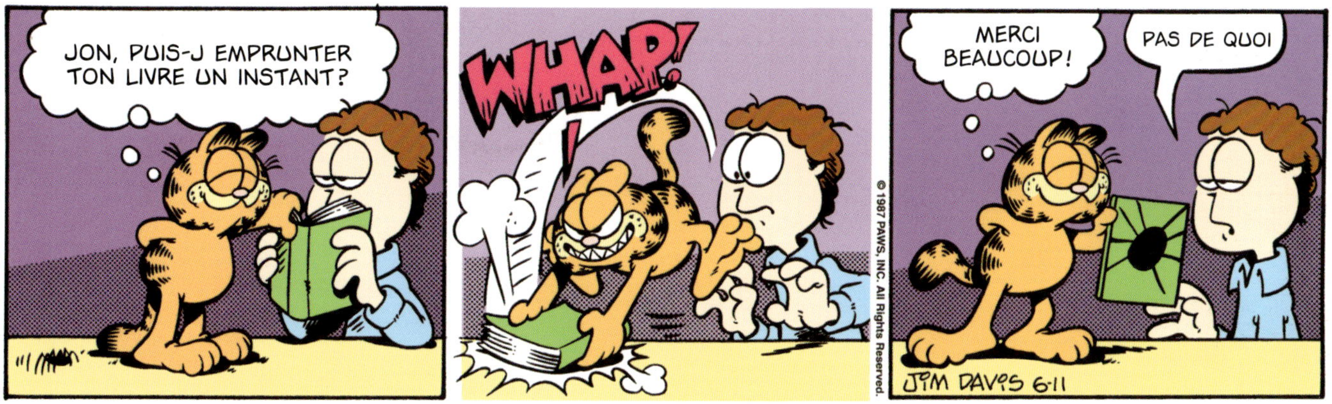
JON, PUIS-J EMPRUNTER TON LIVRE UN INSTANT?
WHAP!
© 1987 PAWS, INC. All Rights Reserved.
MERCI BEAUCOUP!
PAS DE QUOI
JIM DAVIS 6-11

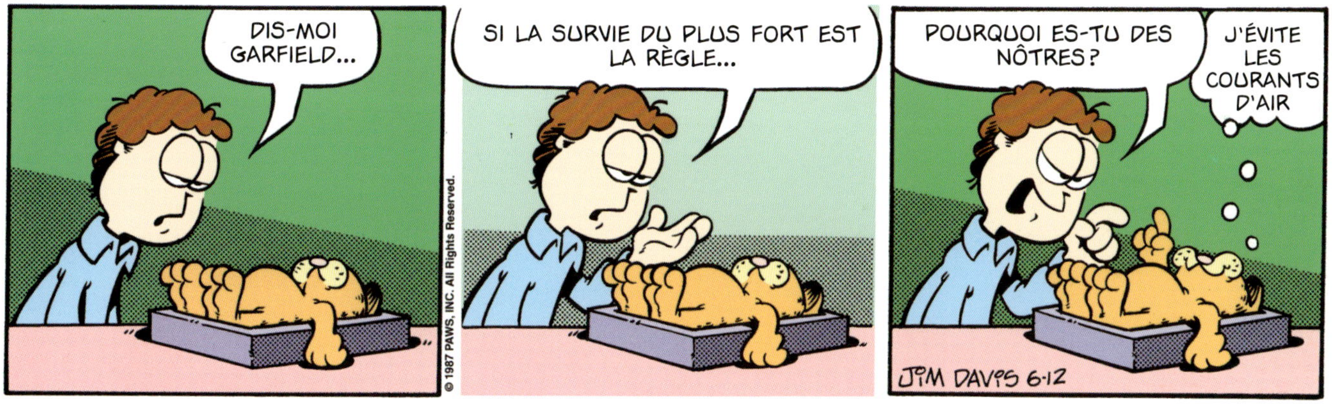
DIS-MOI GARFIELD...
© 1987 PAWS, INC. All Rights Reserved.
SI LA SURVIE DU PLUS FORT EST LA RÈGLE...
POURQUOI ES-TU DES NÔTRES?
J'ÉVITE LES COURANTS D'AIR
JIM DAVIS 6-12

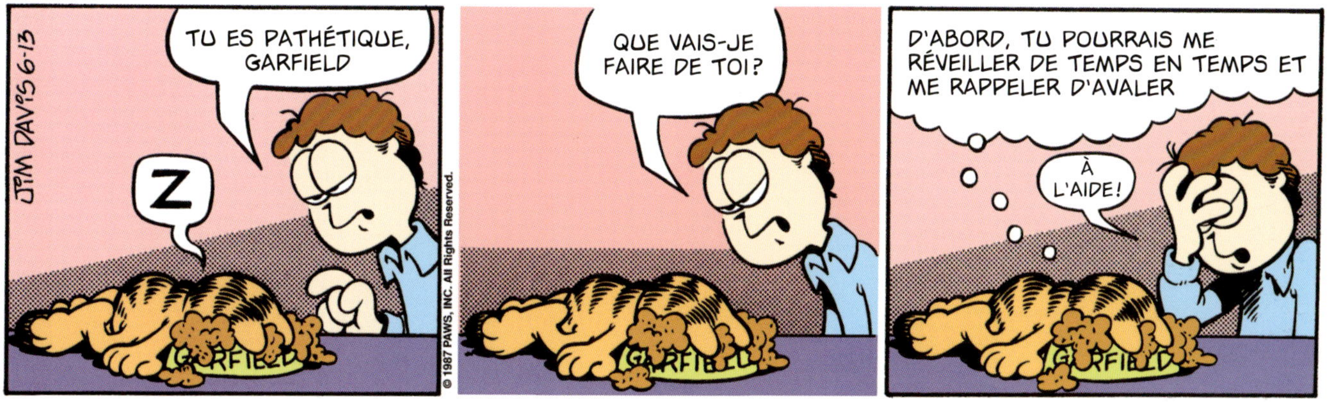
JIM DAVIS 6-13
TU ES PATHÉTIQUE, GARFIELD
Z
GARFIELD
© 1987 PAWS, INC. All Rights Reserved.
QUE VAIS-JE FAIRE DE TOI?
D'ABORD, TU POURRAIS ME RÉVEILLER DE TEMPS EN TEMPS ET ME RAPPELER D'AVALER
À L'AIDE!

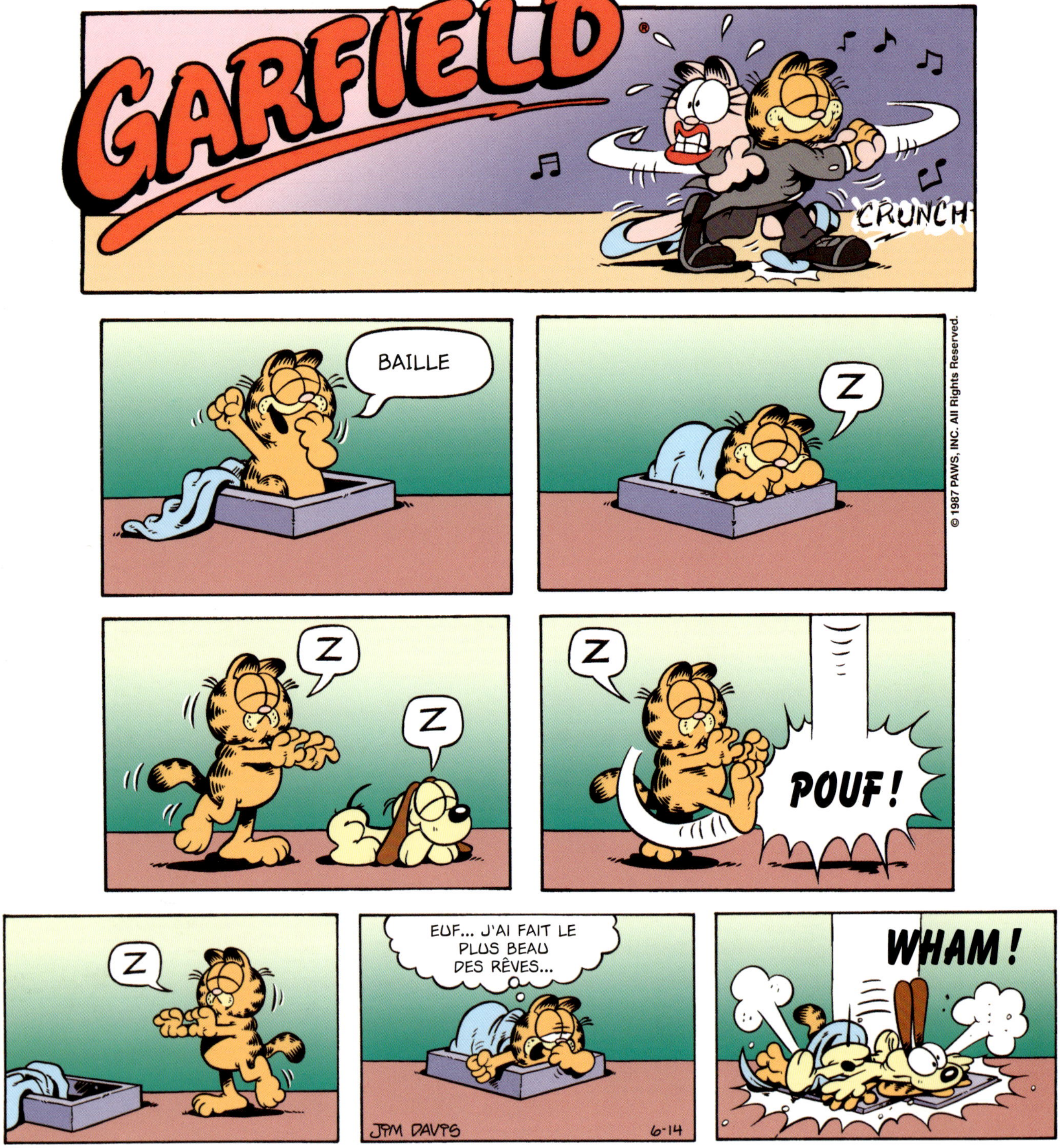
GARFIELD
CRUNCH
BAILLE
Z
Z
Z
Z
POUF !
Z
EUF... J'AI FAIT LE PLUS BEAU DES RÊVES...
WHAM !
JIM DAVIS
6-14

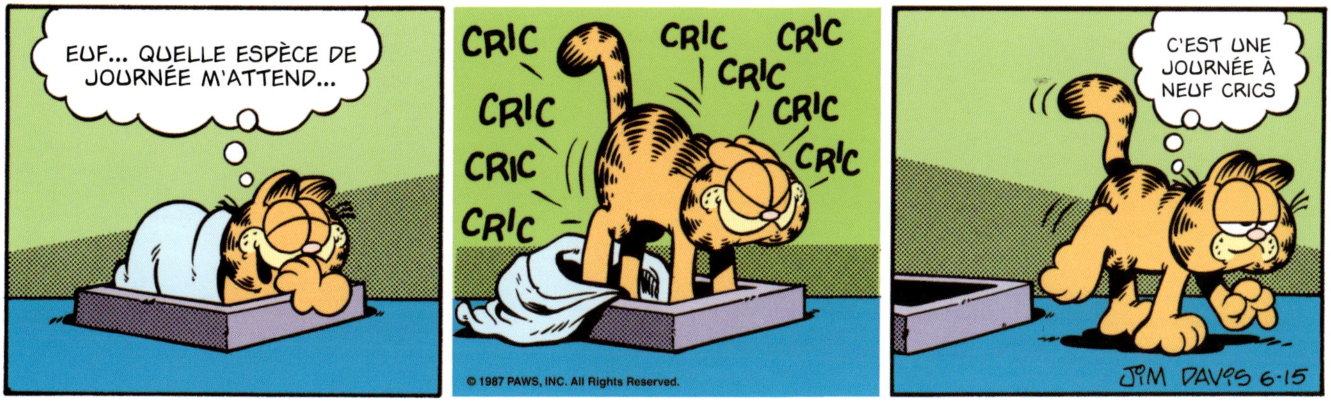
EUF... QUELLE ESPÈCE DE JOURNÉE M'ATTEND...
CRIC CRIC CRIC CRIC CRIC CRIC CRIC CRIC CRIC
© 1987 PAWS, INC. All Rights Reserved.
C'EST UNE JOURNÉE À NEUF CRICS
JIM DAVIS 6-15

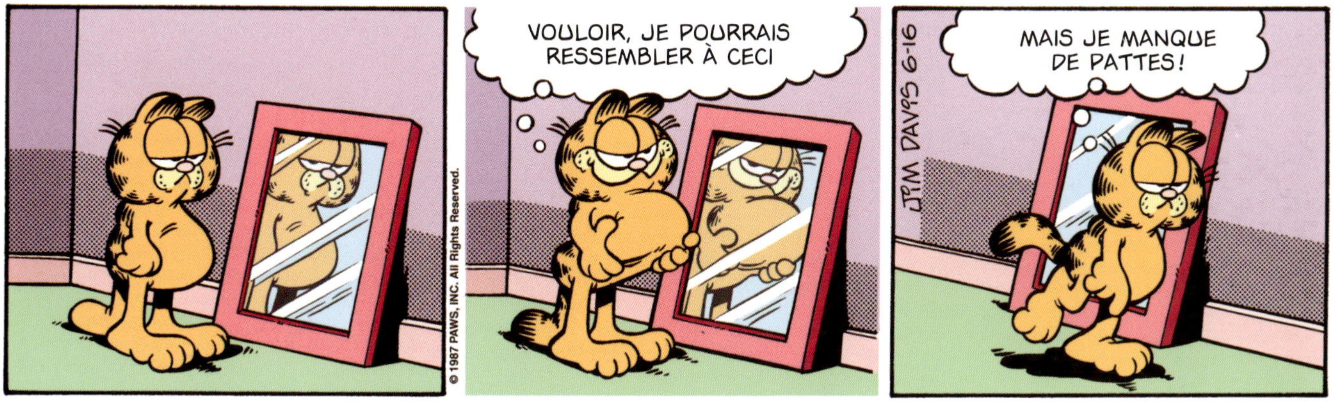
© 1987 PAWS, INC. All Rights Reserved.
VOULOIR, JE POURRAIS RESSEMBLER À CECI
JIM DAVIS 6-16
MAIS JE MANQUE DE PATTES!

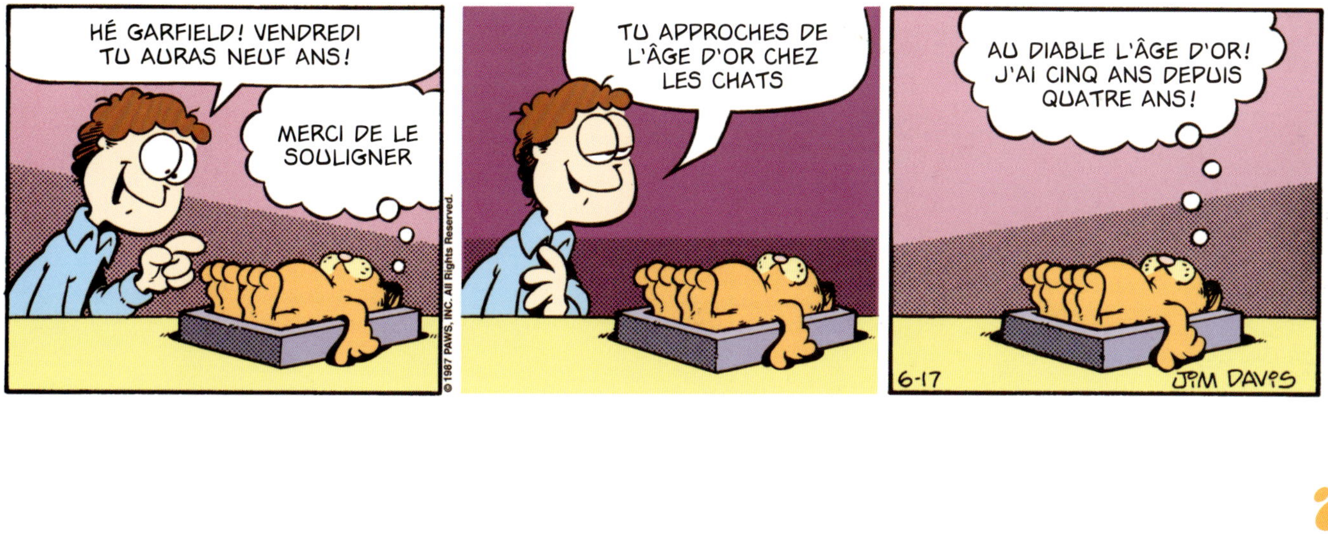
HÉ GARFIELD! VENDREDI TU AURAS NEUF ANS!
MERCI DE LE SOULIGNER
© 1987 PAWS, INC. All Rights Reserved.
TU APPROCHES DE L'ÂGE D'OR CHEZ LES CHATS
AU DIABLE L'ÂGE D'OR! J'AI CINQ ANS DEPUIS QUATRE ANS!
6-17
JIM DAVIS

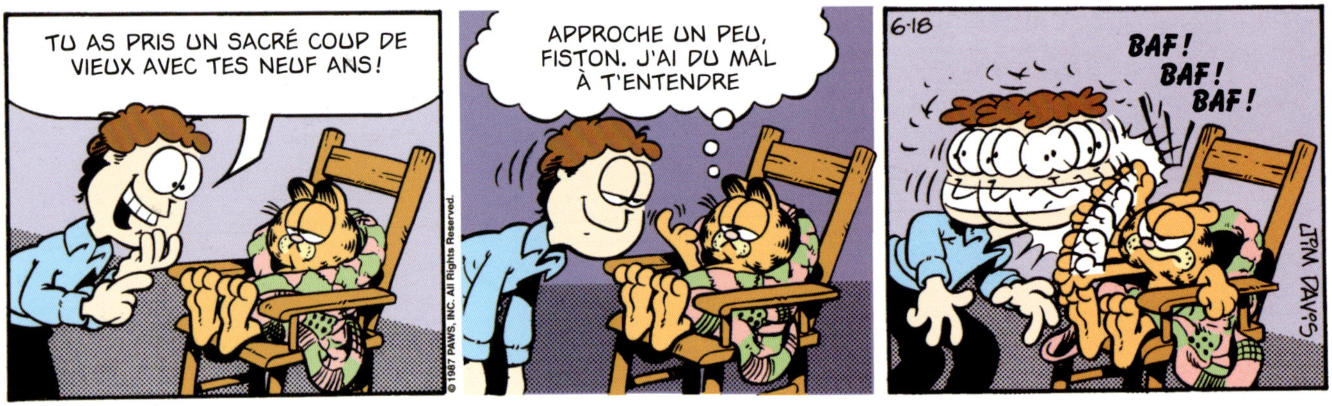
TU AS PRIS UN SACRÉ COUP DE VIEUX AVEC TES NEUF ANS!
APPROCHE UN PEU, FISTON. J'AI DU MAL À T'ENTENDRE
6·18
BAF! BAF! BAF!
JIM DAVIS
© 1987 PAWS, INC. All Rights Reserved.

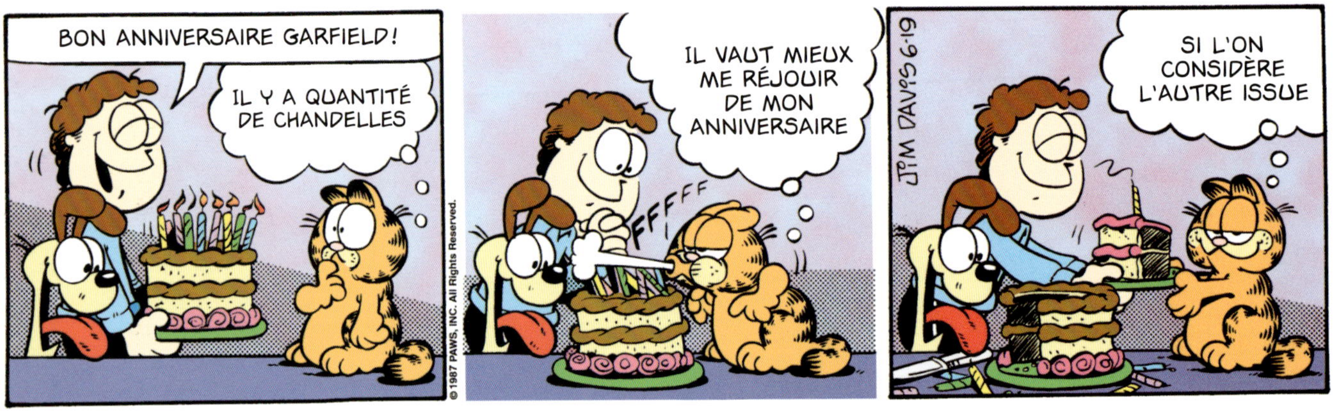
BON ANNIVERSAIRE GARFIELD!
IL Y A QUANTITÉ DE CHANDELLES
FFFFFF
IL VAUT MIEUX ME RÉJOUIR DE MON ANNIVERSAIRE
JIM DAVIS 6·19
SI L'ON CONSIDÈRE L'AUTRE ISSUE
© 1987 PAWS, INC. All Rights Reserved.

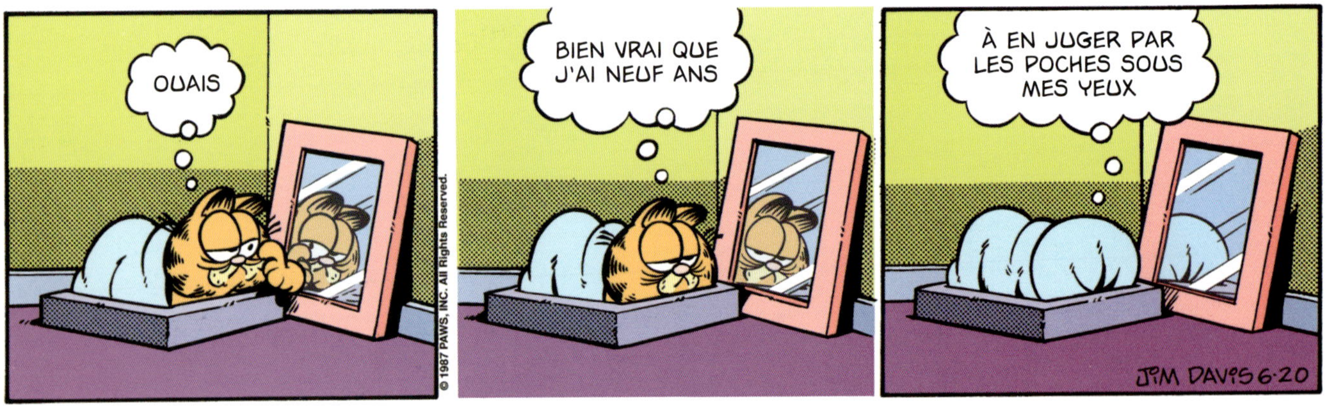
OUAIS
BIEN VRAI QUE J'AI NEUF ANS
À EN JUGER PAR LES POCHES SOUS MES YEUX
JIM DAVIS 6·20
© 1987 PAWS, INC. All Rights Reserved.

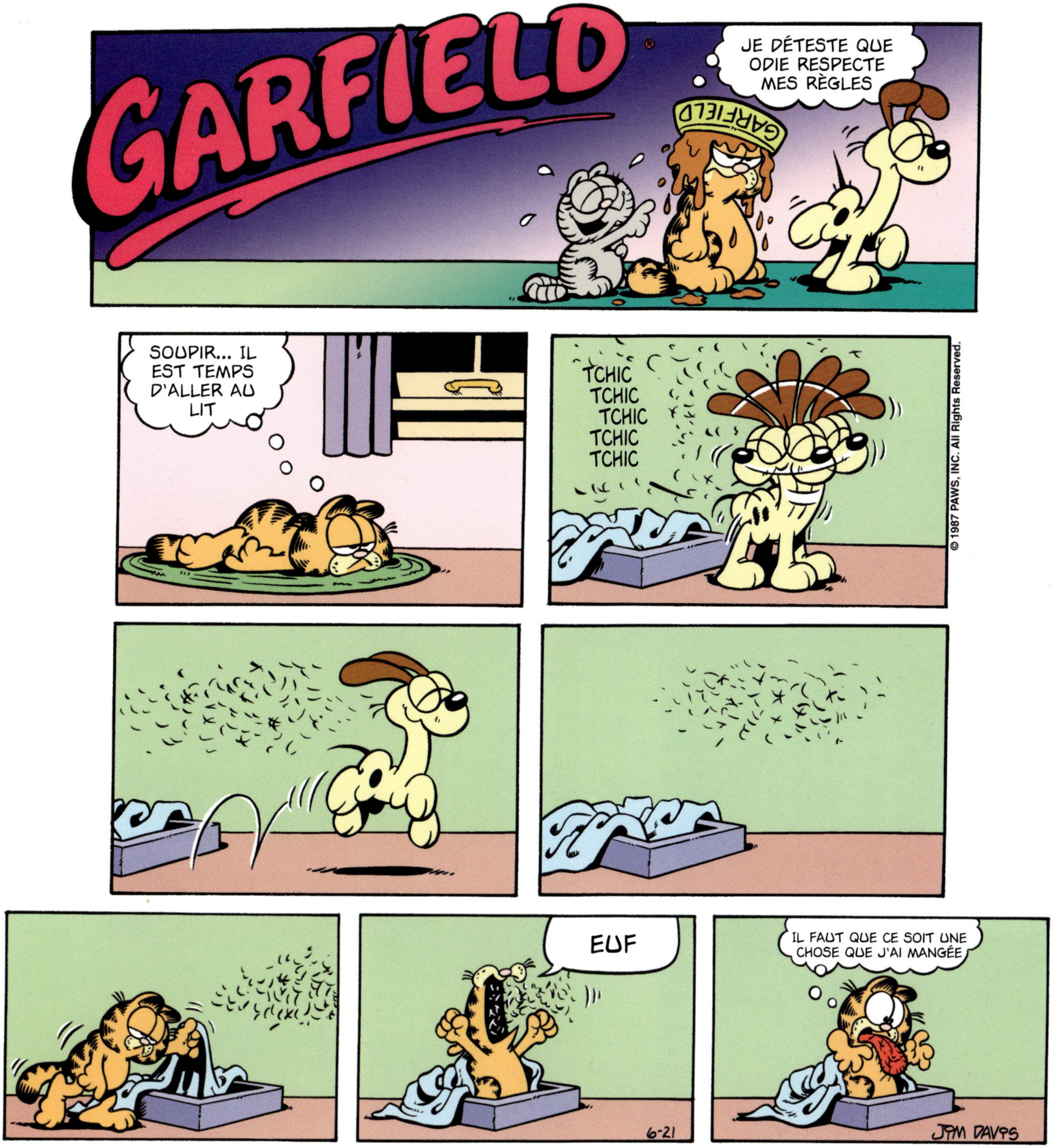
GARFIELD
JE DÉTESTE QUE ODIE RESPECTE MES RÈGLES
GARFIELD
SOUPIR... IL EST TEMPS D'ALLER AU LIT
TCHIC TCHIC TCHIC TCHIC TCHIC
© 1987 PAWS, INC. All Rights Reserved.
EUF
6-21
IL FAUT QUE CE SOIT UNE CHOSE QUE J'AI MANGÉE
JIM DAVIS

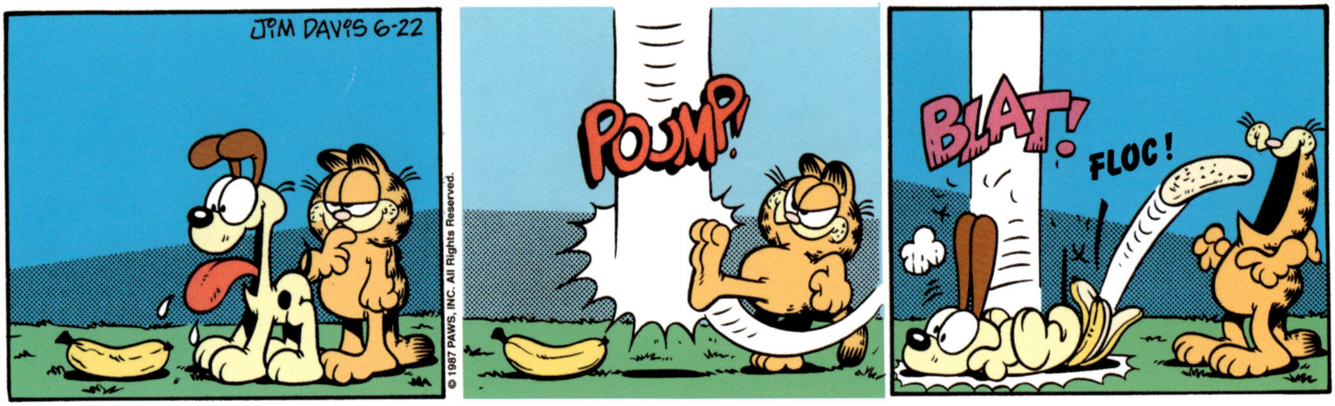
JIM DAVIS 6-22
© 1987 PAWS, INC. All Rights Reserved.
POUMP!
BLAT!
FLOC!

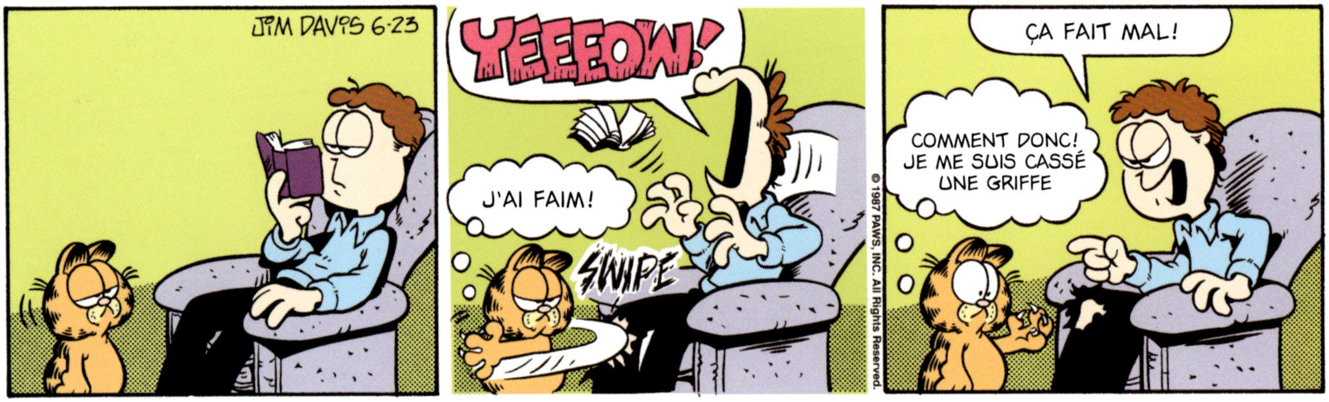
JIM DAVIS 6-23
YEEEOW!
J'AI FAIM!
SWIPE
© 1987 PAWS, INC. All Rights Reserved.
ÇA FAIT MAL!
COMMENT DONC! JE ME SUIS CASSÉ UNE GRIFFE

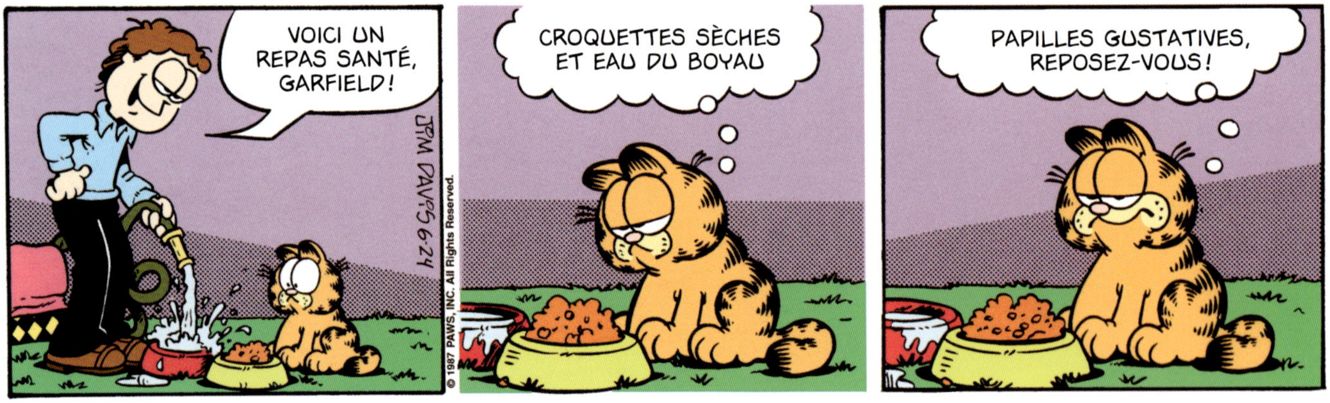
VOICI UN REPAS SANTÉ, GARFIELD!
JIM DAVIS 6-24
© 1987 PAWS, INC. All Rights Reserved.
CROQUETTES SÈCHES ET EAU DU BOYAU
PAPILLES GUSTATIVES, REPOSEZ-VOUS!

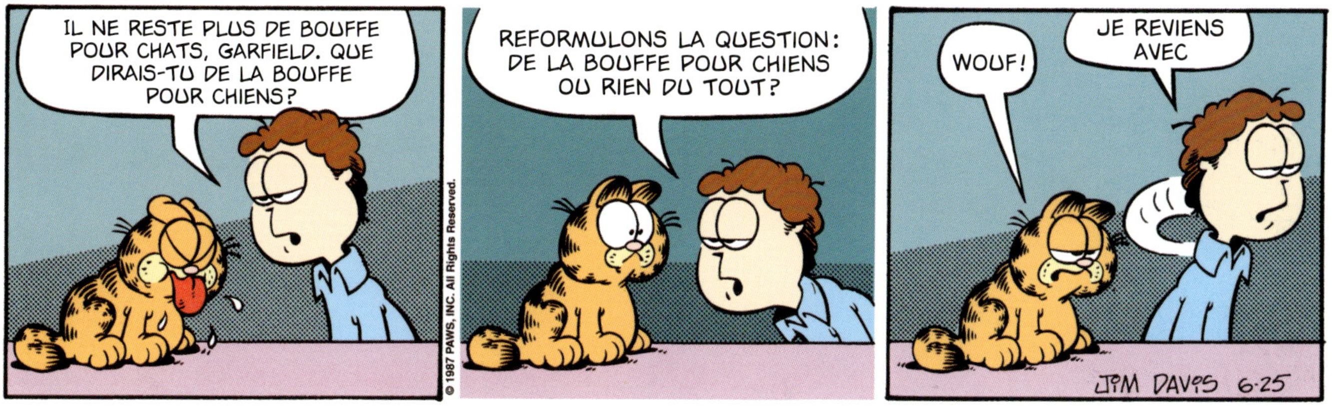
IL NE RESTE PLUS DE BOUFFE POUR CHATS, GARFIELD. QUE DIRAIS-TU DE LA BOUFFE POUR CHIENS?
© 1987 PAWS, INC. All Rights Reserved.
REFORMULONS LA QUESTION: DE LA BOUFFE POUR CHIENS OU RIEN DU TOUT?
WOUF!
JE REVIENS AVEC
JIM DAVIS 6-25

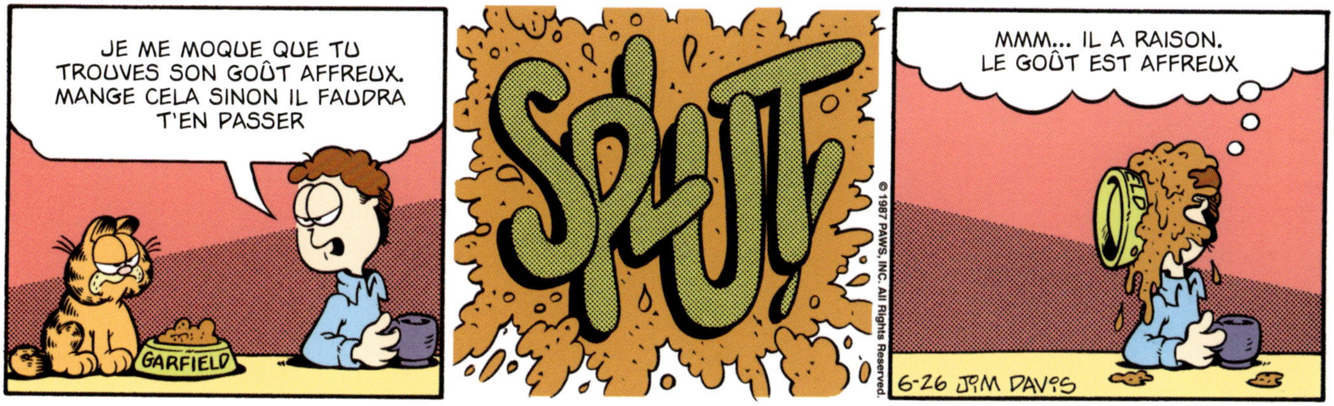
JE ME MOQUE QUE TU TROUVES SON GOÛT AFFREUX. MANGE CELA SINON IL FAUDRA T'EN PASSER
GARFIELD
SPLUT!
© 1987 PAWS, INC. All Rights Reserved.
MMM... IL A RAISON. LE GOÛT EST AFFREUX
6-26 JIM DAVIS

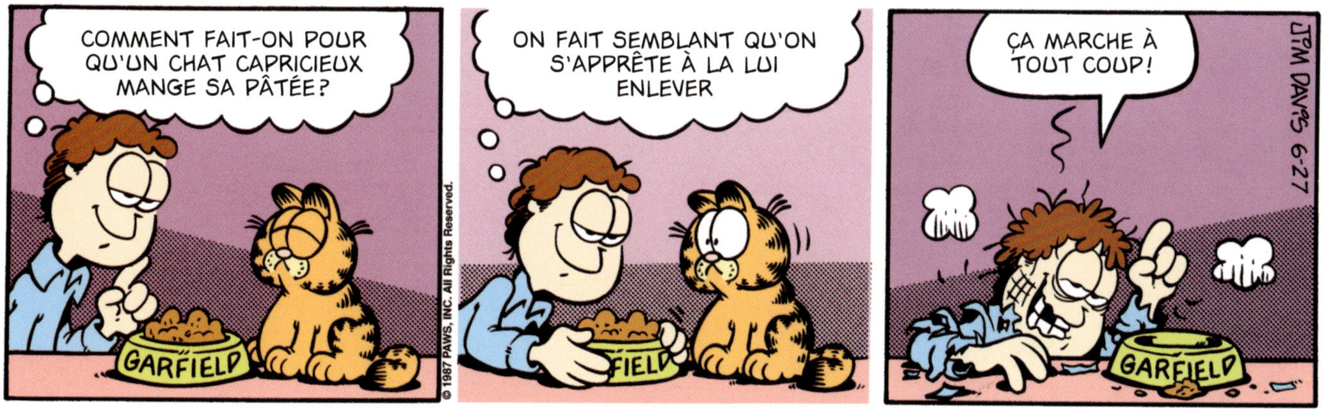
COMMENT FAIT-ON POUR QU'UN CHAT CAPRICIEUX MANGE SA PÂTÉE?
GARFIELD
© 1987 PAWS, INC. All Rights Reserved.
ON FAIT SEMBLANT QU'ON S'APPRÊTE À LA LUI ENLEVER
ÇA MARCHE À TOUT COUP!
GARFIELD
JIM DAVIS 6-27

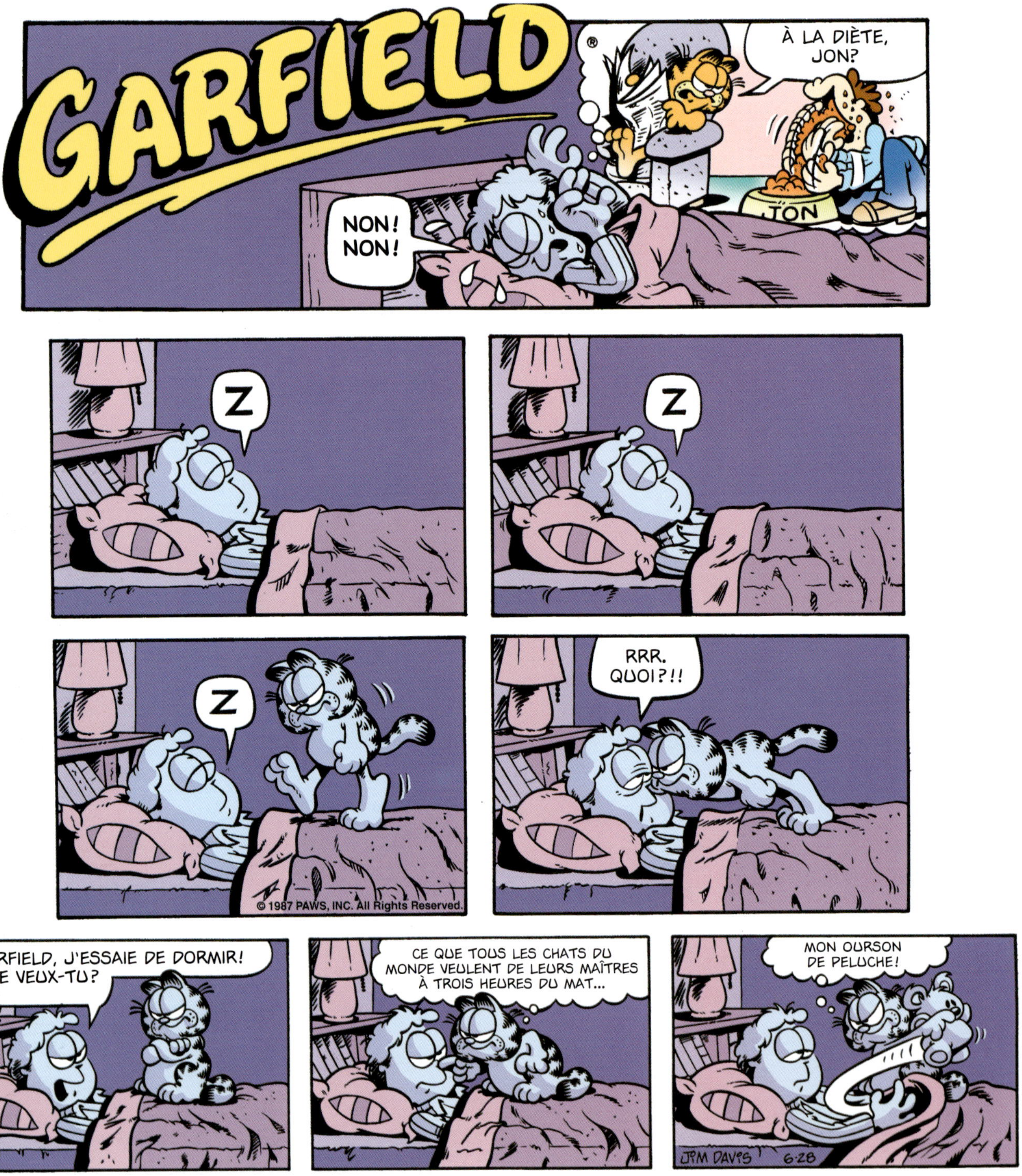
GARFIELD®
À LA DIÈTE, JON?
NON! NON!
ĴON
Z
Z
Z
RRR. QUOI?!!
© 1987 PAWS, INC. All Rights Reserved.
GARFIELD, J'ESSAIE DE DORMIR! QUE VEUX-TU?
CE QUE TOUS LES CHATS DU MONDE VEULENT DE LEURS MAÎTRES À TROIS HEURES DU MAT...
MON OURSON DE PELUCHE!
JPM DAVIS 6·28

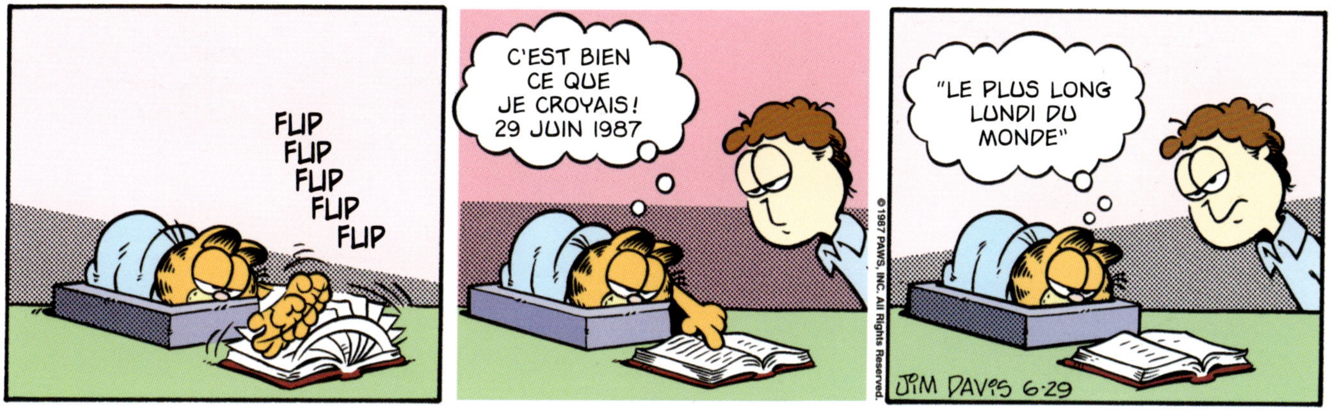
FLIP
FLIP
FLIP
FLIP
FLIP
C'EST BIEN CE QUE JE CROYAIS! 29 JUIN 1987
© 1987 PAWS, INC. All Rights Reserved.
"LE PLUS LONG LUNDI DU MONDE"
JIM DAVIS 6-29

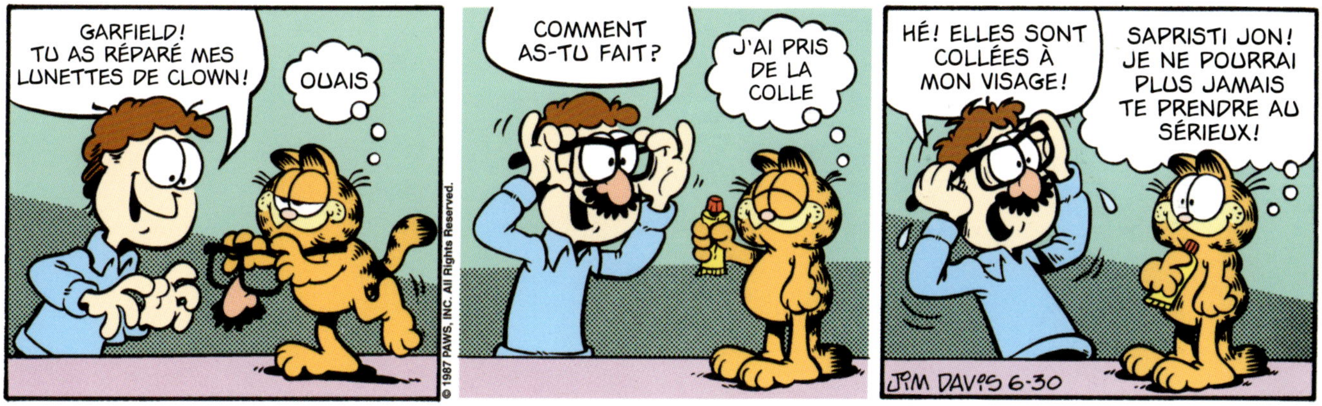
GARFIELD! TU AS RÉPARÉ MES LUNETTES DE CLOWN!
OUAIS
© 1987 PAWS, INC. All Rights Reserved.
COMMENT AS-TU FAIT?
J'AI PRIS DE LA COLLE
HÉ! ELLES SONT COLLÉES À MON VISAGE!
SAPRISTI JON! JE NE POURRAI PLUS JAMAIS TE PRENDRE AU SÉRIEUX!
JIM DAVIS 6-30

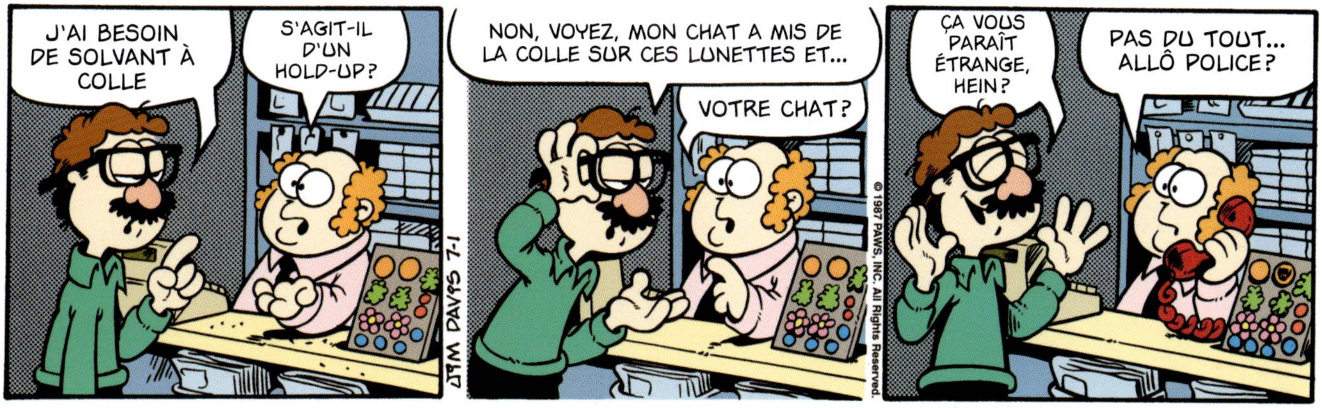
J'AI BESOIN DE SOLVANT À COLLE
S'AGIT-IL D'UN HOLD-UP?
JIM DAVIS 7-1
NON, VOYEZ, MON CHAT A MIS DE LA COLLE SUR CES LUNETTES ET...
VOTRE CHAT?
© 1987 PAWS, INC. All Rights Reserved.
ÇA VOUS PARAÎT ÉTRANGE, HEIN?
PAS DU TOUT... ALLÔ POLICE?

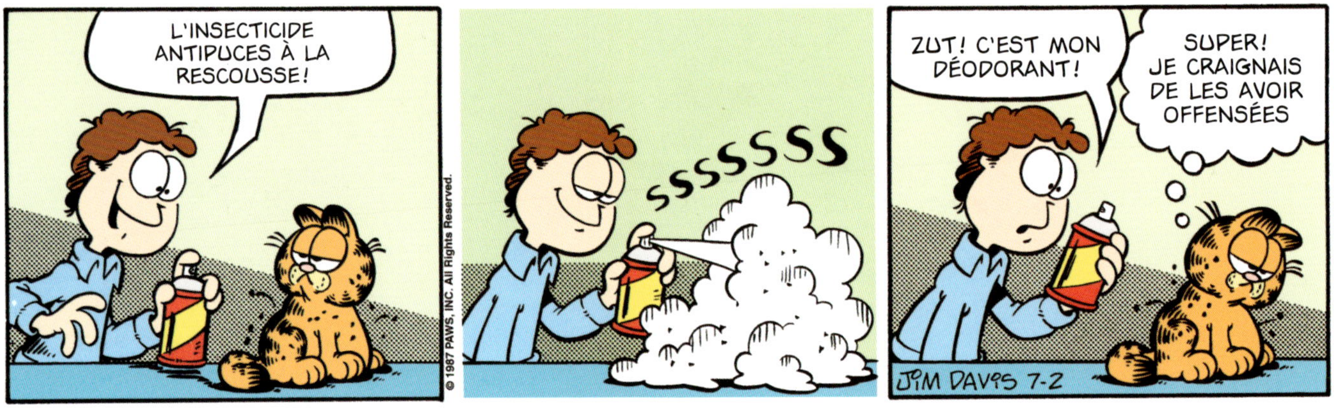
L'INSECTICIDE ANTIPUCES À LA RESCOUSSE!
© 1987 PAWS, INC. All Rights Reserved.
SSSSSSS
ZUT! C'EST MON DÉODORANT!
SUPER! JE CRAIGNAIS DE LES AVOIR OFFENSÉES
JIM DAVIS 7-2

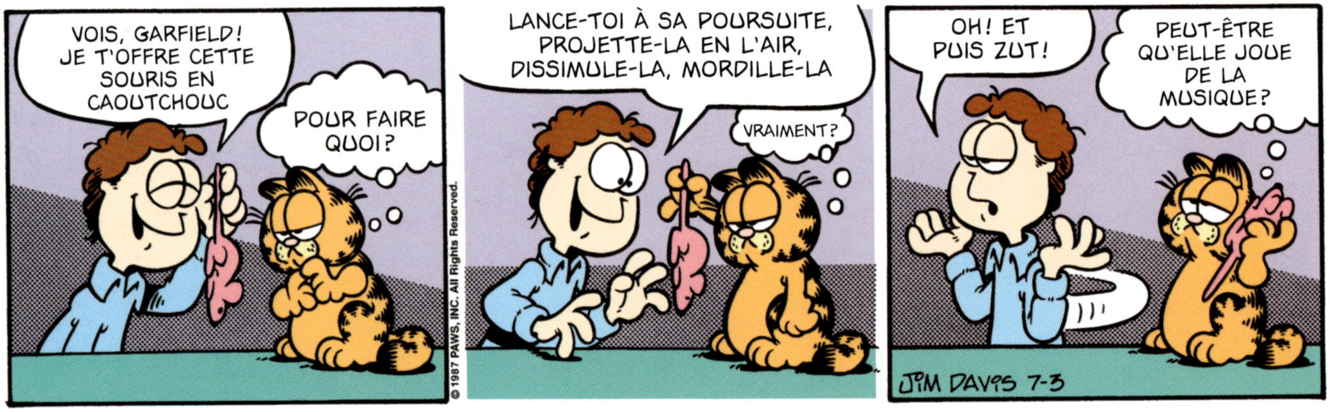
VOIS, GARFIELD! JE T'OFFRE CETTE SOURIS EN CAOUTCHOUC
POUR FAIRE QUOI?
© 1987 PAWS, INC. All Rights Reserved.
LANCE-TOI À SA POURSUITE, PROJETTE-LA EN L'AIR, DISSIMULE-LA, MORDILLE-LA
VRAIMENT?
OH! ET PUIS ZUT!
PEUT-ÊTRE QU'ELLE JOUE DE LA MUSIQUE?
JIM DAVIS 7-3

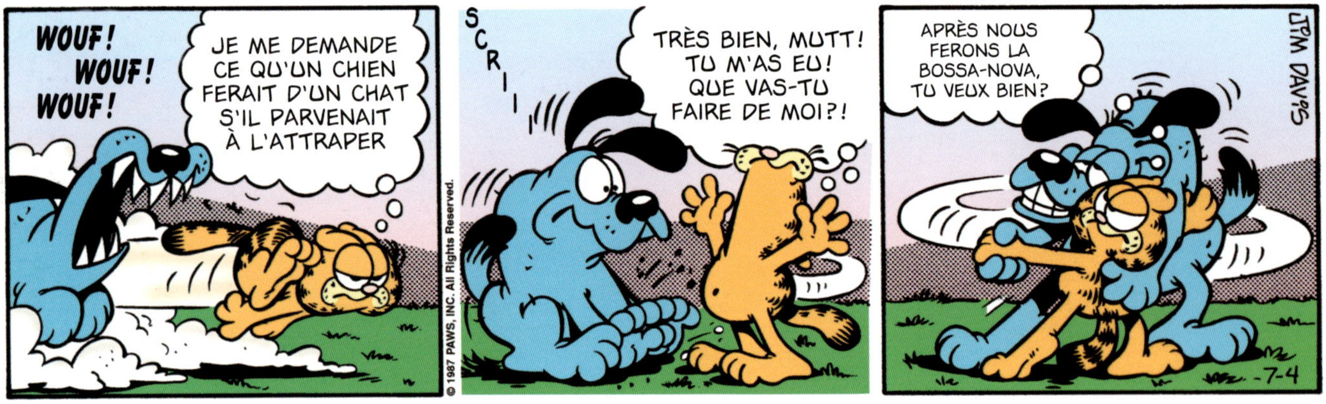
WOUF! WOUF! WOUF!
JE ME DEMANDE CE QU'UN CHIEN FERAIT D'UN CHAT S'IL PARVENAIT À L'ATTRAPER
© 1987 PAWS, INC. All Rights Reserved.
SCRIII
TRÈS BIEN, MUTT! TU M'AS EU! QUE VAS-TU FAIRE DE MOI?!
APRÈS NOUS FERONS LA BOSSA-NOVA, TU VEUX BIEN?
JIM DAVIS
7-4

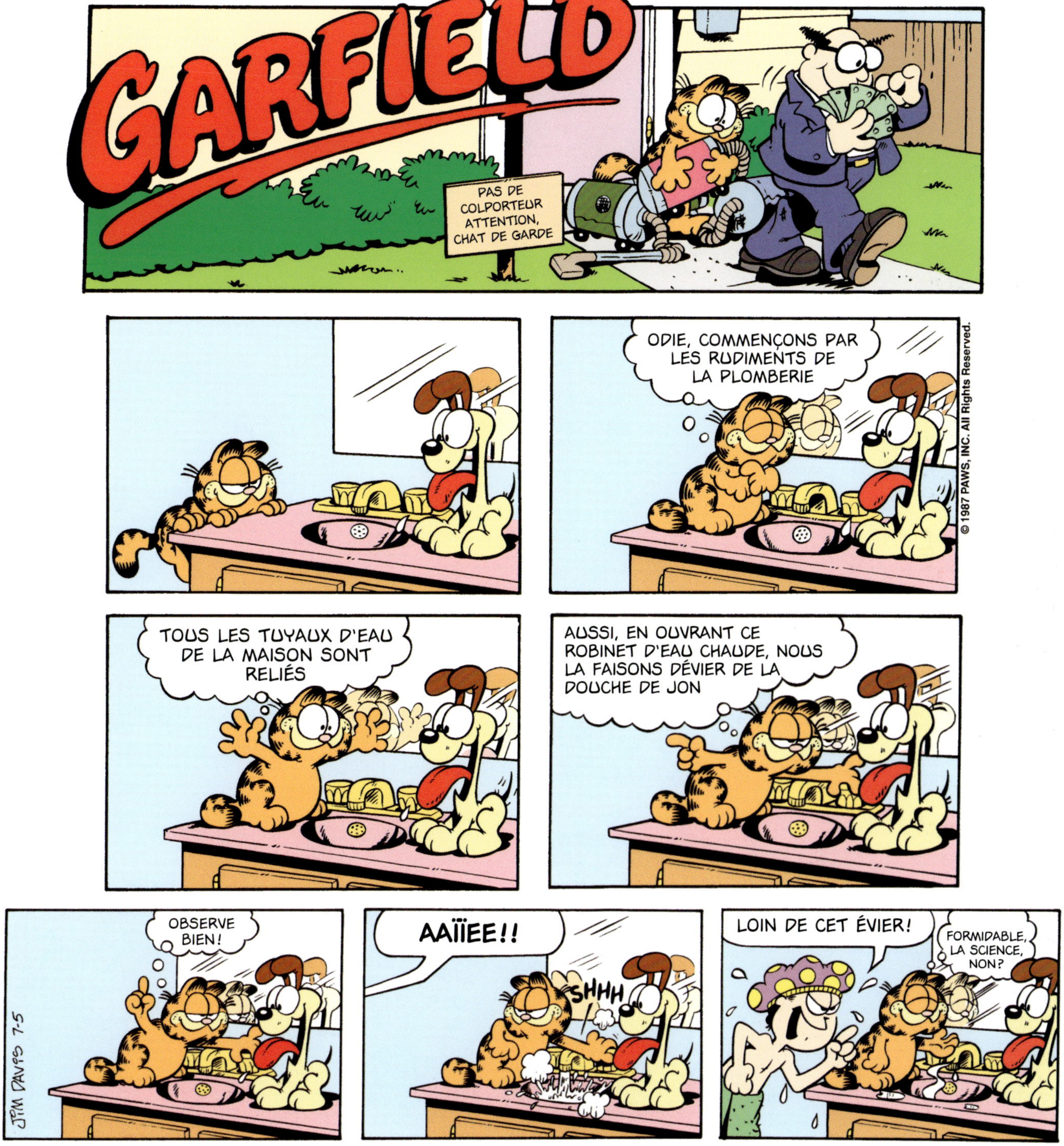
GARFIELD
PAS DE COLPORTEUR ATTENTION, CHAT DE GARDE
ODIE, COMMENÇONS PAR LES RUDIMENTS DE LA PLOMBERIE
© 1987 PAWS, INC. All Rights Reserved.
TOUS LES TUYAUX D'EAU DE LA MAISON SONT RELIÉS
AUSSI, EN OUVRANT CE ROBINET D'EAU CHAUDE, NOUS LA FAISONS DÉVIER DE LA DOUCHE DE JON
OBSERVE BIEN!
JPM DAVPS 7-5
AAÏÏEE!!
SHHH
LOIN DE CET ÉVIER!
FORMIDABLE, LA SCIENCE, NON?

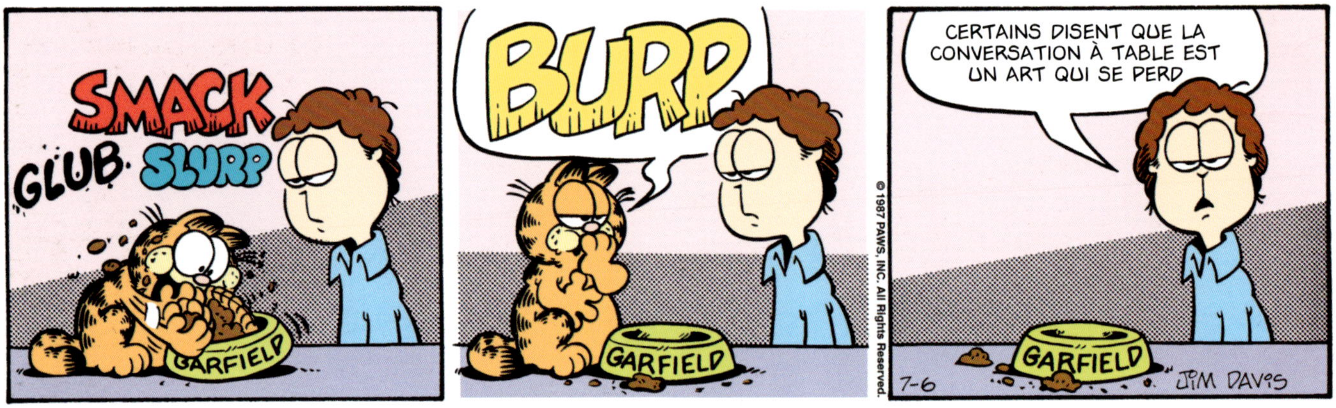
SMACK
GLUB
SLURP
BURP
CERTAINS DISENT QUE LA CONVERSATION À TABLE EST UN ART QUI SE PERD
GARFIELD
© 1987 PAWS, INC. All Rights Reserved.
7-6
JIM DAVIS

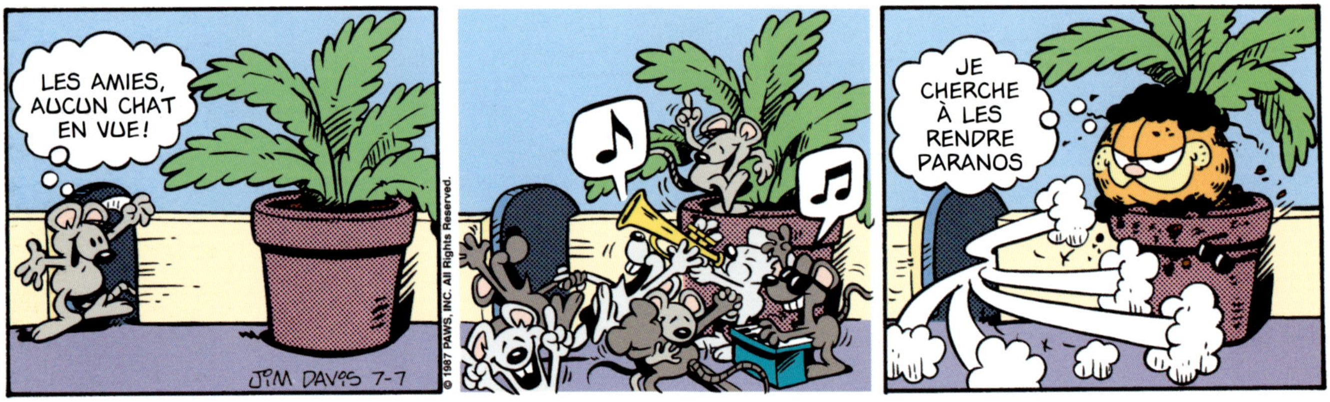
LES AMIES, AUCUN CHAT EN VUE!
JIM DAVIS 7-7
© 1987 PAWS, INC. All Rights Reserved.
JE CHERCHE À LES RENDRE PARANOS

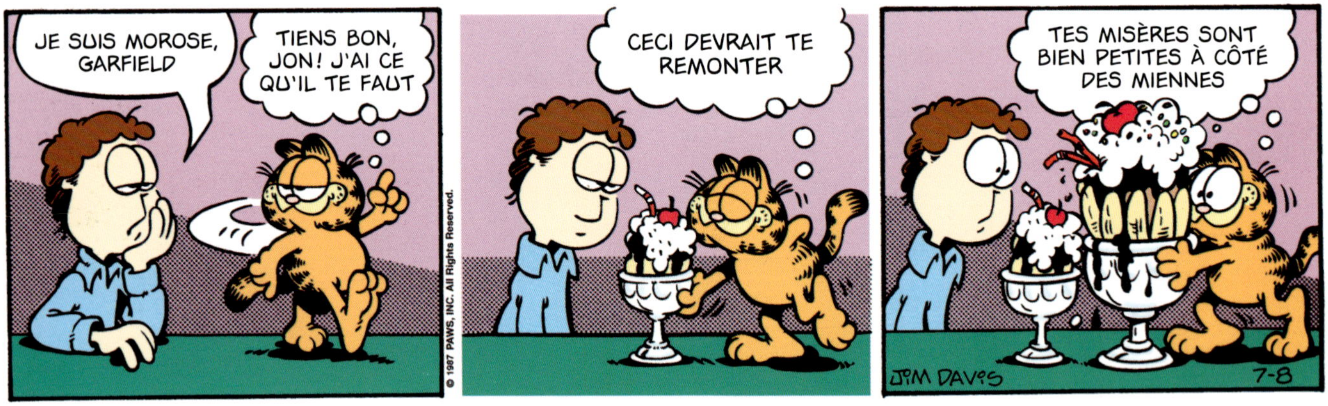
JE SUIS MOROSE, GARFIELD
TIENS BON, JON! J'AI CE QU'IL TE FAUT
© 1987 PAWS, INC. All Rights Reserved.
CECI DEVRAIT TE REMONTER
TES MISÈRES SONT BIEN PETITES À CÔTÉ DES MIENNES
JIM DAVIS
7-8

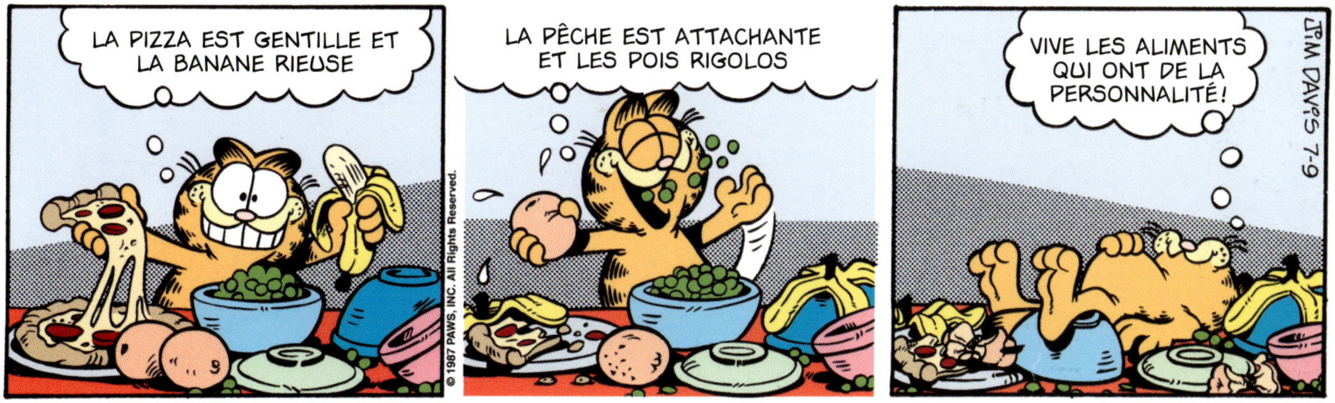
LA PIZZA EST GENTILLE ET LA BANANE RIEUSE
© 1987 PAWS, INC. All Rights Reserved.
LA PÊCHE EST ATTACHANTE ET LES POIS RIGOLOS
VIVE LES ALIMENTS QUI ONT DE LA PERSONNALITÉ!
JIM DAVIS 7-9

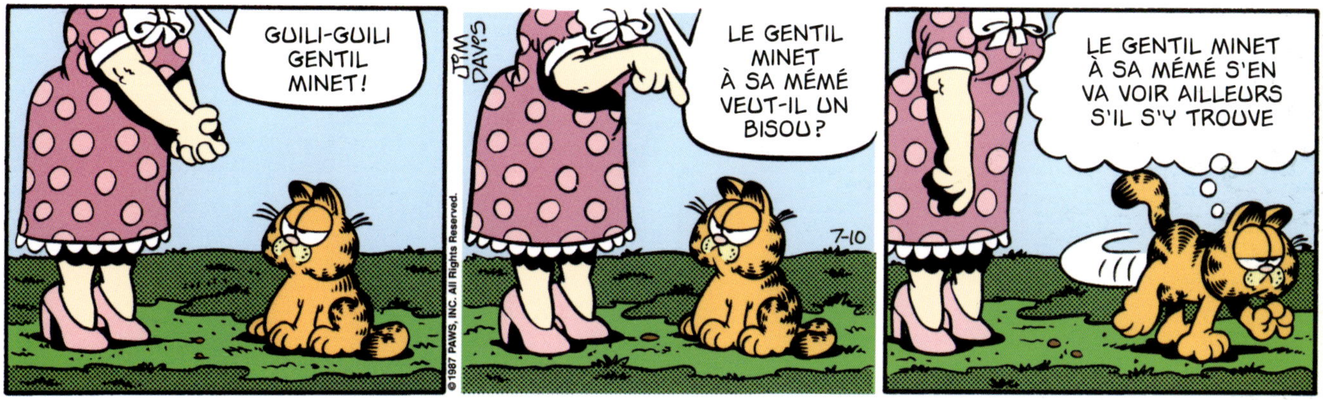
GUILI-GUILI GENTIL MINET!
© 1987 PAWS, INC. All Rights Reserved.
JIM DAVIS
LE GENTIL MINET À SA MÉMÉ VEUT-IL UN BISOU?
7-10
LE GENTIL MINET À SA MÉMÉ S'EN VA VOIR AILLEURS S'IL S'Y TROUVE

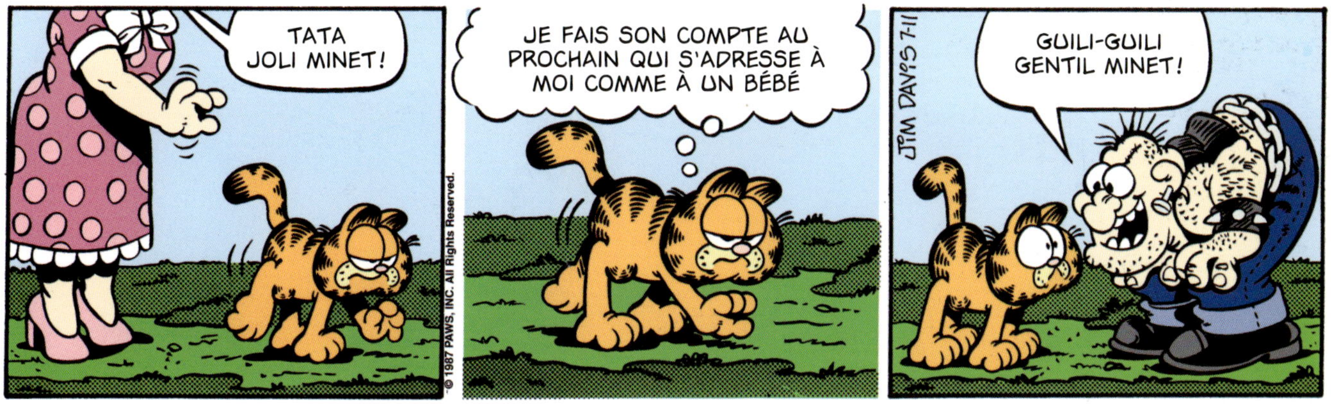
TATA JOLI MINET!
© 1987 PAWS, INC. All Rights Reserved.
JE FAIS SON COMPTE AU PROCHAIN QUI S'ADRESSE À MOI COMME À UN BÉBÉ
JIM DAVIS 7-11
GUILI-GUILI GENTIL MINET!

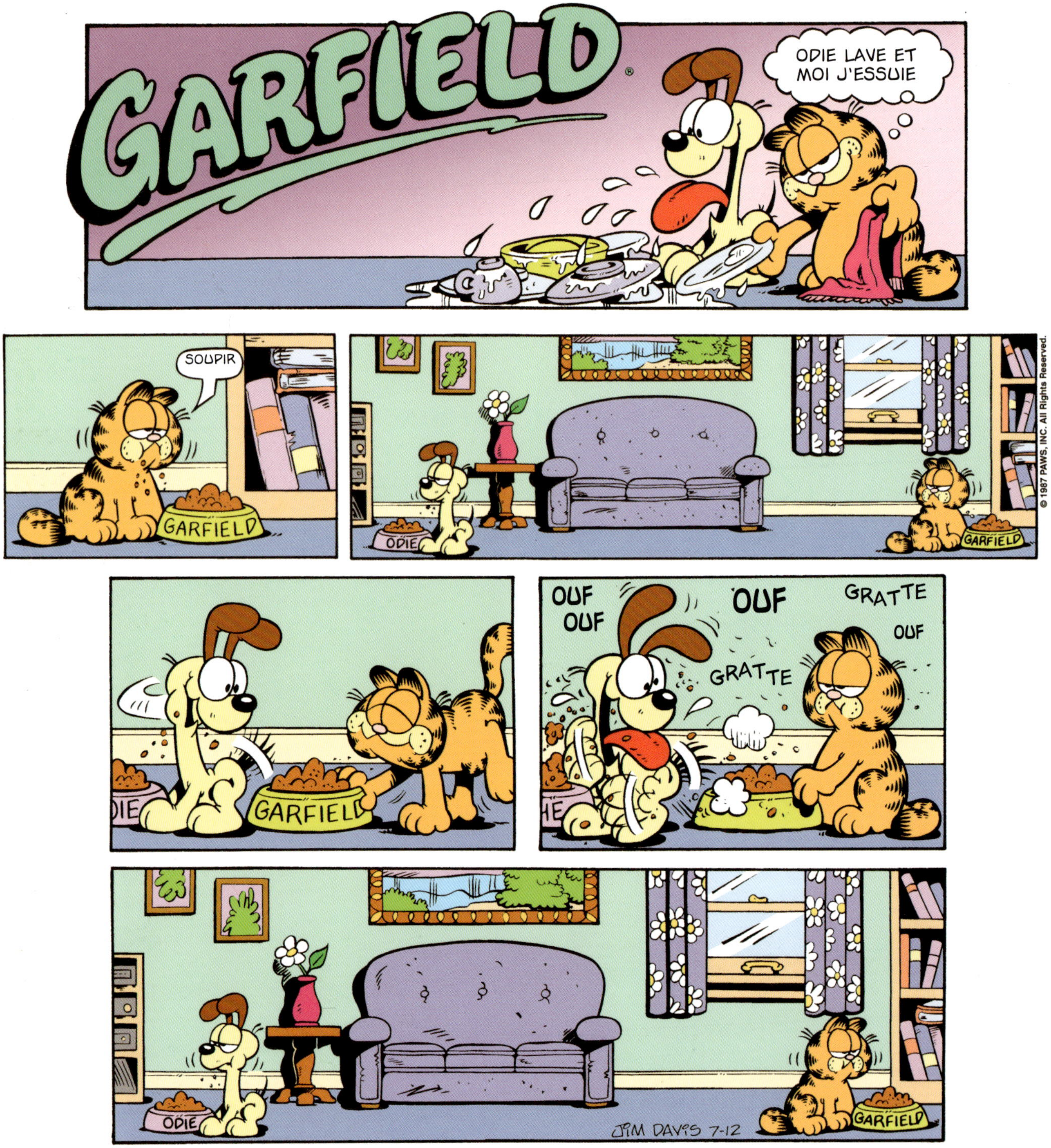
GARFIELD
ODIE LAVE ET MOI J'ESSUIE
SOUPIR
© 1987 PAWS, INC. All Rights Reserved.
GARFIELD
ODIE
OUF OUF
OUF
GRATTE
OUF
GRATTE
JIM DAVIS 7-12

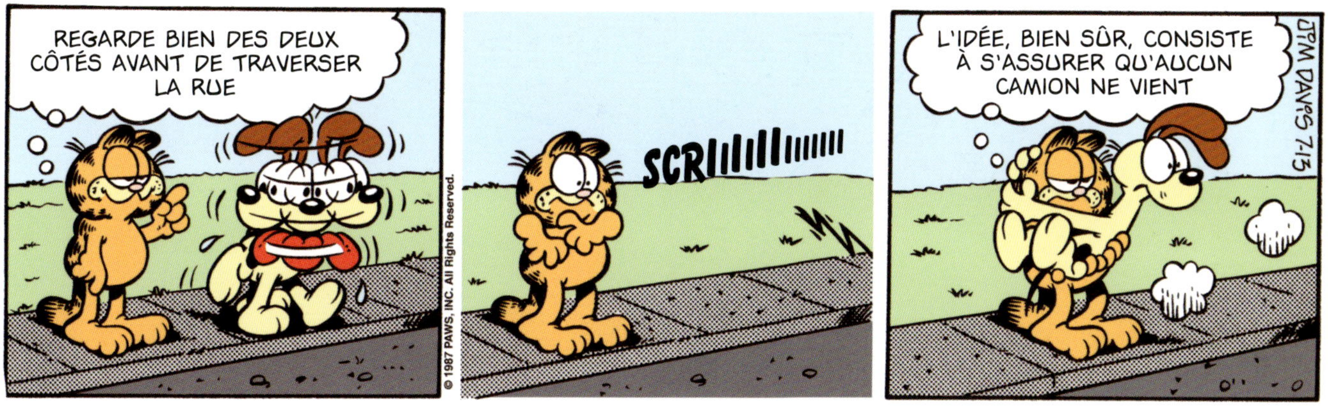
REGARDE BIEN DES DEUX CÔTÉS AVANT DE TRAVERSER LA RUE
© 1987 PAWS, INC. All Rights Reserved.
SCRIIIIIIIIIIIII
L'IDÉE, BIEN SÛR, CONSISTE À S'ASSURER QU'AUCUN CAMION NE VIENT
JIM DAVIS 7-13

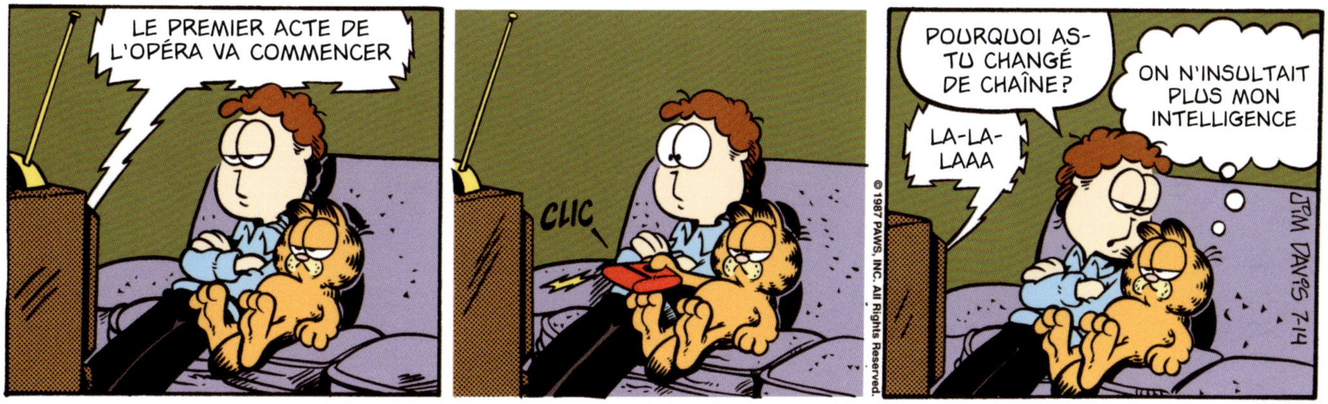
LE PREMIER ACTE DE L'OPÉRA VA COMMENCER
CLIC
© 1987 PAWS, INC. All Rights Reserved.
POURQUOI AS-TU CHANGÉ DE CHAÎNE?
LA-LA-LAAA
ON N'INSULTAIT PLUS MON INTELLIGENCE
JIM DAVIS 7-14

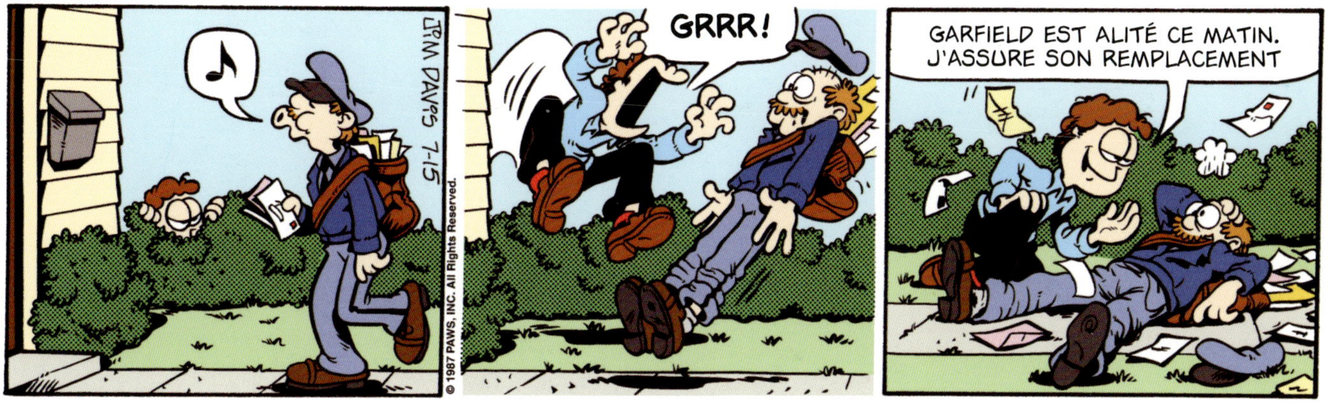
♪
JIM DAVIS 7-15
© 1987 PAWS, INC. All Rights Reserved.
GRRR!
GARFIELD EST ALITÉ CE MATIN. J'ASSURE SON REMPLACEMENT

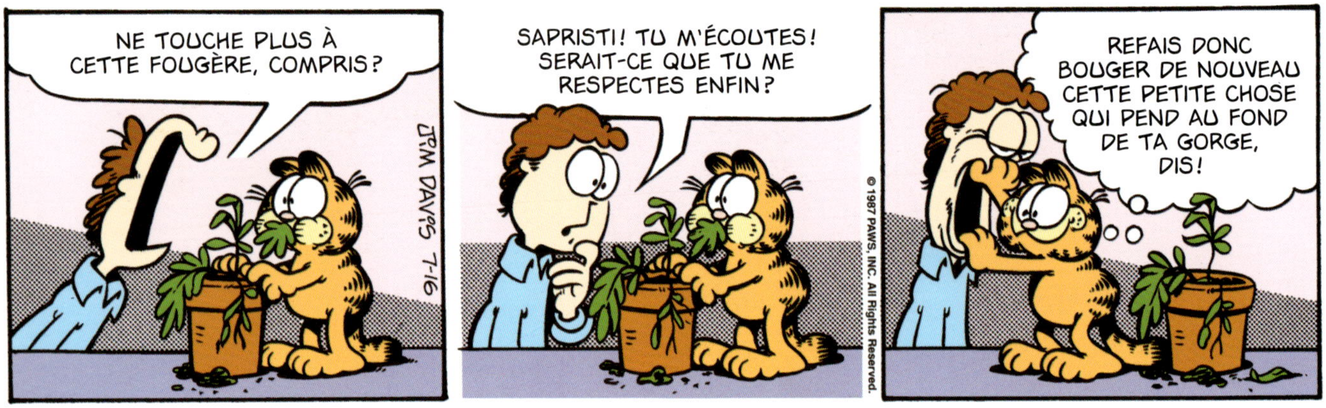
NE TOUCHE PLUS À CETTE FOUGÈRE, COMPRIS?
JIM DAVIS 7-16
SAPRISTI! TU M'ÉCOUTES! SERAIT-CE QUE TU ME RESPECTES ENFIN?
© 1987 PAWS, INC. All Rights Reserved.
REFAIS DONC BOUGER DE NOUVEAU CETTE PETITE CHOSE QUI PEND AU FOND DE TA GORGE, DIS!

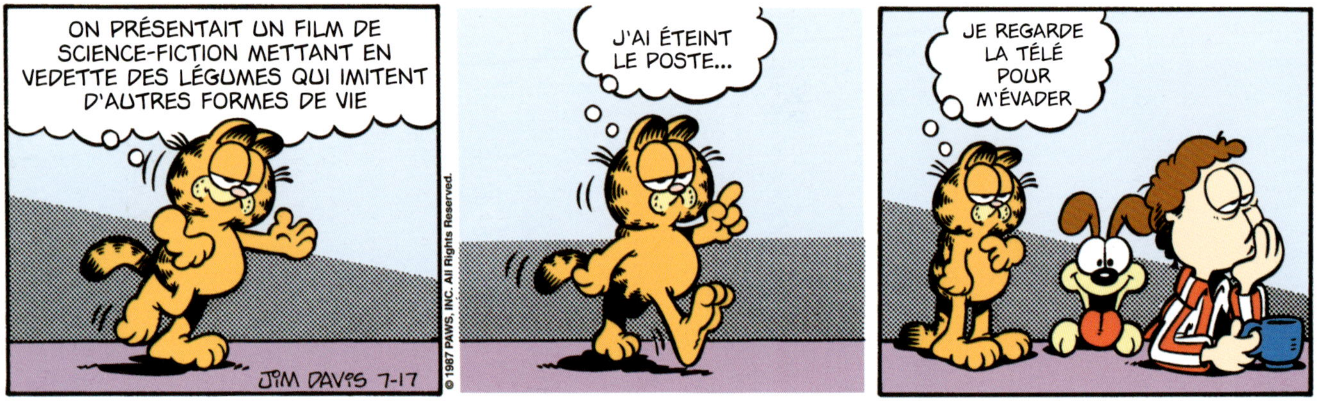
ON PRÉSENTAIT UN FILM DE SCIENCE-FICTION METTANT EN VEDETTE DES LÉGUMES QUI IMITENT D'AUTRES FORMES DE VIE
JIM DAVIS 7-17
© 1987 PAWS, INC. All Rights Reserved.
J'AI ÉTEINT LE POSTE...
JE REGARDE LA TÉLÉ POUR M'ÉVADER

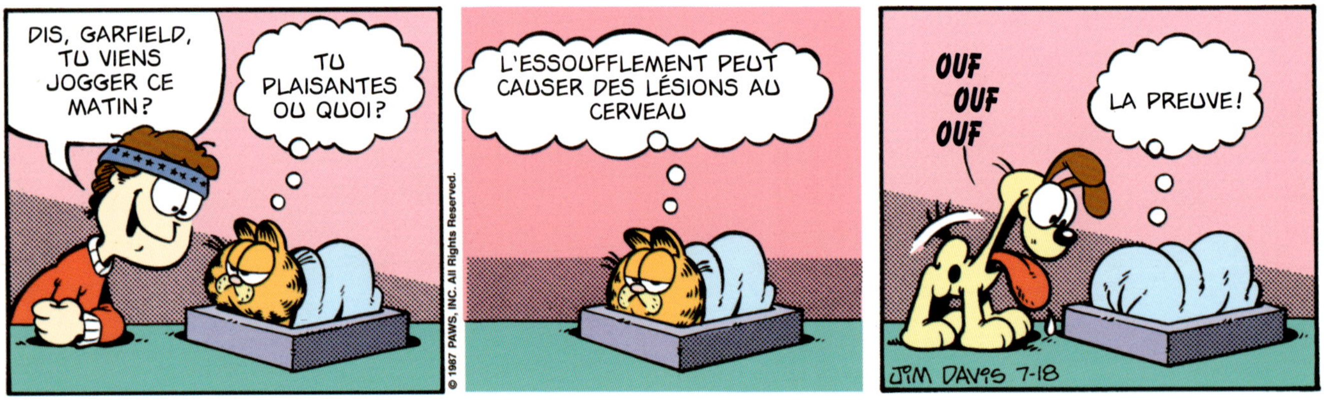
DIS, GARFIELD, TU VIENS JOGGER CE MATIN?
TU PLAISANTES OU QUOI?
© 1987 PAWS, INC. All Rights Reserved.
L'ESSOUFFLEMENT PEUT CAUSER DES LÉSIONS AU CERVEAU
OUF OUF OUF
LA PREUVE!
JIM DAVIS 7-18

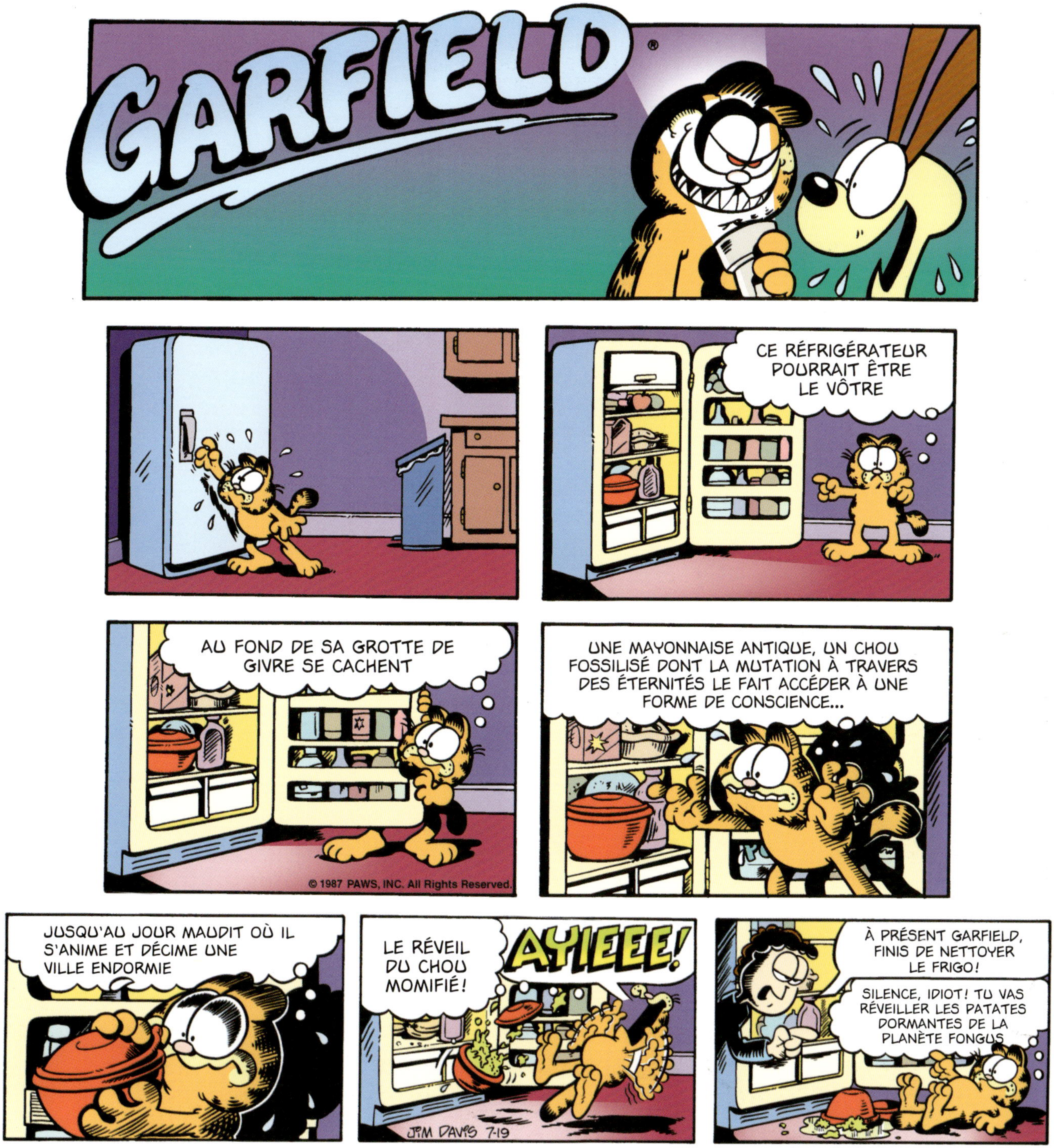
GARFIELD®
CE RÉFRIGÉRATEUR POURRAIT ÊTRE LE VÔTRE
AU FOND DE SA GROTTE DE GIVRE SE CACHENT
© 1987 PAWS, INC. All Rights Reserved.
UNE MAYONNAISE ANTIQUE, UN CHOU FOSSILISÉ DONT LA MUTATION À TRAVERS DES ÉTERNITÉS LE FAIT ACCÉDER À UNE FORME DE CONSCIENCE...
JUSQU'AU JOUR MAUDIT OÙ IL S'ANIME ET DÉCIME UNE VILLE ENDORMIE
LE RÉVEIL DU CHOU MOMIFIÉ!
AYIEEE!
JIM DAVIS 7-19
À PRÉSENT GARFIELD, FINIS DE NETTOYER LE FRIGO!
SILENCE, IDIOT! TU VAS RÉVEILLER LES PATATES DORMANTES DE LA PLANÈTE FONGUS

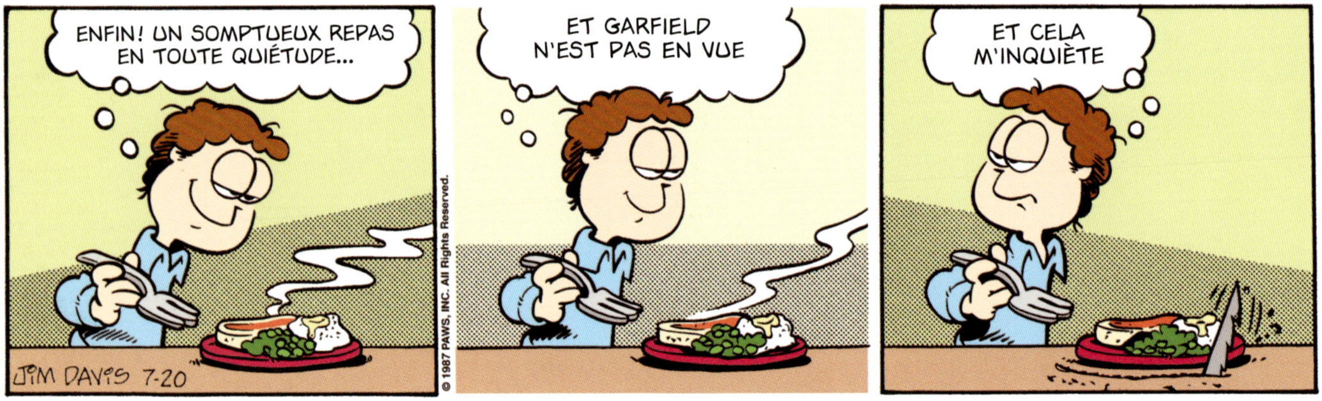
ENFIN! UN SOMPTUEUX REPAS EN TOUTE QUIÉTUDE...
JIM DAVIS 7-20
© 1987 PAWS, INC. All Rights Reserved.
ET GARFIELD N'EST PAS EN VUE
ET CELA M'INQUIÈTE

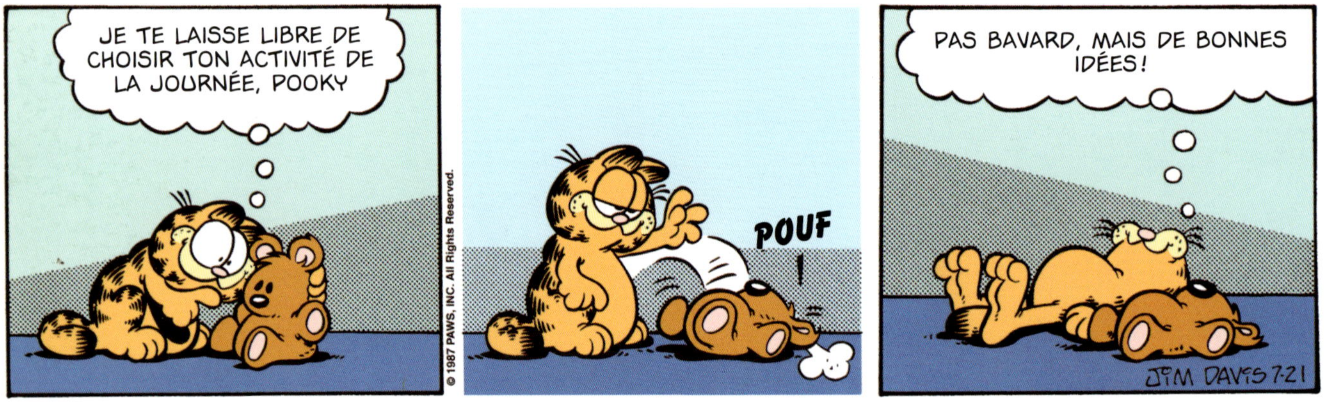
JE TE LAISSE LIBRE DE CHOISIR TON ACTIVITÉ DE LA JOURNÉE, POOKY
© 1987 PAWS, INC. All Rights Reserved.
POUF
!
PAS BAVARD, MAIS DE BONNES IDÉES!
JIM DAVIS 7-21

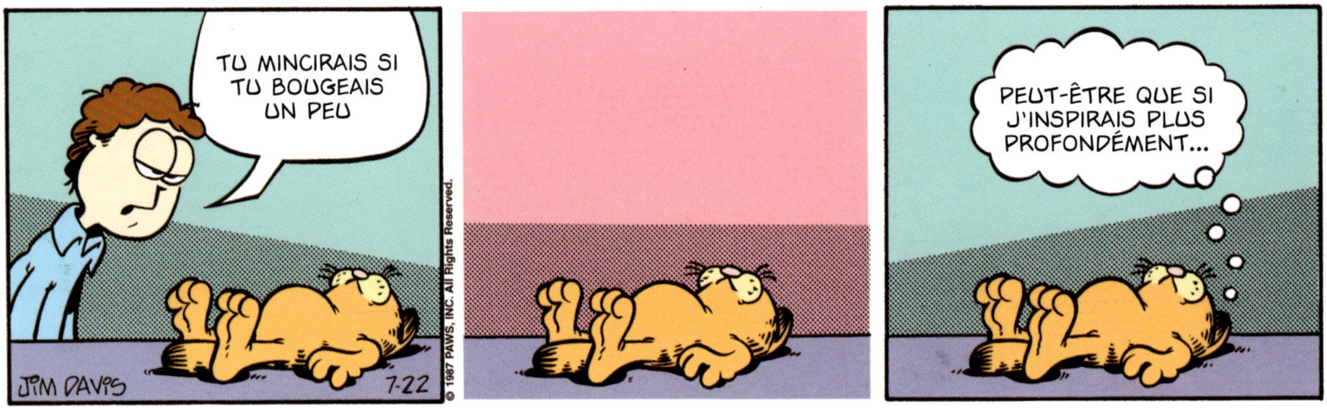
TU MINCIRAIS SI TU BOUGEAIS UN PEU
JIM DAVIS 7-22
© 1987 PAWS, INC. All Rights Reserved.
PEUT-ÊTRE QUE SI J'INSPIRAIS PLUS PROFONDÉMENT...

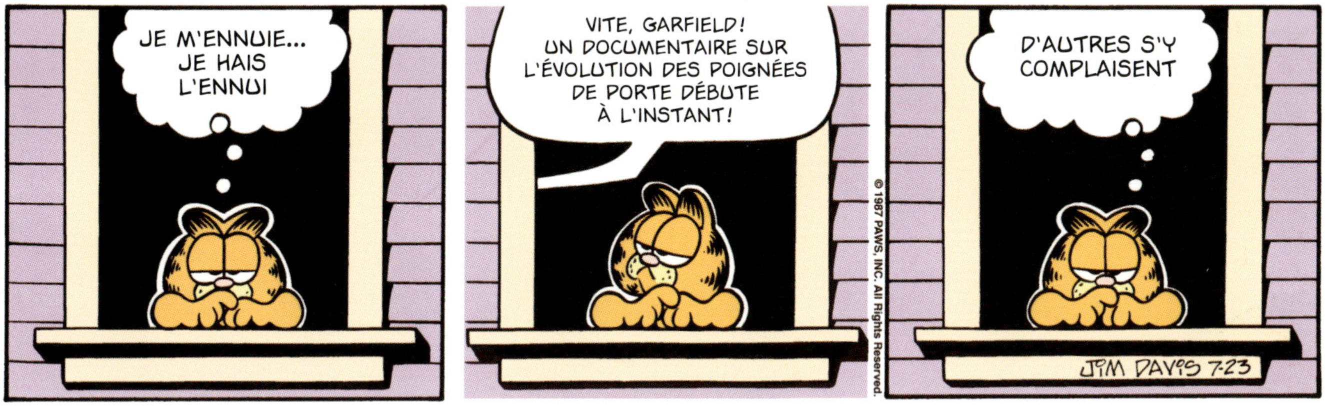
JE M'ENNUIE... JE HAIS L'ENNUI
VITE, GARFIELD! UN DOCUMENTAIRE SUR L'ÉVOLUTION DES POIGNÉES DE PORTE DÉBUTE À L'INSTANT!
D'AUTRES S'Y COMPLAISENT
JIM DAVIS 7-23

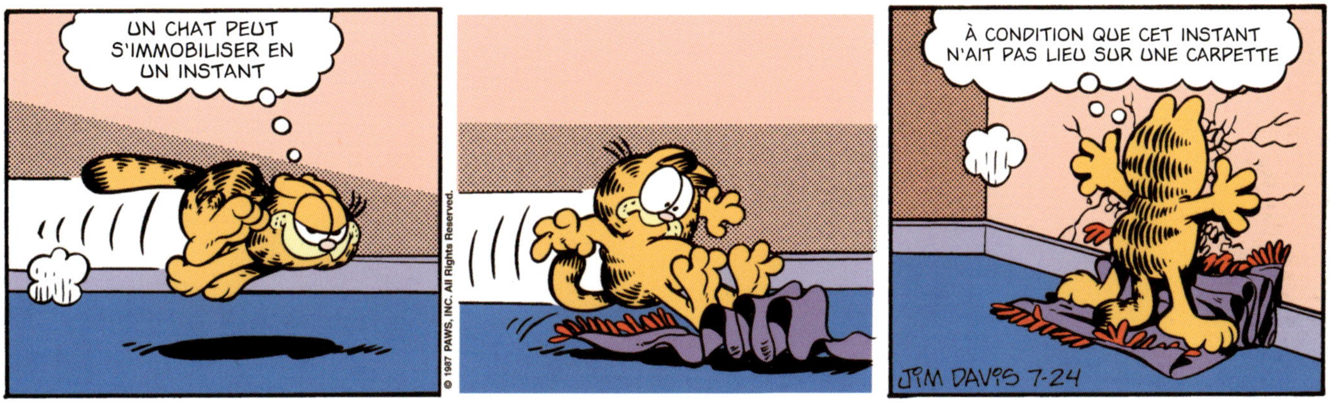
UN CHAT PEUT S'IMMOBILISER EN UN INSTANT
À CONDITION QUE CET INSTANT N'AIT PAS LIEU SUR UNE CARPETTE
JIM DAVIS 7-24

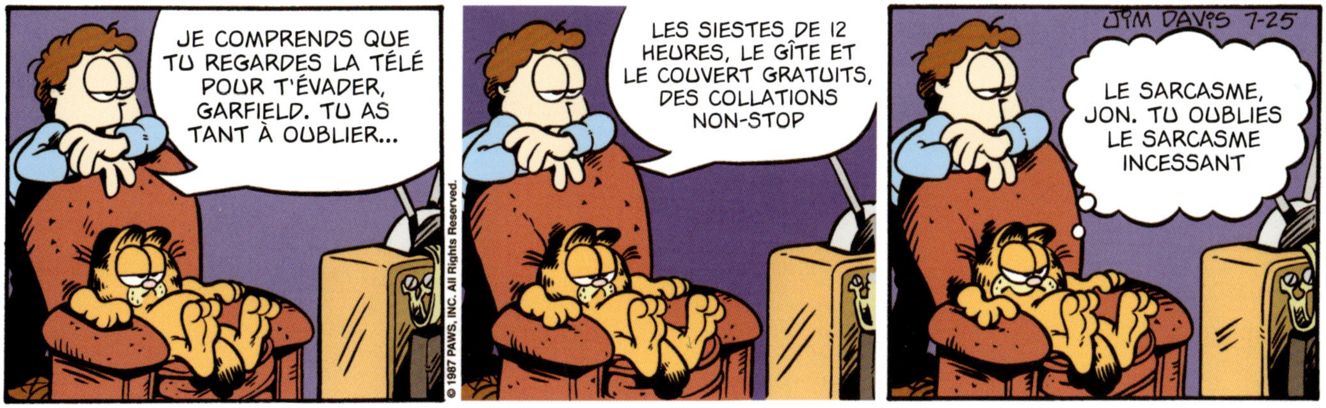
JE COMPRENDS QUE TU REGARDES LA TÉLÉ POUR T'ÉVADER, GARFIELD. TU AS TANT À OUBLIER...
LES SIESTES DE 12 HEURES, LE GÎTE ET LE COUVERT GRATUITS, DES COLLATIONS NON-STOP
JIM DAVIS 7-25
LE SARCASME, JON. TU OUBLIES LE SARCASME INCESSANT

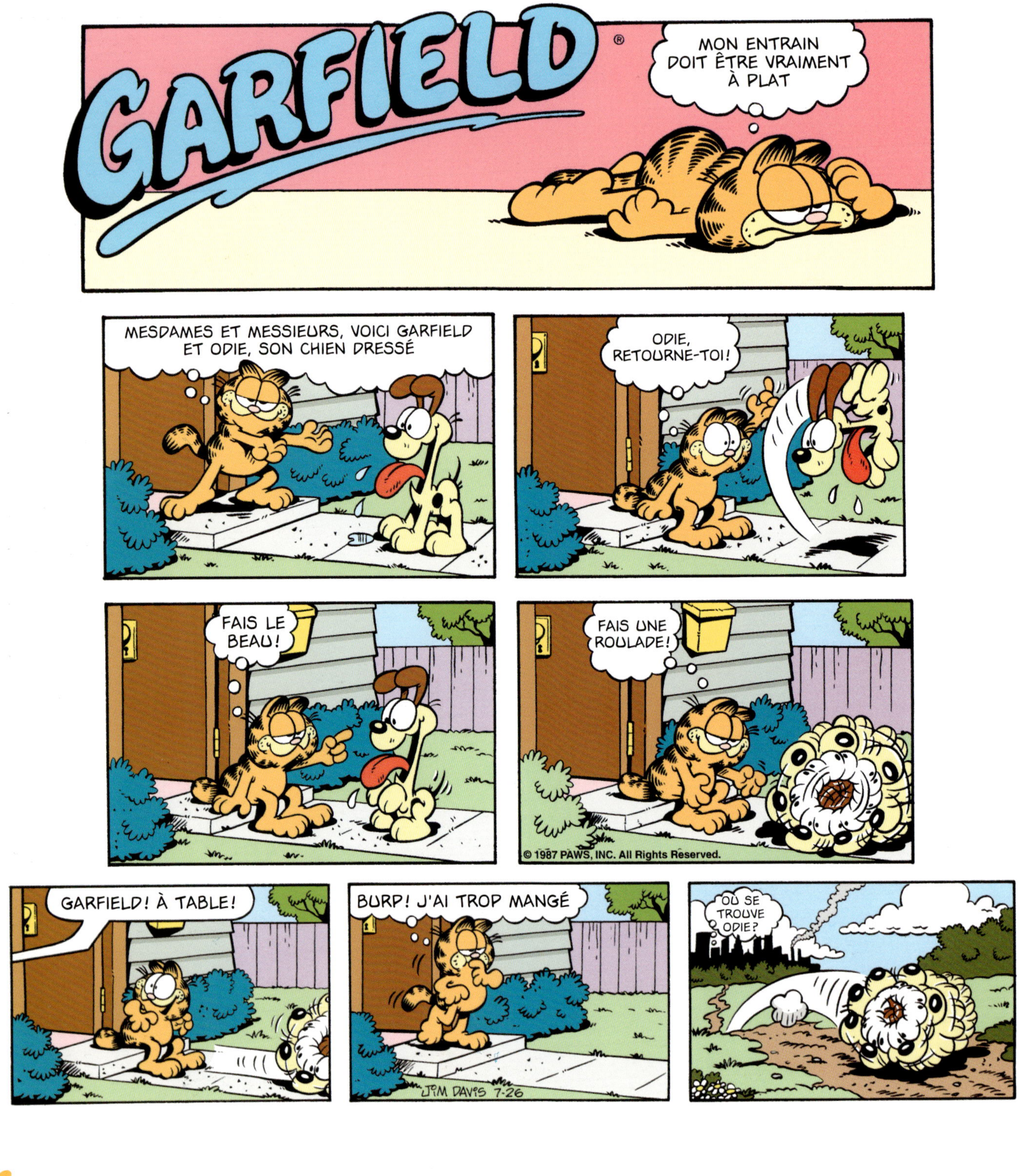
GARFIELD®
MON ENTRAIN DOIT ÊTRE VRAIMENT À PLAT
MESDAMES ET MESSIEURS, VOICI GARFIELD ET ODIE, SON CHIEN DRESSÉ
ODIE, RETOURNE-TOI!
FAIS LE BEAU!
FAIS UNE ROULADE!
© 1987 PAWS, INC. All Rights Reserved.
GARFIELD! À TABLE!
BURP! J'AI TROP MANGÉ
JIM DAVIS 7-26
OÙ SE TROUVE ODIE?

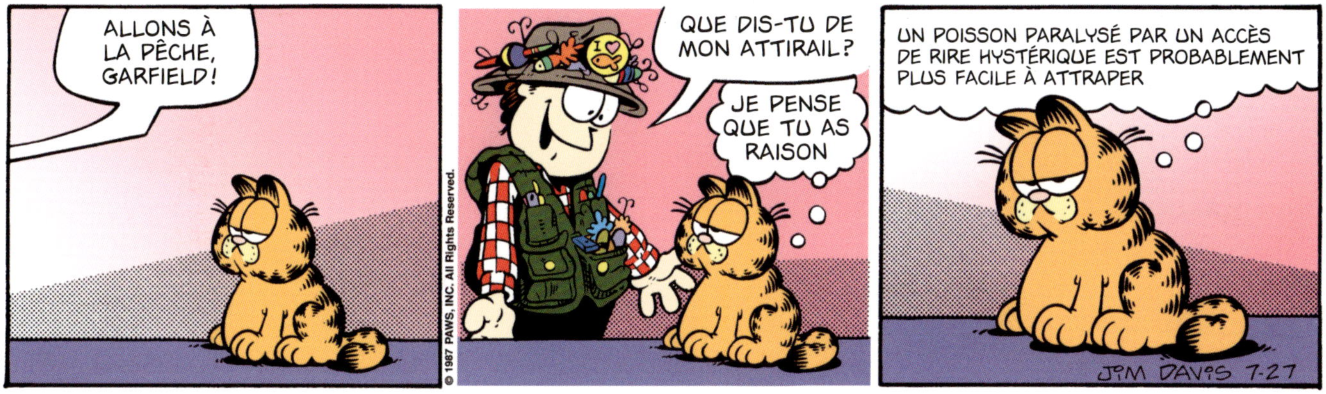
ALLONS À LA PÊCHE, GARFIELD!
QUE DIS-TU DE MON ATTIRAIL?
JE PENSE QUE TU AS RAISON
© 1987 PAWS, INC. All Rights Reserved.
UN POISSON PARALYSÉ PAR UN ACCÈS DE RIRE HYSTÉRIQUE EST PROBABLEMENT PLUS FACILE À ATTRAPER
JIM DAVIS 7-27

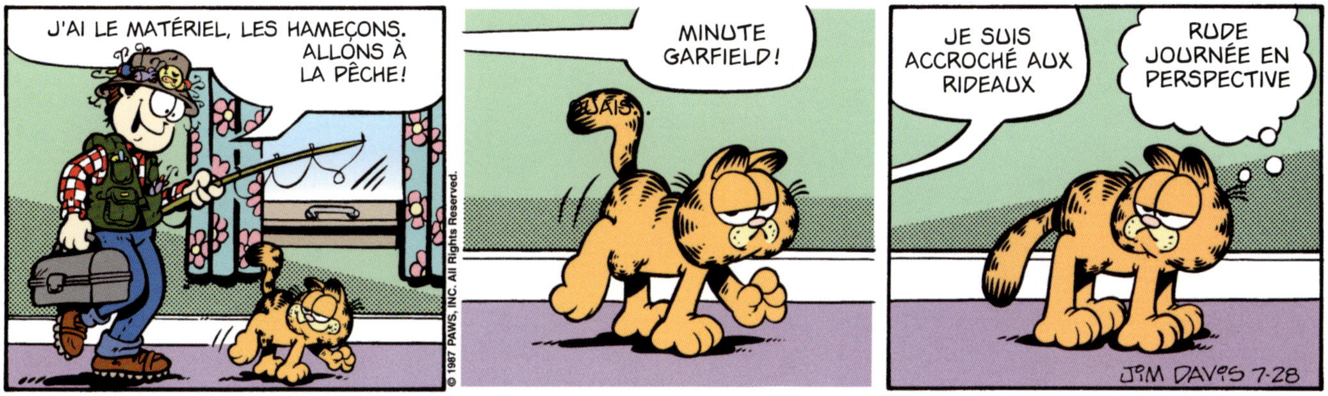
J'AI LE MATÉRIEL, LES HAMEÇONS. ALLONS À LA PÊCHE!
© 1987 PAWS, INC. All Rights Reserved.
MINUTE GARFIELD!
OUAIS.
JE SUIS ACCROCHÉ AUX RIDEAUX
RUDE JOURNÉE EN PERSPECTIVE
JIM DAVIS 7-28

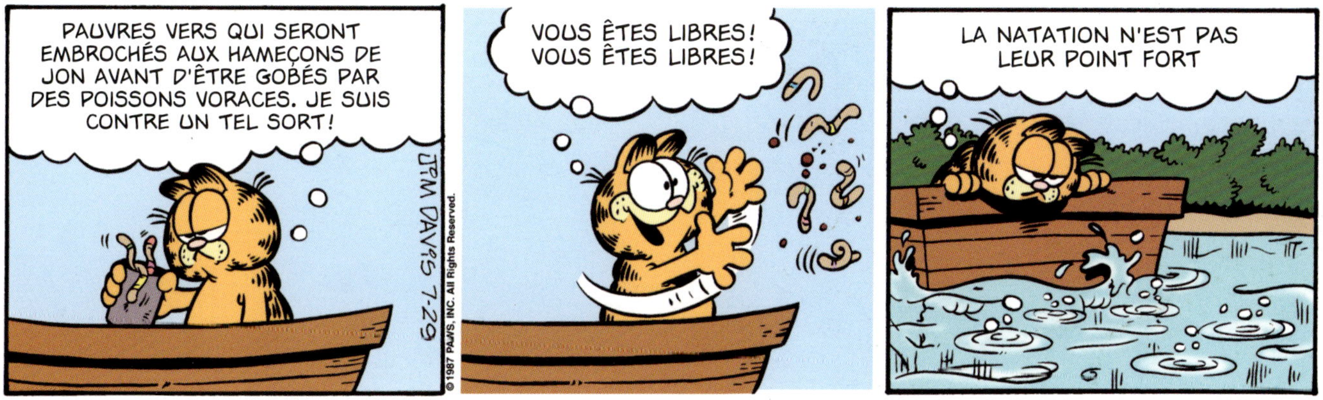
PAUVRES VERS QUI SERONT EMBROCHÉS AUX HAMEÇONS DE JON AVANT D'ÊTRE GOBÉS PAR DES POISSONS VORACES. JE SUIS CONTRE UN TEL SORT!
JIM DAVIS 7-29
© 1987 PAWS, INC. All Rights Reserved.
VOUS ÊTES LIBRES! VOUS ÊTES LIBRES!
LA NATATION N'EST PAS LEUR POINT FORT

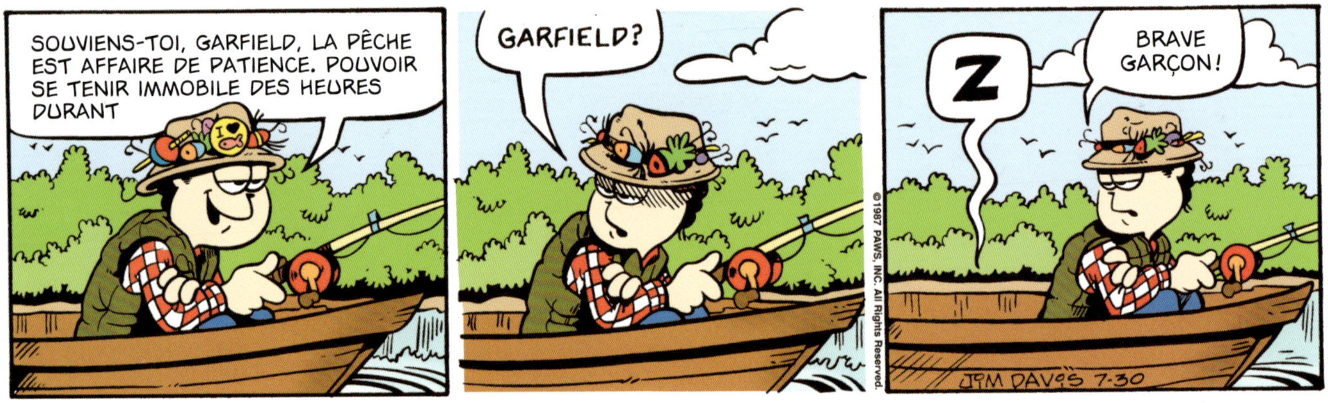
SOUVIENS-TOI, GARFIELD, LA PÊCHE EST AFFAIRE DE PATIENCE. POUVOIR SE TENIR IMMOBILE DES HEURES DURANT
GARFIELD?
Z
BRAVE GARÇON!
©1987 PAWS, INC. All Rights Reserved.
JIM DAVIS 7-30

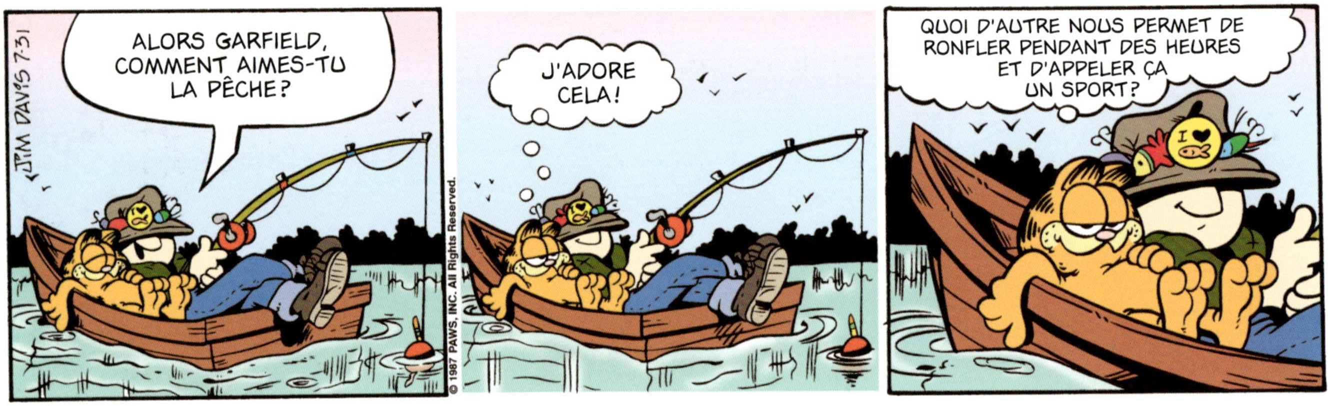
JIM DAVIS 7-31
ALORS GARFIELD, COMMENT AIMES-TU LA PÊCHE?
© 1987 PAWS, INC. All Rights Reserved.
J'ADORE CELA!
QUOI D'AUTRE NOUS PERMET DE RONFLER PENDANT DES HEURES ET D'APPELER ÇA UN SPORT?

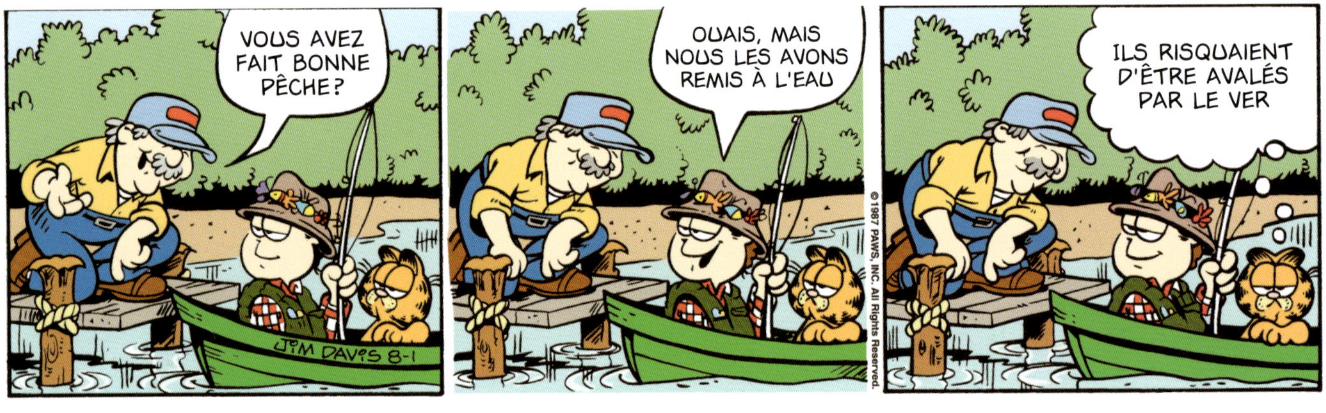
VOUS AVEZ FAIT BONNE PÊCHE?
JIM DAVIS 8-1
OUAIS, MAIS NOUS LES AVONS REMIS À L'EAU
©1987 PAWS, INC. All Rights Reserved.
ILS RISQUAIENT D'ÊTRE AVALÉS PAR LE VER

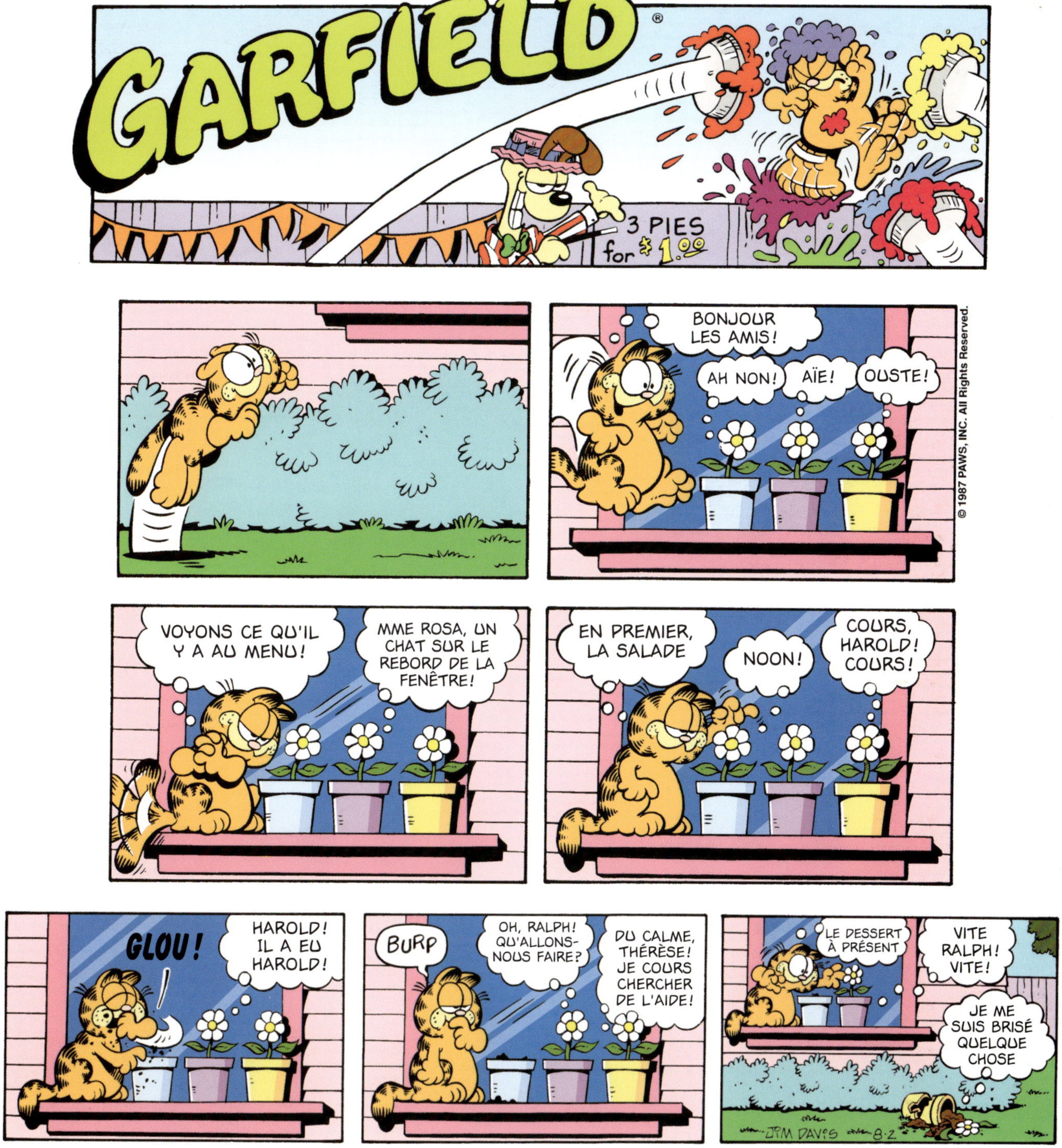
GARFIELD®
3 PIES for $1.00
BONJOUR LES AMIS!
AH NON!
AÏE!
OUSTE!
© 1987 PAWS, INC. All Rights Reserved.
VOYONS CE QU'IL Y A AU MENU!
MME ROSA, UN CHAT SUR LE REBORD DE LA FENÊTRE!
EN PREMIER, LA SALADE
NOON!
COURS, HAROLD! COURS!
GLOU!
HAROLD! IL A EU HAROLD!
BURP
OH, RALPH! QU'ALLONS-NOUS FAIRE?
DU CALME, THÉRÈSE! JE COURS CHERCHER DE L'AIDE!
LE DESSERT À PRÉSENT
VITE RALPH! VITE!
JE ME SUIS BRISÉ QUELQUE CHOSE
JIM DAVIS 8-2

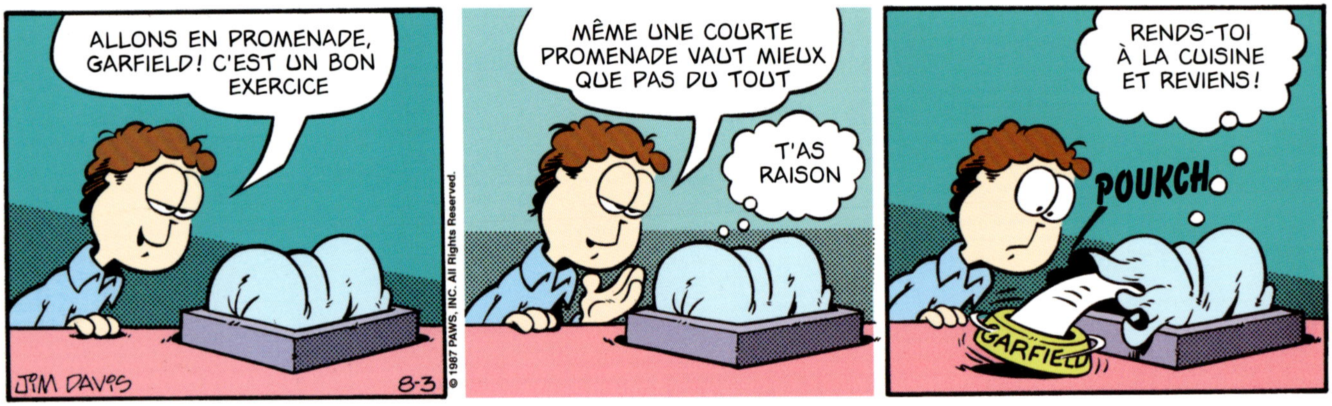
ALLONS EN PROMENADE, GARFIELD! C'EST UN BON EXERCICE
JIM DAVIS 8-3
© 1987 PAWS, INC. All Rights Reserved.
MÊME UNE COURTE PROMENADE VAUT MIEUX QUE PAS DU TOUT
T'AS RAISON
RENDS-TOI À LA CUISINE ET REVIENS!
POUKCH
GARFIELD

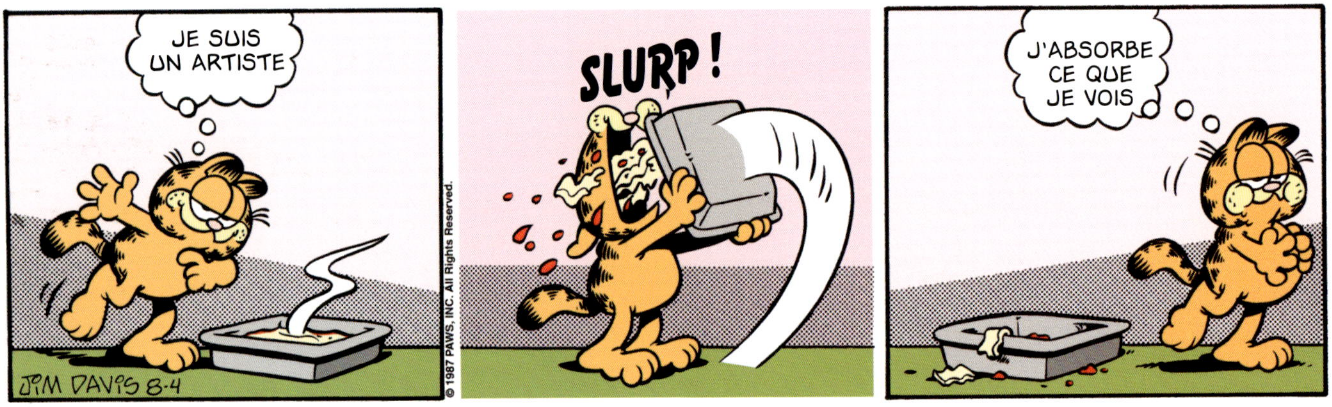
JE SUIS UN ARTISTE
JIM DAVIS 8-4
© 1987 PAWS, INC. All Rights Reserved.
SLURP!
J'ABSORBE CE QUE JE VOIS

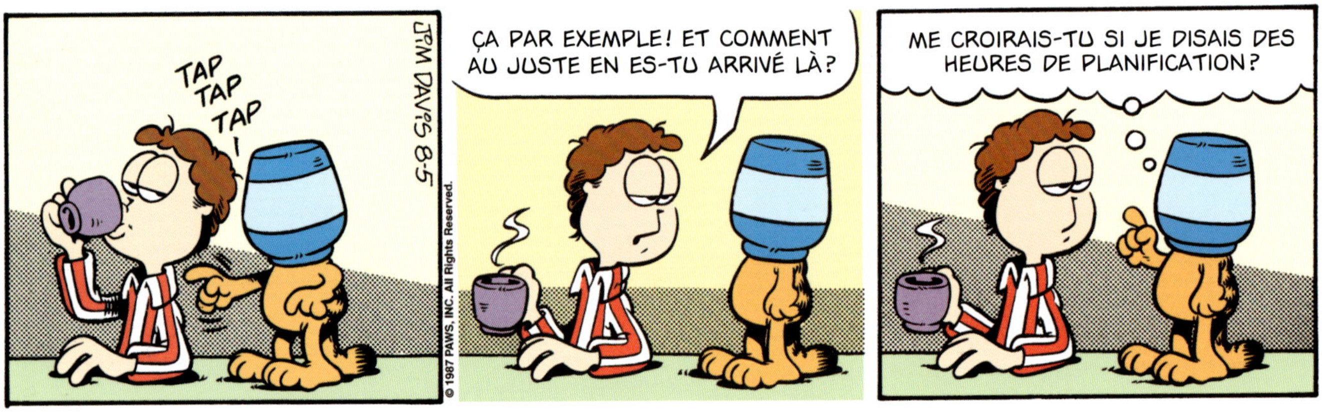
TAP TAP TAP!
JIM DAVIS 8-5
© 1987 PAWS, INC. All Rights Reserved.
ÇA PAR EXEMPLE! ET COMMENT AU JUSTE EN ES-TU ARRIVÉ LÀ?
ME CROIRAIS-TU SI JE DISAIS DES HEURES DE PLANIFICATION?

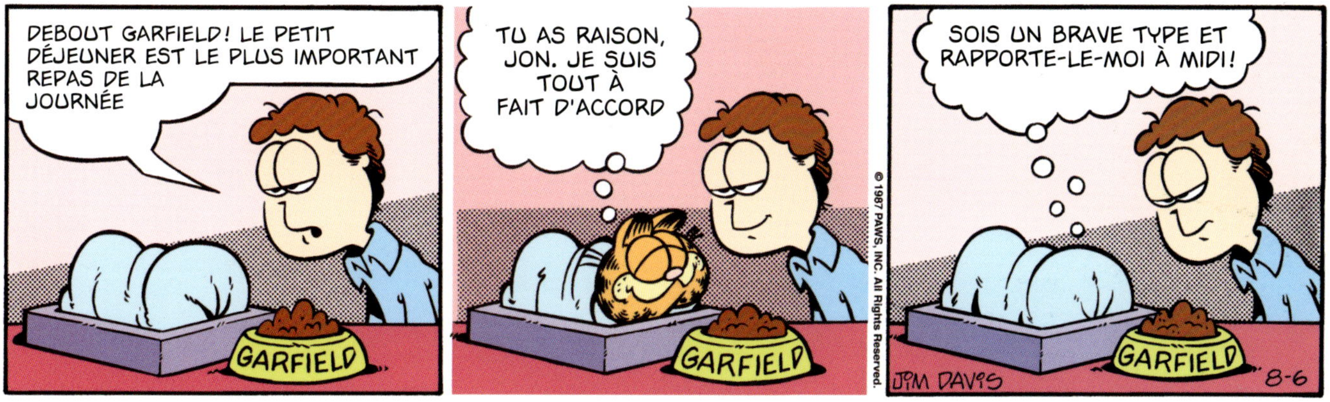
DEBOUT GARFIELD! LE PETIT DÉJEUNER EST LE PLUS IMPORTANT REPAS DE LA JOURNÉE
GARFIELD
TU AS RAISON, JON. JE SUIS TOUT À FAIT D'ACCORD
GARFIELD
© 1987 PAWS, INC. All Rights Reserved.
SOIS UN BRAVE TYPE ET RAPPORTE-LE-MOI À MIDI!
GARFIELD
JIM DAVIS
8-6

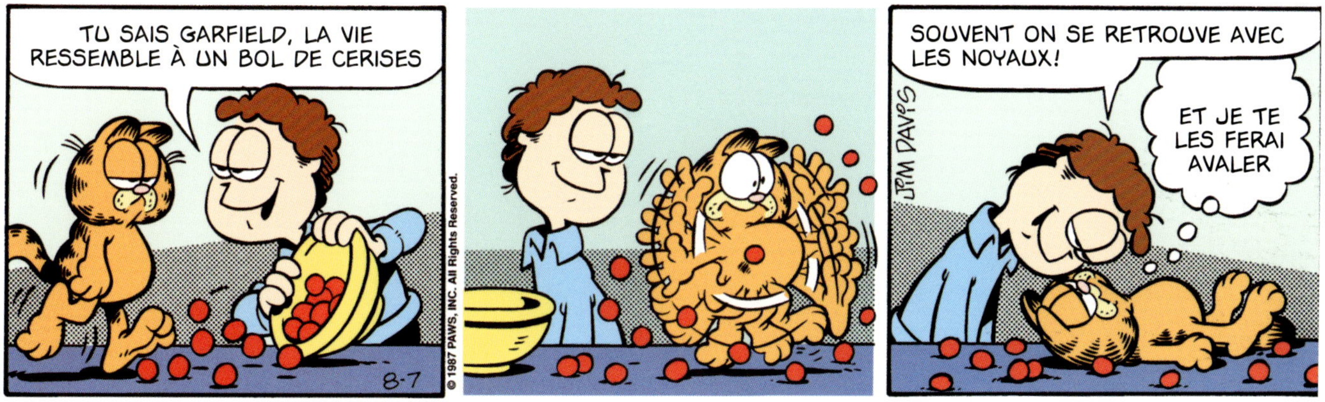
TU SAIS GARFIELD, LA VIE RESSEMBLE À UN BOL DE CERISES
8-7
© 1987 PAWS, INC. All Rights Reserved.
JIM DAVIS
SOUVENT ON SE RETROUVE AVEC LES NOYAUX!
ET JE TE LES FERAI AVALER

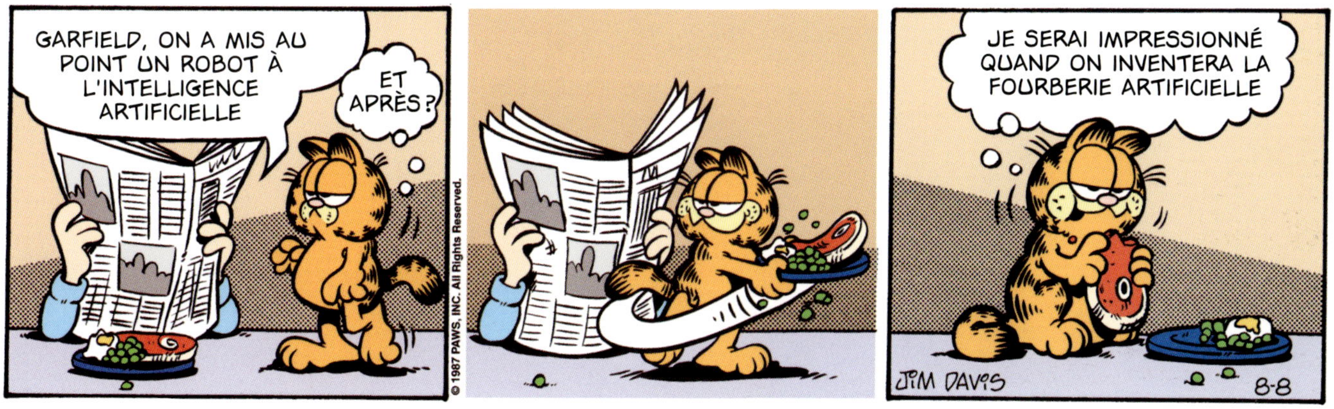
GARFIELD, ON A MIS AU POINT UN ROBOT À L'INTELLIGENCE ARTIFICIELLE
ET APRÈS?
© 1987 PAWS, INC. All Rights Reserved.
JE SERAI IMPRESSIONNÉ QUAND ON INVENTERA LA FOURBERIE ARTIFICIELLE
JIM DAVIS
8-8

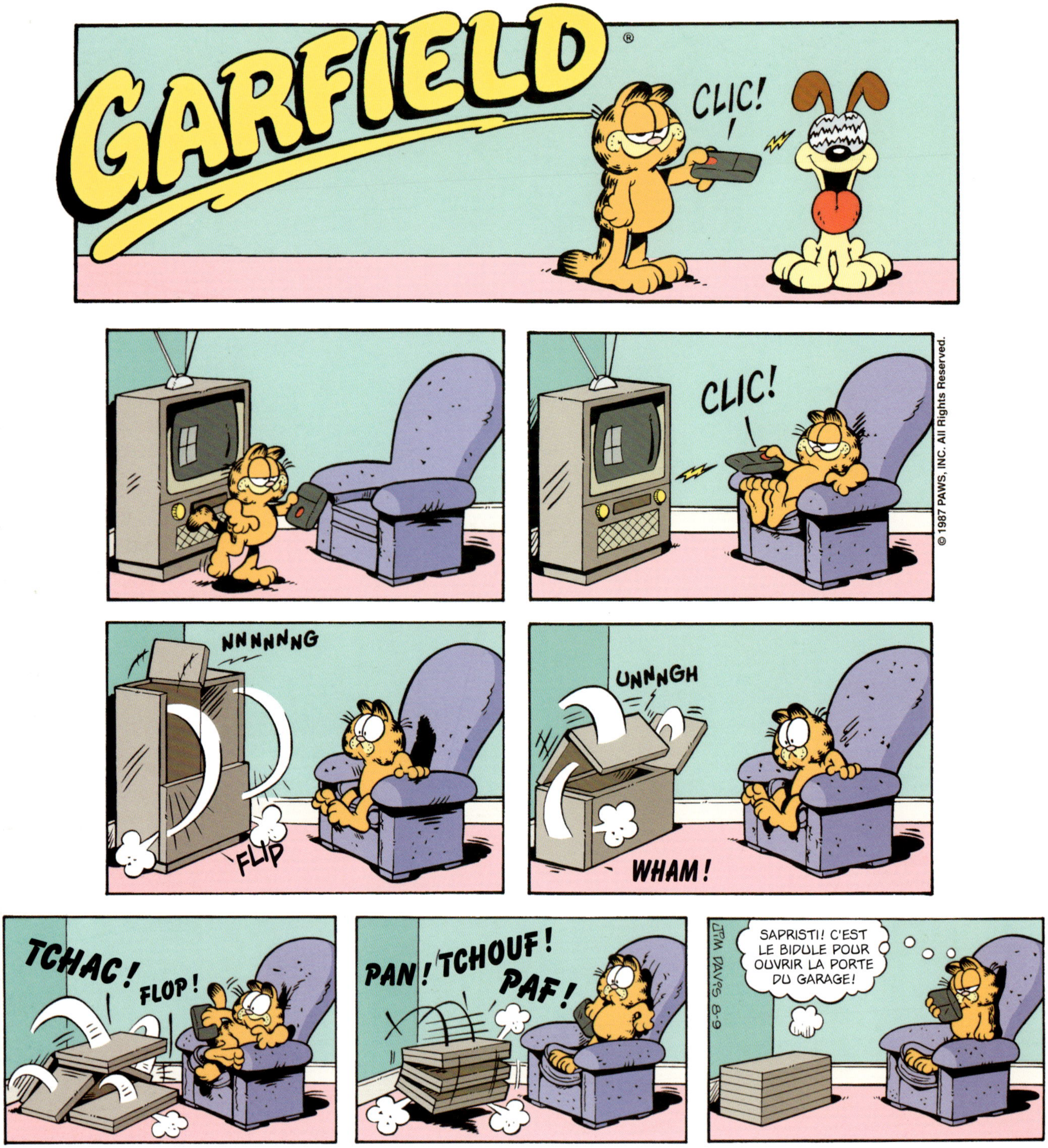
GARFIELD®
CLIC!
© 1987 PAWS, INC. All Rights Reserved.
CLIC!
NNNNNNG
FLIP
UNNNGH
WHAM!
TCHAC!
FLOP!
PAN! TCHOUF!
PAF!
JIM DAVIS 8-9
SAPRISTI! C'EST LE BIDULE POUR OUVRIR LA PORTE DU GARAGE!

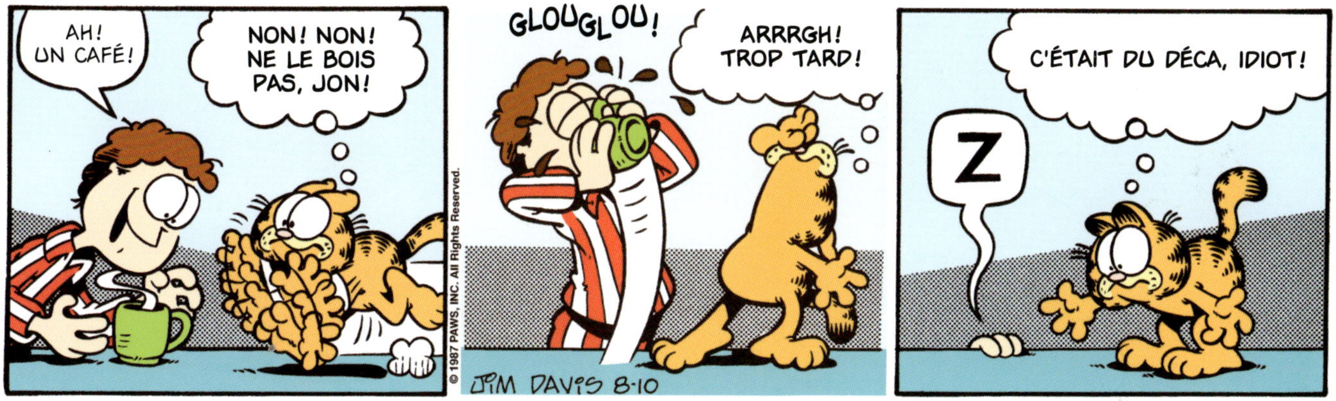
AH! UN CAFÉ!
NON! NON! NE LE BOIS PAS, JON!
GLOUGLOU!
ARRRGH! TROP TARD!
C'ÉTAIT DU DÉCA, IDIOT!
Z
© 1987 PAWS, INC. All Rights Reserved.
JIM DAVIS 8-10

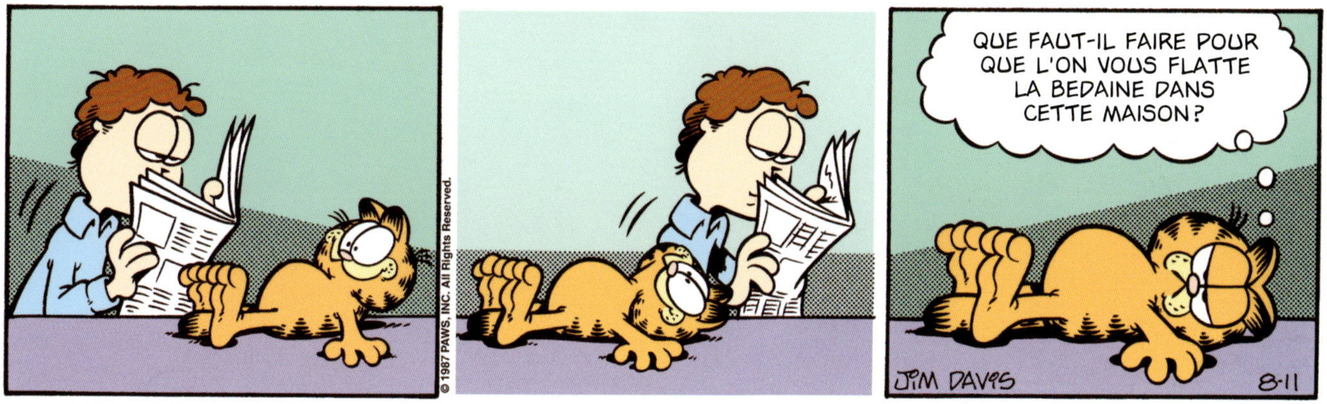
QUE FAUT-IL FAIRE POUR QUE L'ON VOUS FLATTE LA BEDAINE DANS CETTE MAISON?
© 1987 PAWS, INC. All Rights Reserved.
JIM DAVIS
8-11

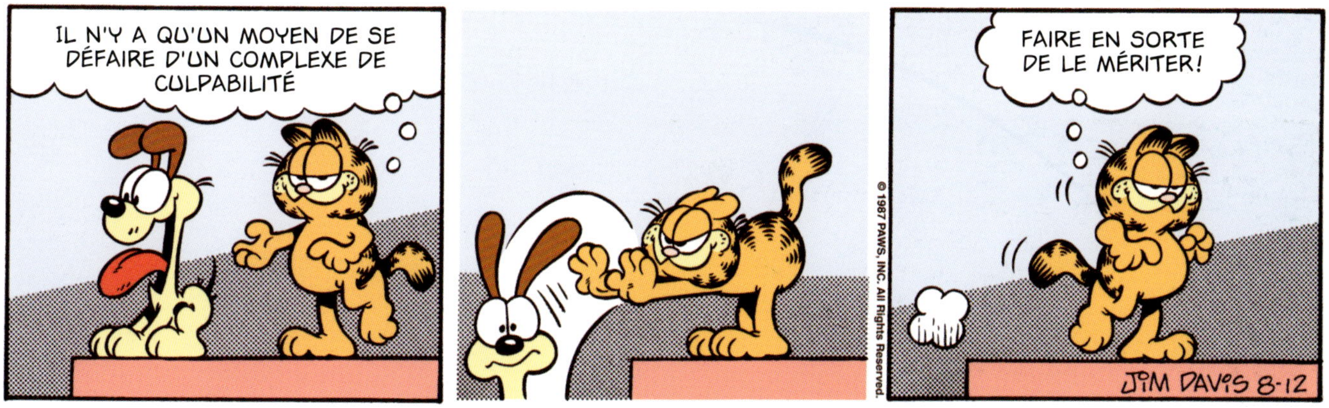
IL N'Y A QU'UN MOYEN DE SE DÉFAIRE D'UN COMPLEXE DE CULPABILITÉ
FAIRE EN SORTE DE LE MÉRITER!
© 1987 PAWS, INC. All Rights Reserved.
JIM DAVIS 8-12

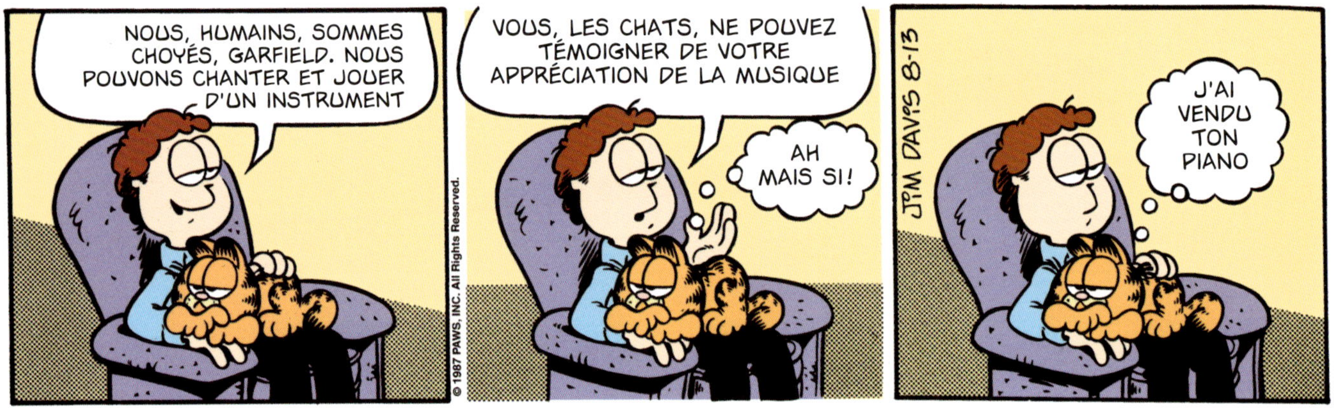
NOUS, HUMAINS, SOMMES CHOYÉS, GARFIELD. NOUS POUVONS CHANTER ET JOUER D'UN INSTRUMENT
© 1987 PAWS, INC. All Rights Reserved.
VOUS, LES CHATS, NE POUVEZ TÉMOIGNER DE VOTRE APPRÉCIATION DE LA MUSIQUE
AH MAIS SI!
JIM DAVIS 8-13
J'AI VENDU TON PIANO

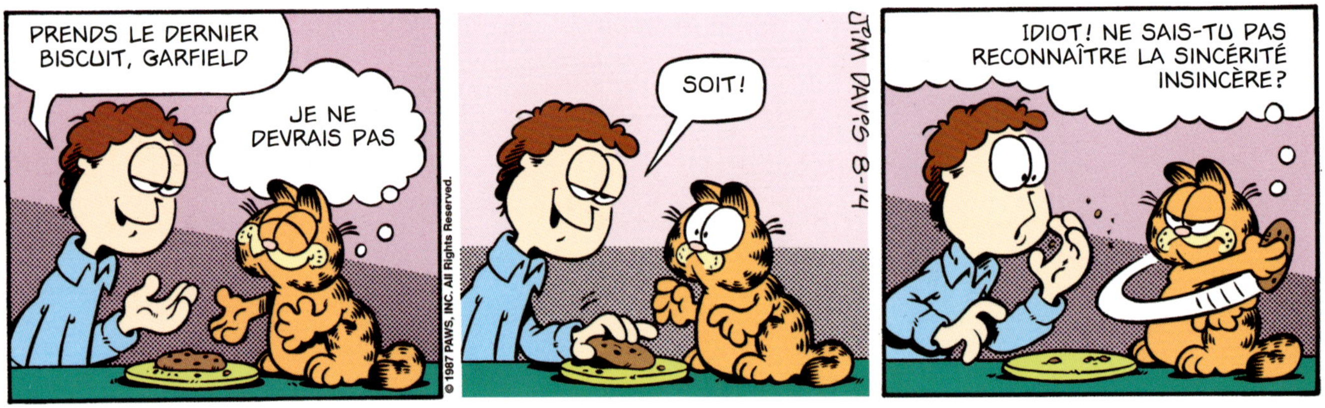
PRENDS LE DERNIER BISCUIT, GARFIELD
JE NE DEVRAIS PAS
© 1987 PAWS, INC. All Rights Reserved.
SOIT!
JIM DAVIS 8-14
IDIOT! NE SAIS-TU PAS RECONNAÎTRE LA SINCÉRITÉ INSINCÈRE?

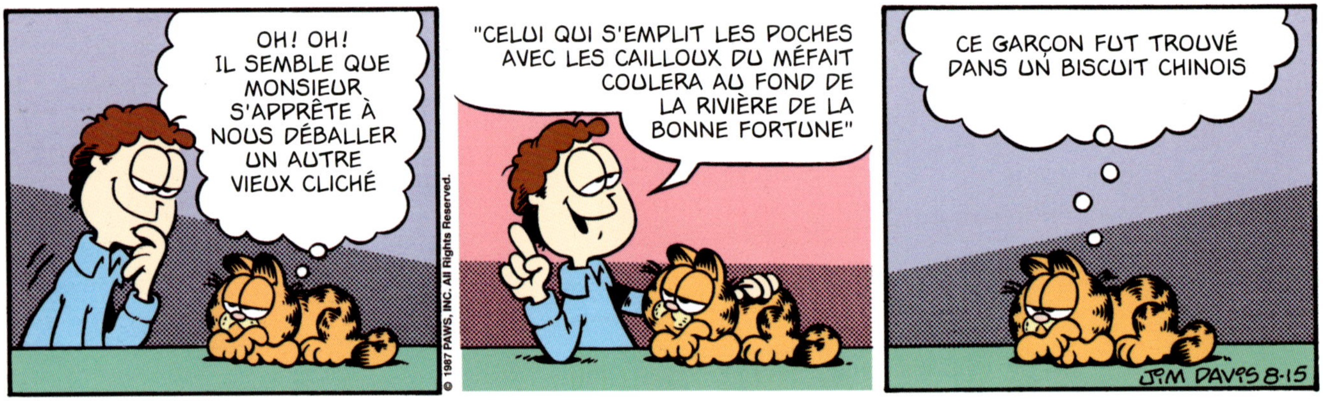
OH! OH! IL SEMBLE QUE MONSIEUR S'APPRÊTE À NOUS DÉBALLER UN AUTRE VIEUX CLICHÉ
© 1987 PAWS, INC. All Rights Reserved.
"CELUI QUI S'EMPLIT LES POCHES AVEC LES CAILLOUX DU MÉFAIT COULERA AU FOND DE LA RIVIÈRE DE LA BONNE FORTUNE"
CE GARÇON FUT TROUVÉ DANS UN BISCUIT CHINOIS
JIM DAVIS 8-15

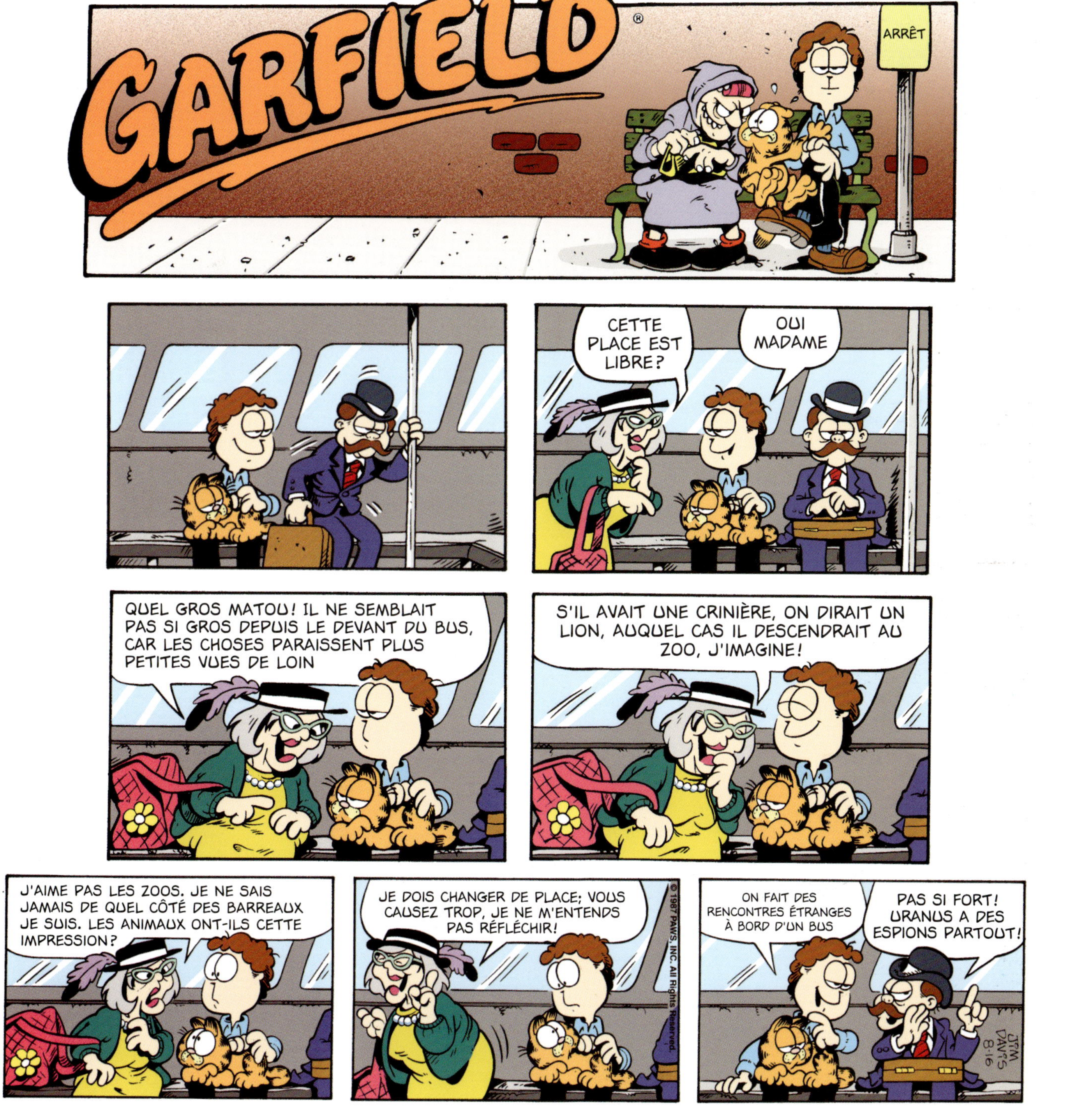
GARFIELD®
ARRÊT
CETTE PLACE EST LIBRE?
OUI MADAME
QUEL GROS MATOU! IL NE SEMBLAIT PAS SI GROS DEPUIS LE DEVANT DU BUS, CAR LES CHOSES PARAISSENT PLUS PETITES VUES DE LOIN
S'IL AVAIT UNE CRINIÈRE, ON DIRAIT UN LION, AUQUEL CAS IL DESCENDRAIT AU ZOO, J'IMAGINE!
J'AIME PAS LES ZOOS. JE NE SAIS JAMAIS DE QUEL CÔTÉ DES BARREAUX JE SUIS. LES ANIMAUX ONT-ILS CETTE IMPRESSION?
JE DOIS CHANGER DE PLACE; VOUS CAUSEZ TROP, JE NE M'ENTENDS PAS RÉFLÉCHIR!
© 1987 PAWS, INC. All Rights Reserved.
ON FAIT DES RENCONTRES ÉTRANGES À BORD D'UN BUS
PAS SI FORT! URANUS A DES ESPIONS PARTOUT!
JPM DAVIS 8-16

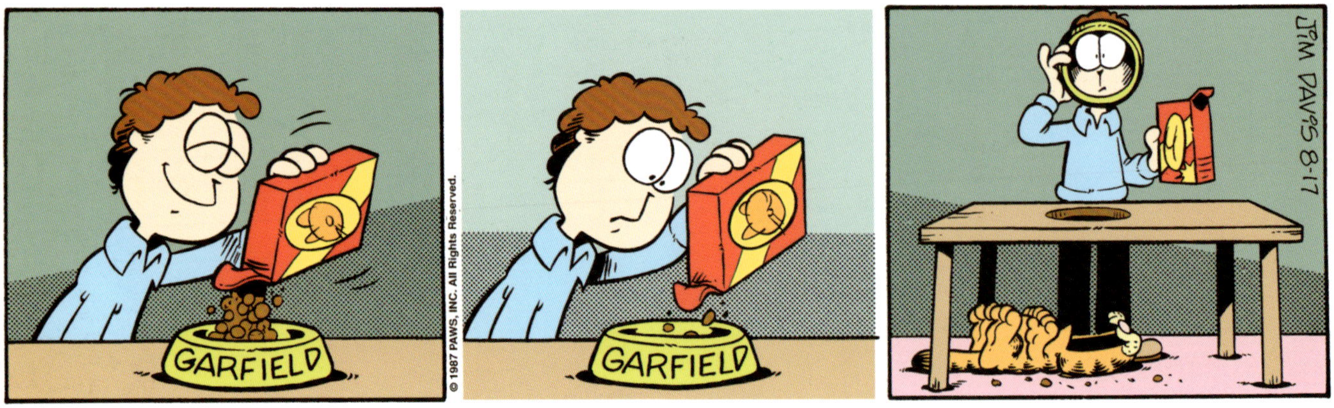
GARFIELD
GARFIELD
© 1987 PAWS, INC. All Rights Reserved.
JIM DAVIS 8-17

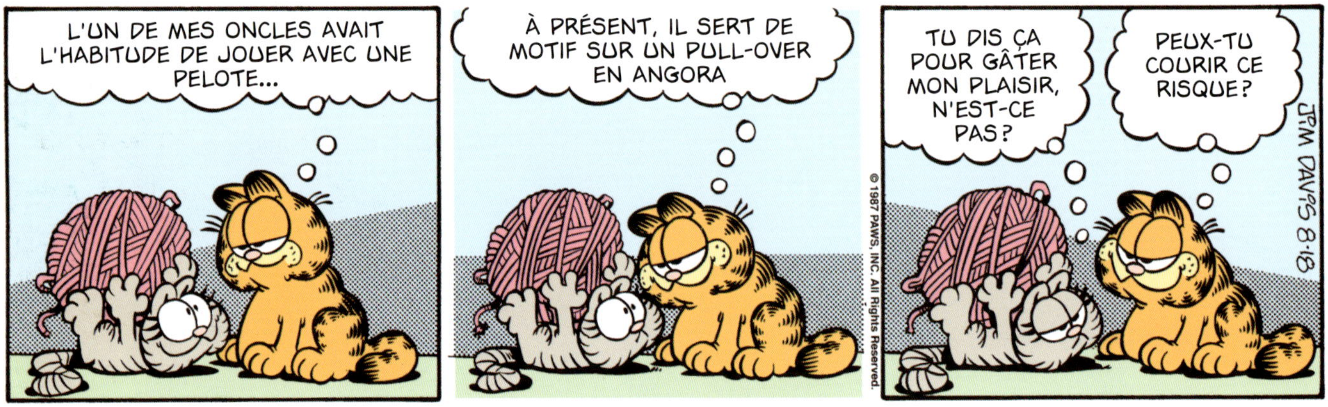
L'UN DE MES ONCLES AVAIT L'HABITUDE DE JOUER AVEC UNE PELOTE...
À PRÉSENT, IL SERT DE MOTIF SUR UN PULL-OVER EN ANGORA
TU DIS ÇA POUR GÂTER MON PLAISIR, N'EST-CE PAS?
PEUX-TU COURIR CE RISQUE?
© 1987 PAWS, INC. All Rights Reserved.
JIM DAVIS 8-18

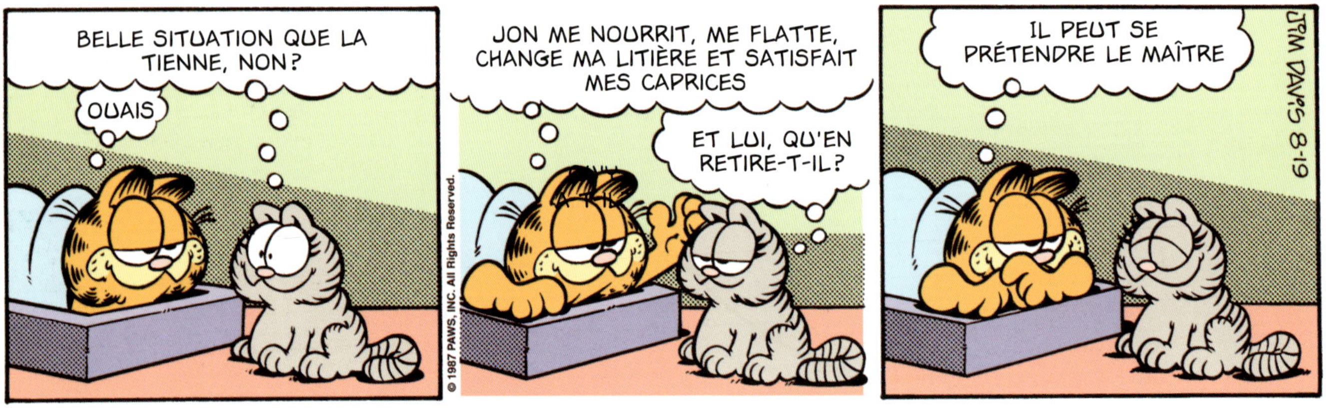
BELLE SITUATION QUE LA TIENNE, NON?
OUAIS
JON ME NOURRIT, ME FLATTE, CHANGE MA LITIÈRE ET SATISFAIT MES CAPRICES
ET LUI, QU'EN RETIRE-T-IL?
IL PEUT SE PRÉTENDRE LE MAÎTRE
© 1987 PAWS, INC. All Rights Reserved.
JIM DAVIS 8-19

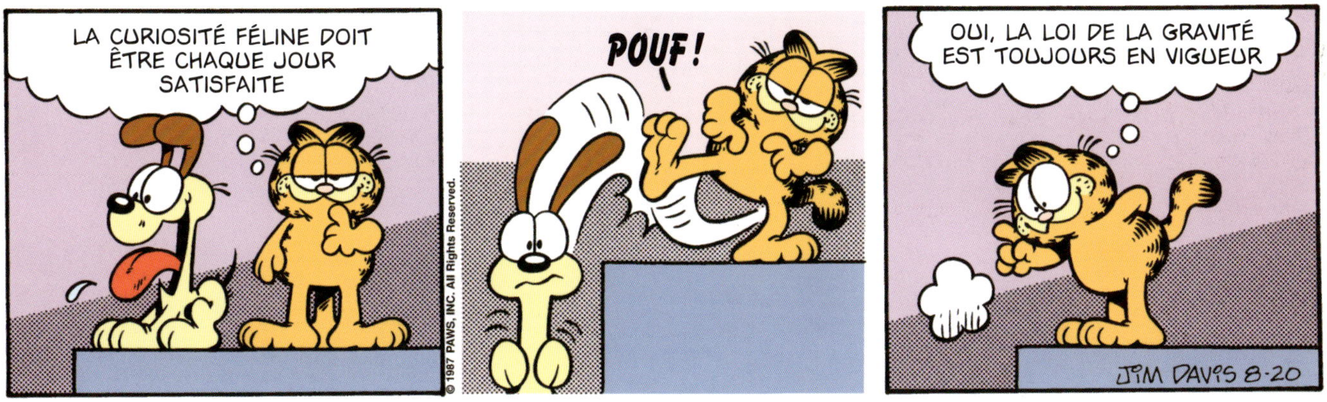
LA CURIOSITÉ FÉLINE DOIT ÊTRE CHAQUE JOUR SATISFAITE
POUF !
© 1987 PAWS, INC. All Rights Reserved.
OUI, LA LOI DE LA GRAVITÉ EST TOUJOURS EN VIGUEUR
JIM DAVIS 8-20

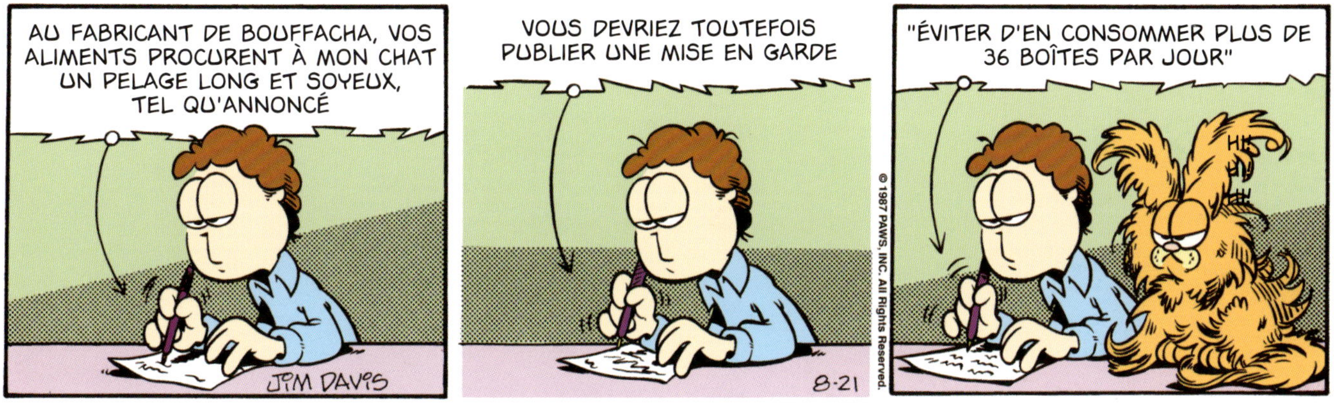
AU FABRICANT DE BOUFFACHA, VOS ALIMENTS PROCURENT À MON CHAT UN PELAGE LONG ET SOYEUX, TEL QU'ANNONCÉ
JIM DAVIS
VOUS DEVRIEZ TOUTEFOIS PUBLIER UNE MISE EN GARDE
8-21
© 1987 PAWS, INC. All Rights Reserved.
"ÉVITER D'EN CONSOMMER PLUS DE 36 BOÎTES PAR JOUR"

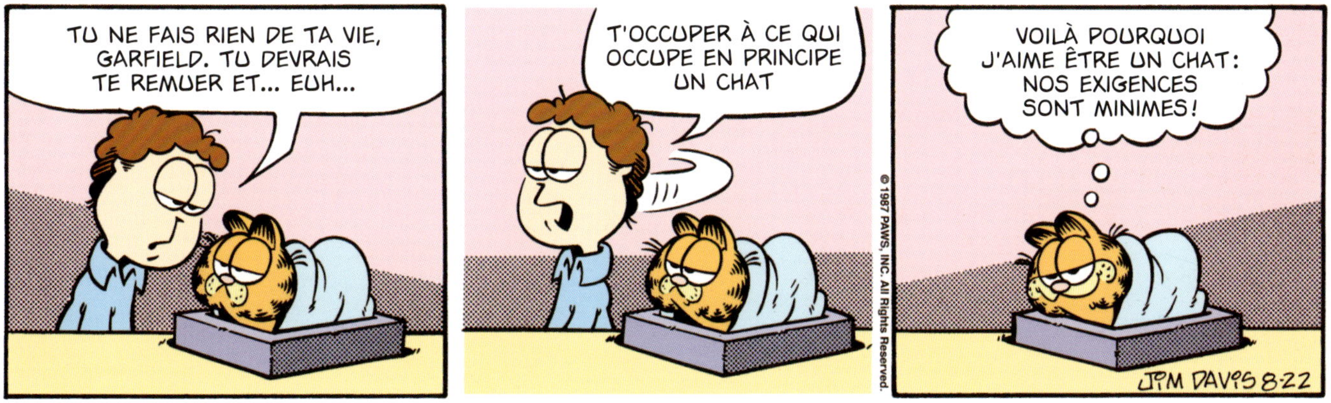
TU NE FAIS RIEN DE TA VIE, GARFIELD. TU DEVRAIS TE REMUER ET... EUH...
T'OCCUPER À CE QUI OCCUPE EN PRINCIPE UN CHAT
© 1987 PAWS, INC. All Rights Reserved.
VOILÀ POURQUOI J'AIME ÊTRE UN CHAT: NOS EXIGENCES SONT MINIMES !
JIM DAVIS 8-22

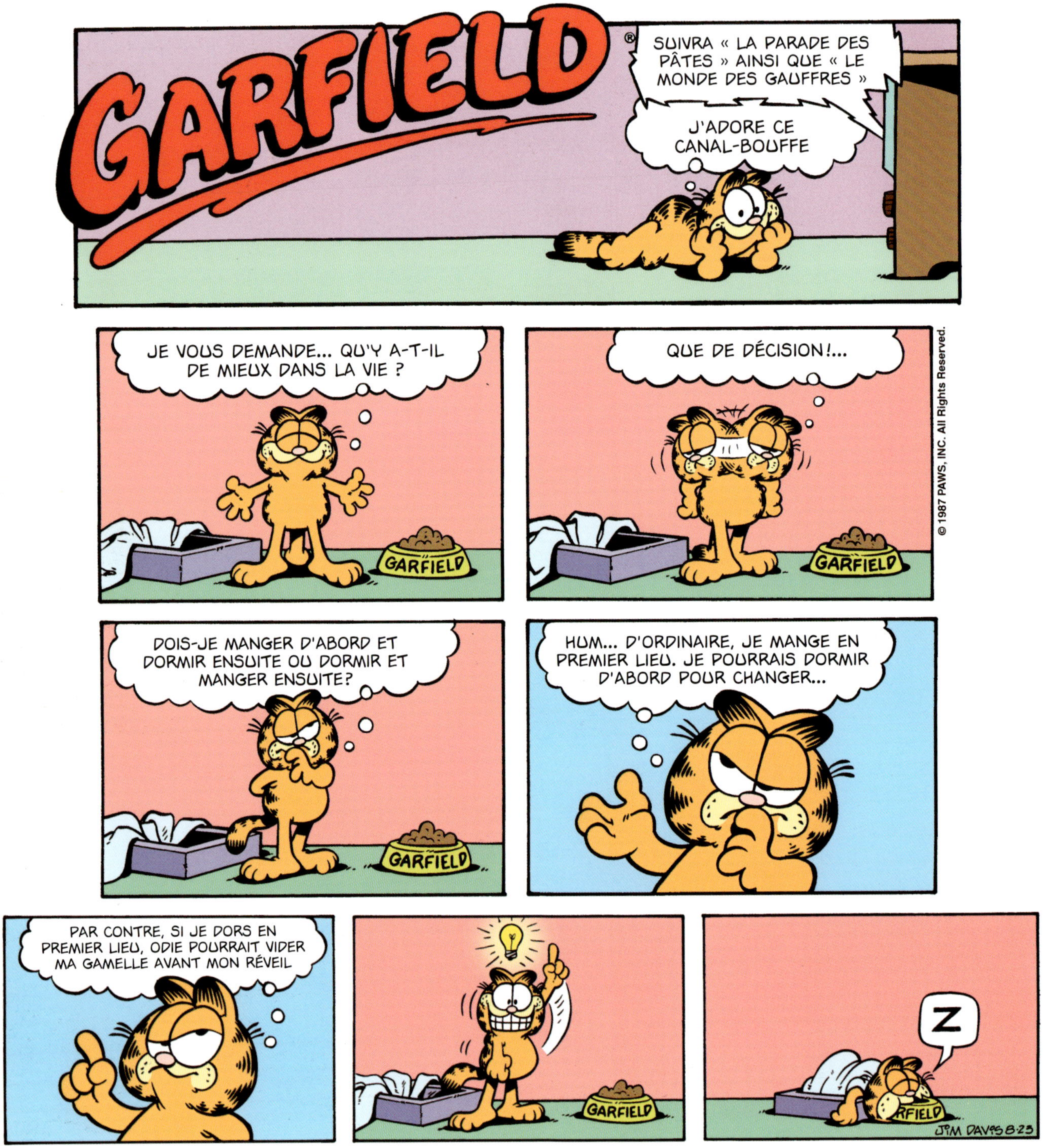
GARFIELD®
SUIVRA « LA PARADE DES PÂTES » AINSI QUE « LE MONDE DES GAUFFRES »
J'ADORE CE CANAL-BOUFFE
JE VOUS DEMANDE... QU'Y A-T-IL DE MIEUX DANS LA VIE ?
QUE DE DÉCISION!...
© 1987 PAWS, INC. All Rights Reserved.
GARFIELD
DOIS-JE MANGER D'ABORD ET DORMIR ENSUITE OU DORMIR ET MANGER ENSUITE?
HUM... D'ORDINAIRE, JE MANGE EN PREMIER LIEU. JE POURRAIS DORMIR D'ABORD POUR CHANGER...
PAR CONTRE, SI JE DORS EN PREMIER LIEU, ODIE POURRAIT VIDER MA GAMELLE AVANT MON RÉVEIL
Z
JIM DAVIS 8-23

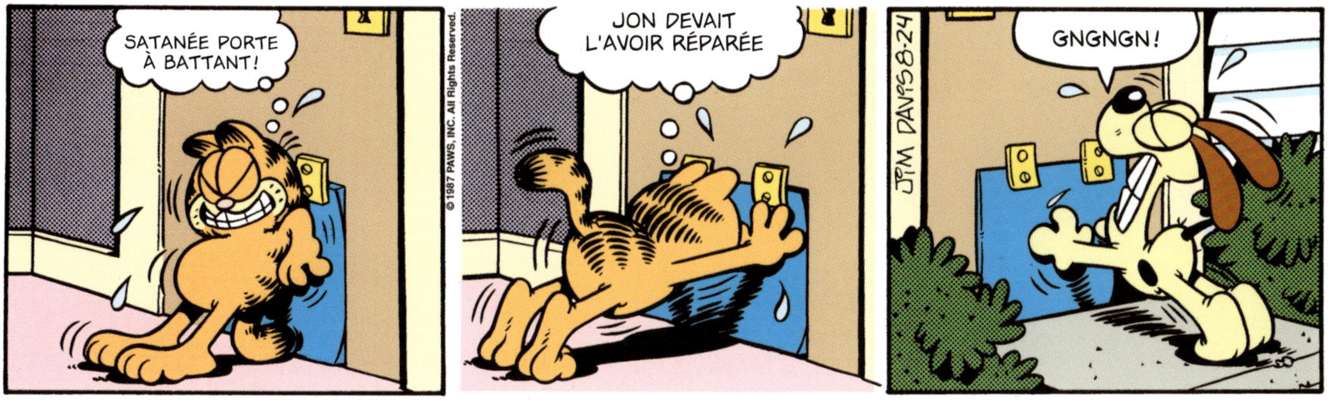
SATANÉE PORTE À BATTANT!
JON DEVAIT L'AVOIR RÉPARÉE
GNGNGN!
JIM DAVIS 8-24
© 1987 PAWS, INC. All Rights Reserved.

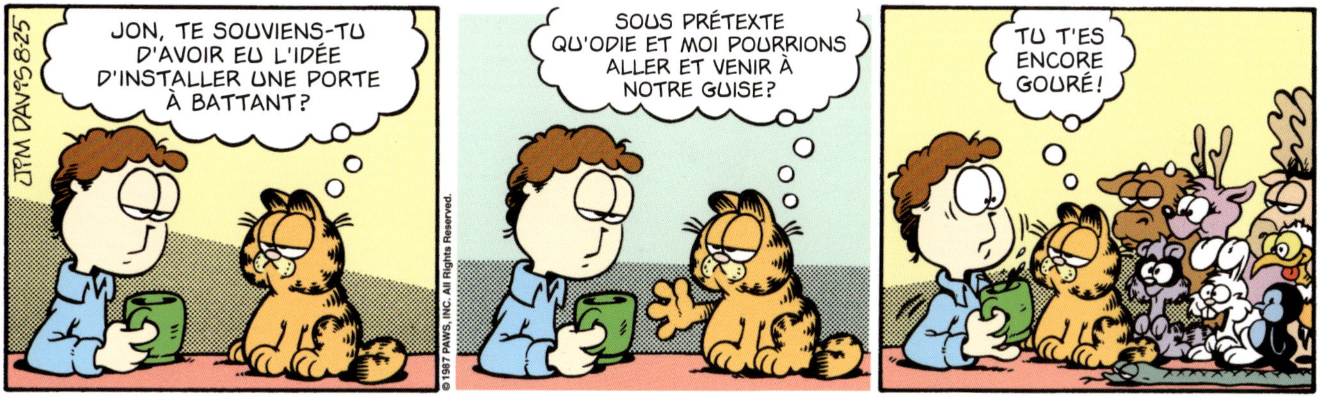
JIM DAVIS 8-25
JON, TE SOUVIENS-TU D'AVOIR EU L'IDÉE D'INSTALLER UNE PORTE À BATTANT?
SOUS PRÉTEXTE QU'ODIE ET MOI POURRIONS ALLER ET VENIR À NOTRE GUISE?
TU T'ES ENCORE GOURÉ!
© 1987 PAWS, INC. All Rights Reserved.

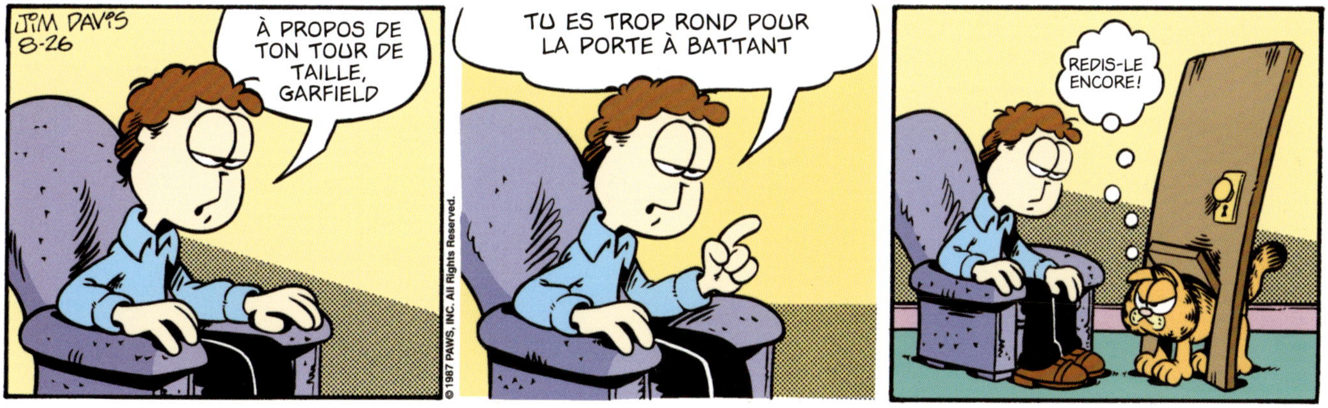
JIM DAVIS 8-26
À PROPOS DE TON TOUR DE TAILLE, GARFIELD
TU ES TROP ROND POUR LA PORTE À BATTANT
REDIS-LE ENCORE!
© 1987 PAWS, INC. All Rights Reserved.

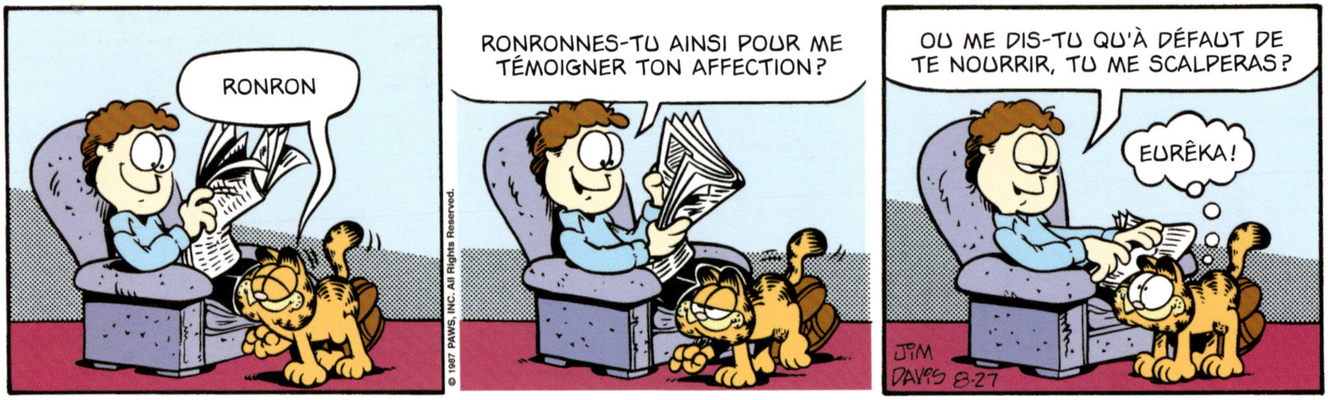
RONRON
© 1987 PAWS, INC. All Rights Reserved.
RONRONNES-TU AINSI POUR ME TÉMOIGNER TON AFFECTION?
OU ME DIS-TU QU'À DÉFAUT DE TE NOURRIR, TU ME SCALPERAS?
EURÊKA!
JIM DAVIS 8-27

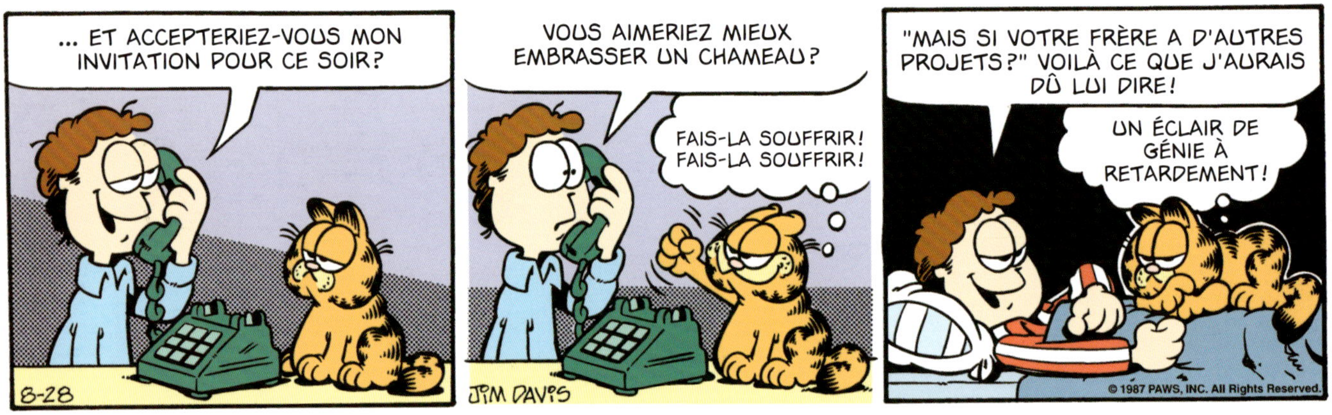
... ET ACCEPTERIEZ-VOUS MON INVITATION POUR CE SOIR?
8-28
VOUS AIMERIEZ MIEUX EMBRASSER UN CHAMEAU?
FAIS-LA SOUFFRIR! FAIS-LA SOUFFRIR!
JIM DAVIS
"MAIS SI VOTRE FRÈRE A D'AUTRES PROJETS?" VOILÀ CE QUE J'AURAIS DÛ LUI DIRE!
UN ÉCLAIR DE GÉNIE À RETARDEMENT!
© 1987 PAWS, INC. All Rights Reserved.

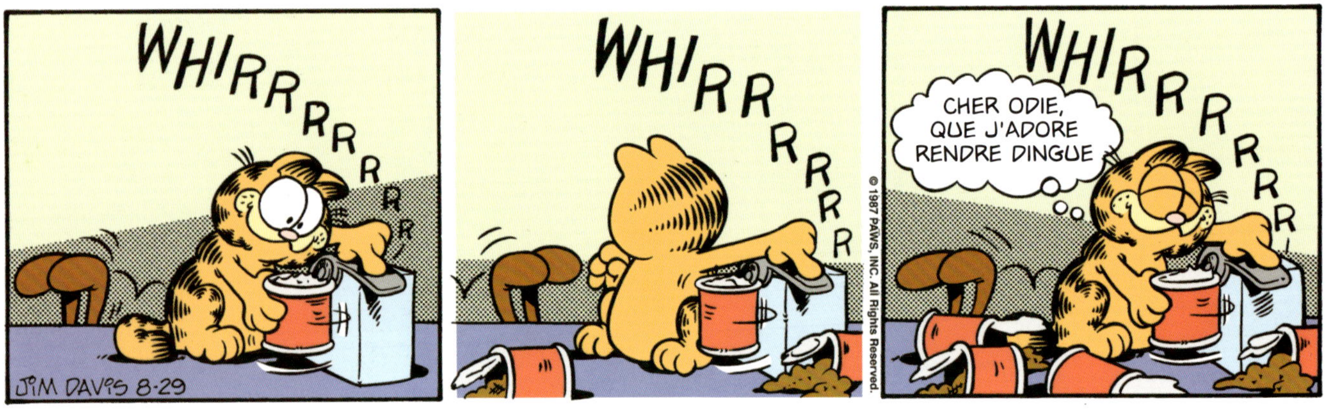
WHIRRRRRRR
JIM DAVIS 8-29
WHIRRRRRRR
© 1987 PAWS, INC. All Rights Reserved.
WHIRRRRRRR
CHER ODIE, QUE J'ADORE RENDRE DINGUE

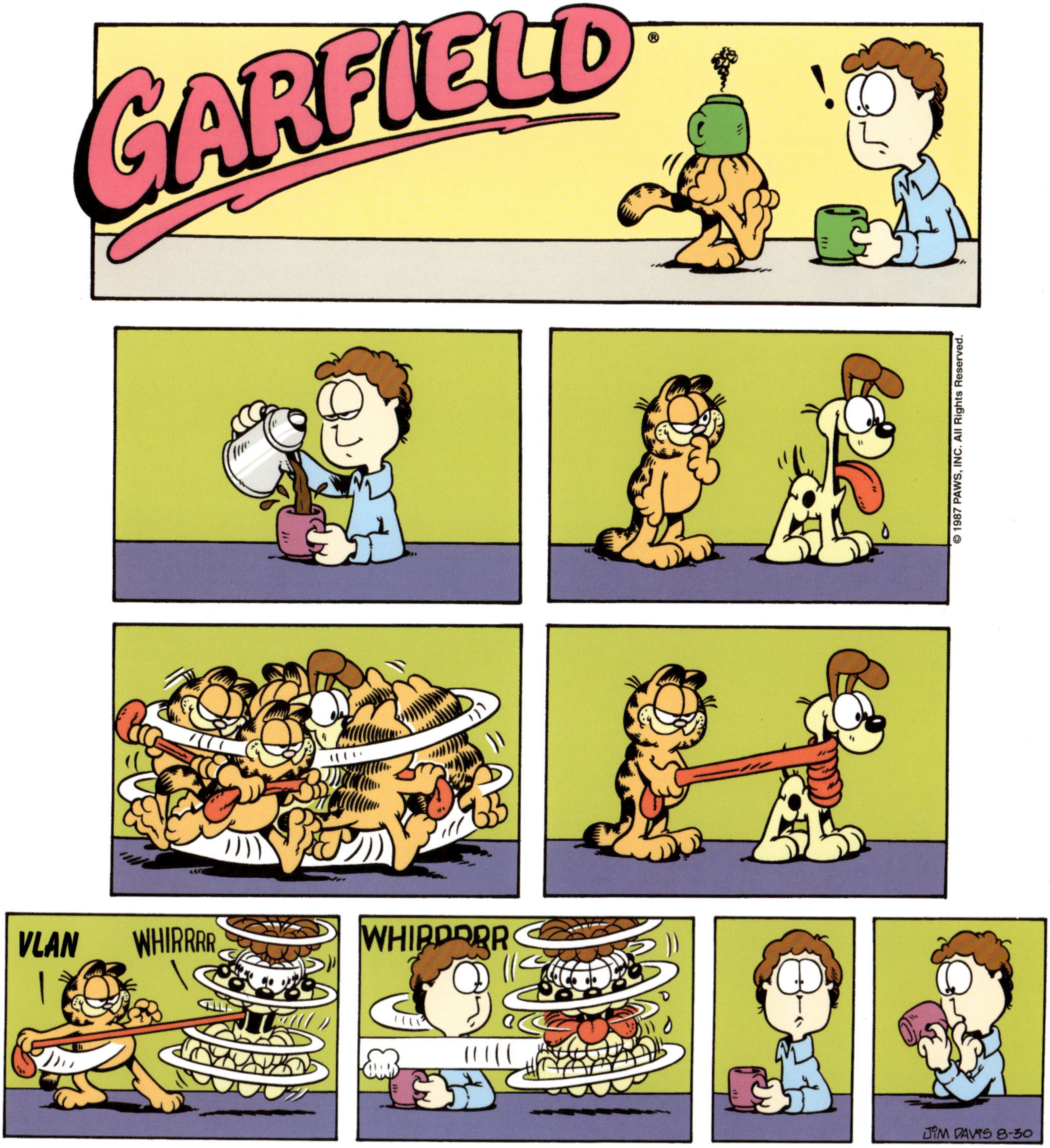
GARFIELD®
© 1987 PAWS, INC. All Rights Reserved.
VLAN
WHIRRRR
WHIRRRRR
JIM DAVIS 8-30

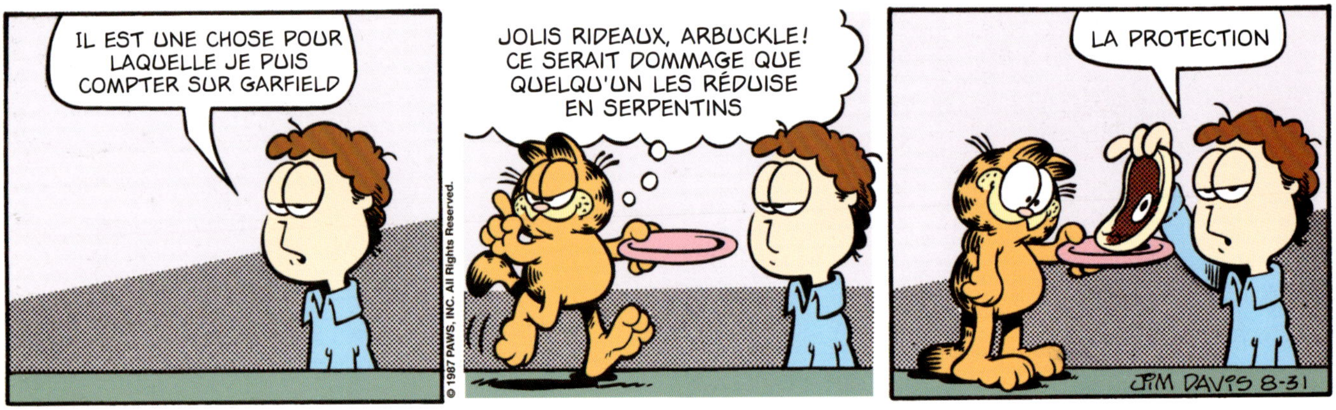
IL EST UNE CHOSE POUR LAQUELLE JE PUIS COMPTER SUR GARFIELD
JOLIS RIDEAUX, ARBUCKLE! CE SERAIT DOMMAGE QUE QUELQU'UN LES RÉDUISE EN SERPENTINS
LA PROTECTION
© 1987 PAWS, INC. All Rights Reserved.
JIM DAVIS 8-31

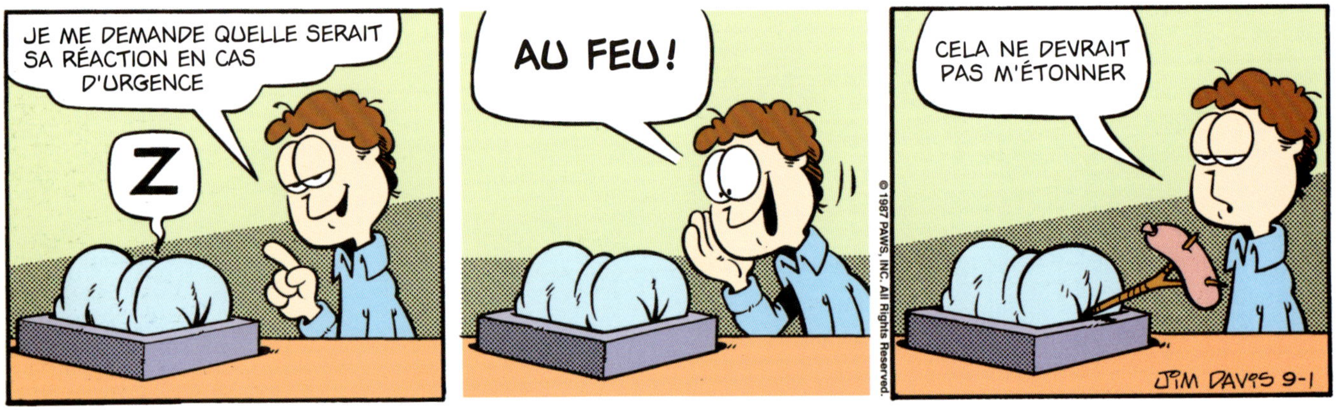
JE ME DEMANDE QUELLE SERAIT SA RÉACTION EN CAS D'URGENCE
Z
AU FEU!
CELA NE DEVRAIT PAS M'ÉTONNER
© 1987 PAWS, INC. All Rights Reserved.
JIM DAVIS 9-1

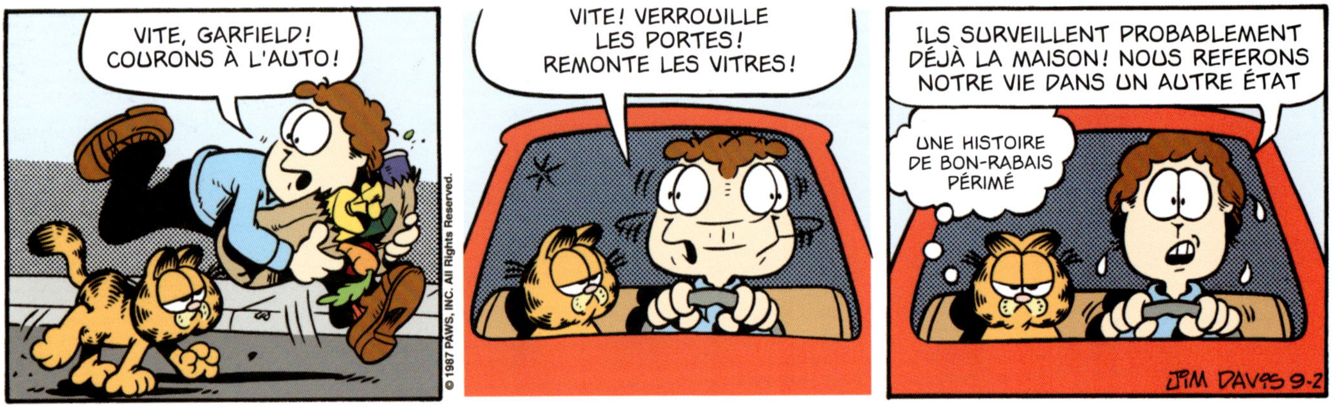
VITE, GARFIELD! COURONS À L'AUTO!
VITE! VERROUILLE LES PORTES! REMONTE LES VITRES!
ILS SURVEILLENT PROBABLEMENT DÉJÀ LA MAISON! NOUS REFERONS NOTRE VIE DANS UN AUTRE ÉTAT
UNE HISTOIRE DE BON-RABAIS PÉRIMÉ
© 1987 PAWS, INC. All Rights Reserved.
JIM DAVIS 9-2

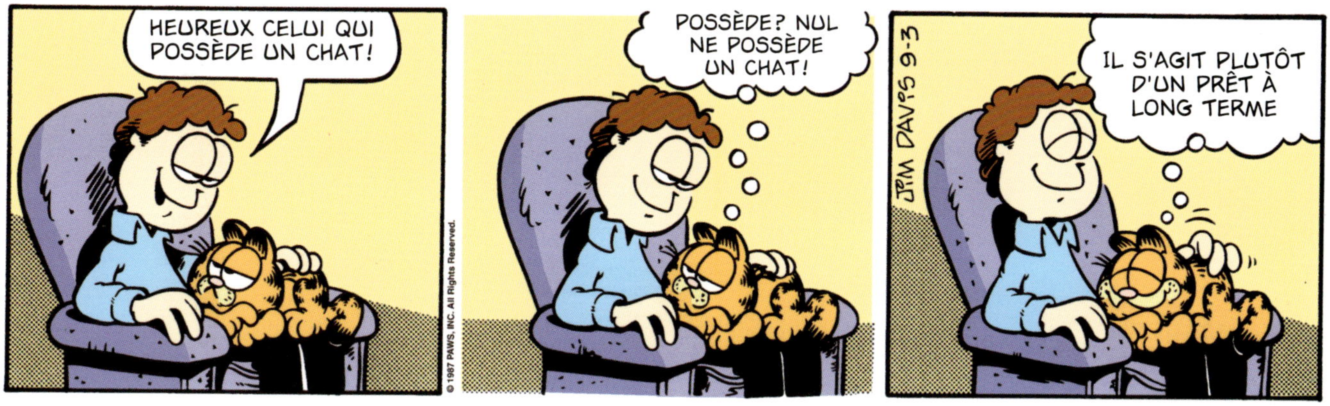
HEUREUX CELUI QUI POSSÈDE UN CHAT!
POSSÈDE? NUL NE POSSÈDE UN CHAT!
IL S'AGIT PLUTÔT D'UN PRÊT À LONG TERME
© 1987 PAWS, INC. All Rights Reserved.
JIM DAVIS 9-3

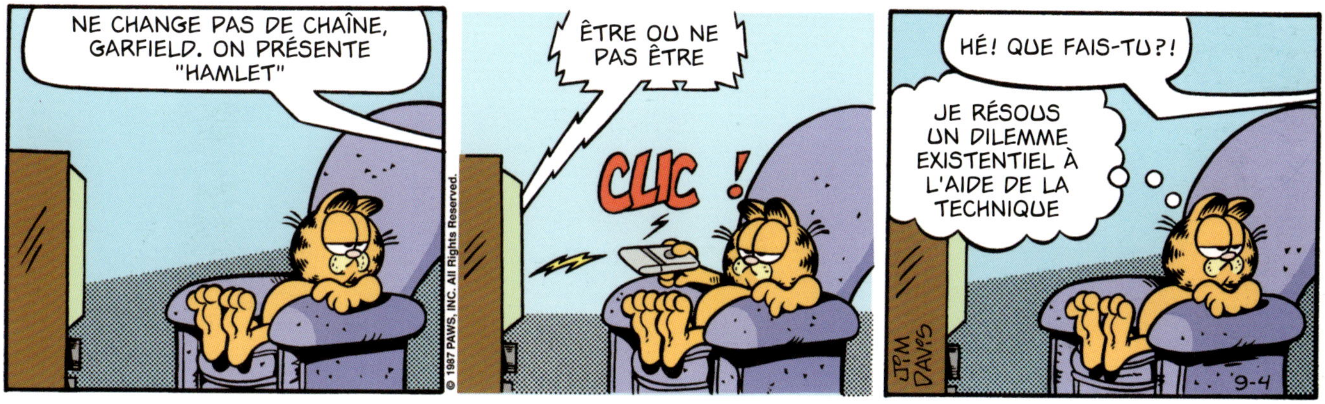
NE CHANGE PAS DE CHAÎNE, GARFIELD. ON PRÉSENTE "HAMLET"
ÊTRE OU NE PAS ÊTRE
CLIC !
HÉ! QUE FAIS-TU?!
JE RÉSOUS UN DILEMME EXISTENTIEL À L'AIDE DE LA TECHNIQUE
© 1987 PAWS, INC. All Rights Reserved.
JIM DAVIS
9-4

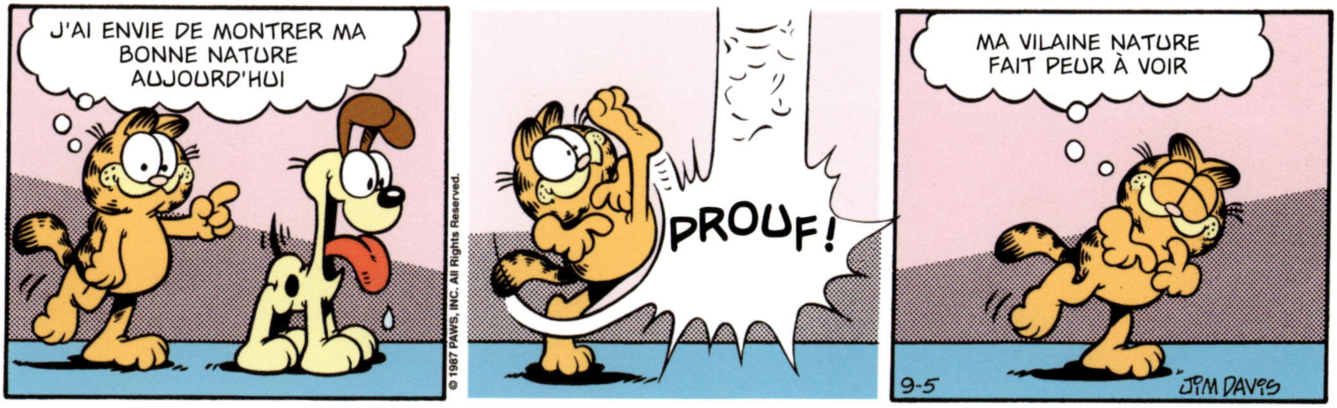
J'AI ENVIE DE MONTRER MA BONNE NATURE AUJOURD'HUI
PROUF!
MA VILAINE NATURE FAIT PEUR À VOIR
© 1987 PAWS, INC. All Rights Reserved.
9-5
JIM DAVIS

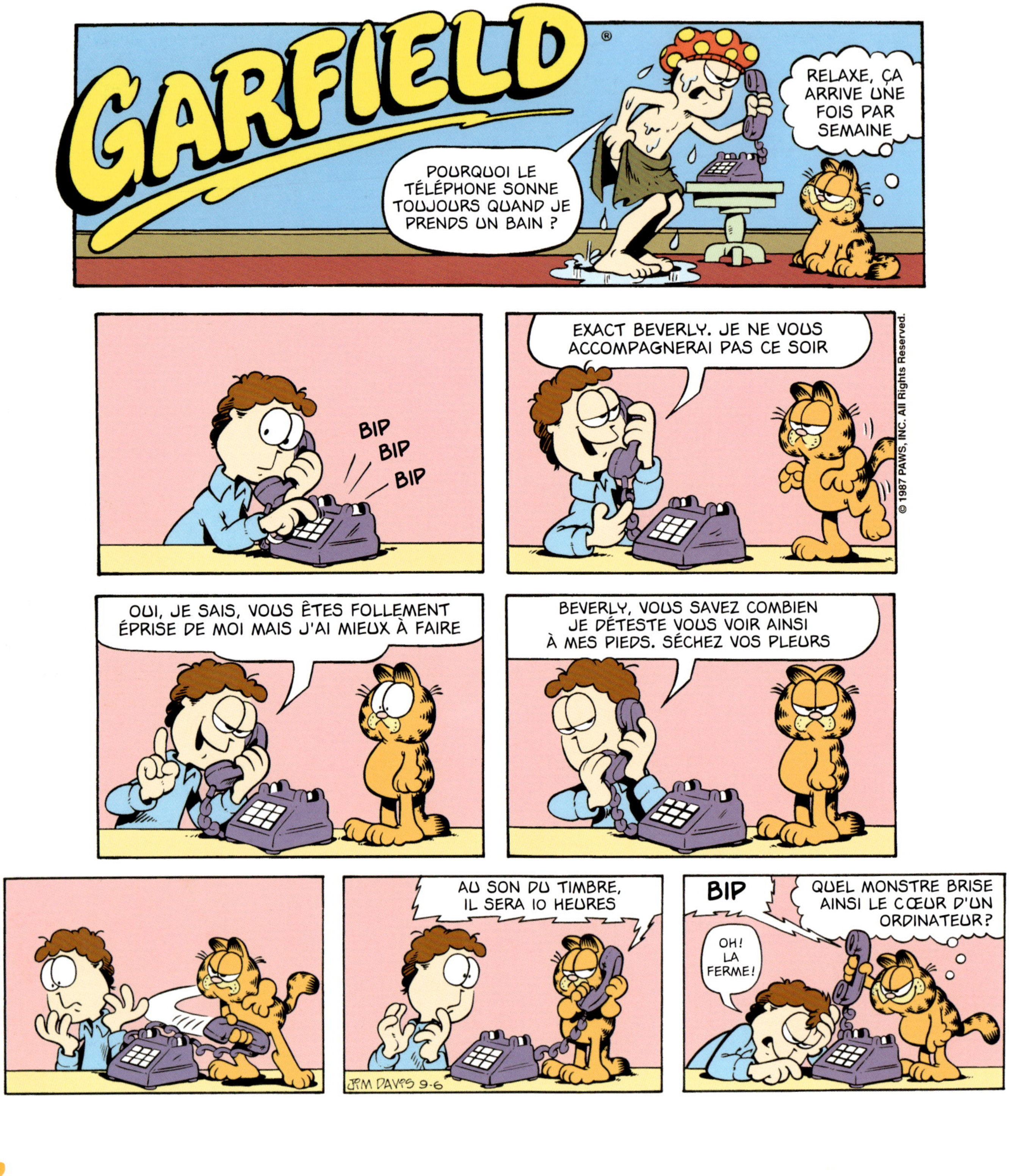
GARFIELD®
POURQUOI LE TÉLÉPHONE SONNE TOUJOURS QUAND JE PRENDS UN BAIN ?
RELAXE, ÇA ARRIVE UNE FOIS PAR SEMAINE
BIP BIP BIP
EXACT BEVERLY. JE NE VOUS ACCOMPAGNERAI PAS CE SOIR
© 1987 PAWS, INC. All Rights Reserved.
OUI, JE SAIS, VOUS ÊTES FOLLEMENT ÉPRISE DE MOI MAIS J'AI MIEUX À FAIRE
BEVERLY, VOUS SAVEZ COMBIEN JE DÉTESTE VOUS VOIR AINSI À MES PIEDS. SÉCHEZ VOS PLEURS
AU SON DU TIMBRE, IL SERA 10 HEURES
JIM DAVIS 9-6
BIP
QUEL MONSTRE BRISE AINSI LE CŒUR D'UN ORDINATEUR?
OH! LA FERME!

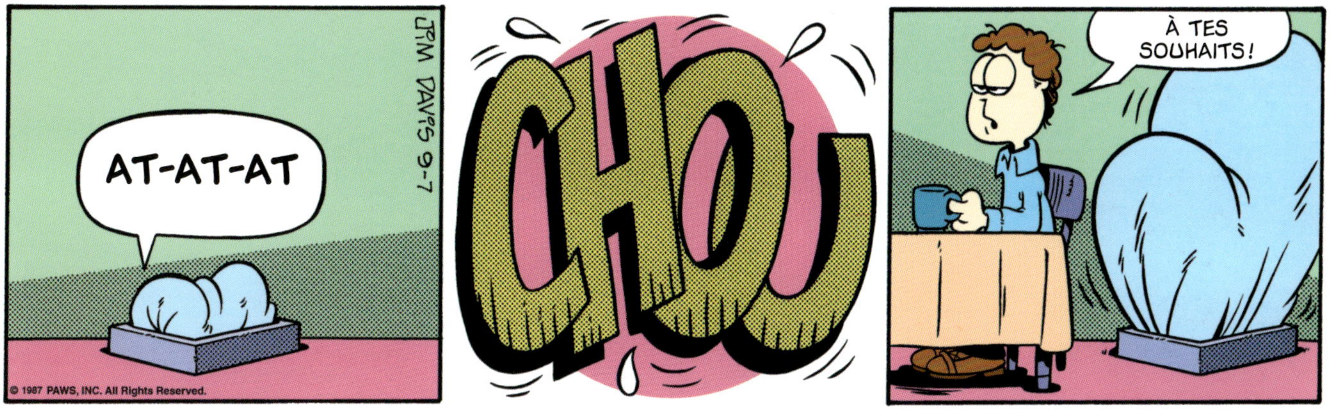
JIM DAVIS 9-7
AT-AT-AT
CHOU
À TES SOUHAITS!
© 1987 PAWS, INC. All Rights Reserved.

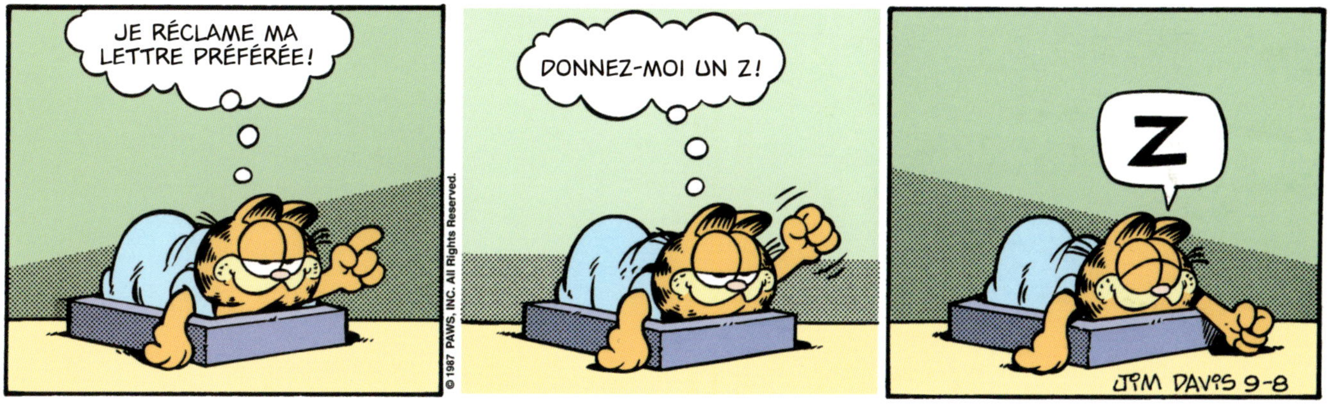
JE RÉCLAME MA LETTRE PRÉFÉRÉE!
© 1987 PAWS, INC. All Rights Reserved.
DONNEZ-MOI UN Z!
Z
JIM DAVIS 9-8

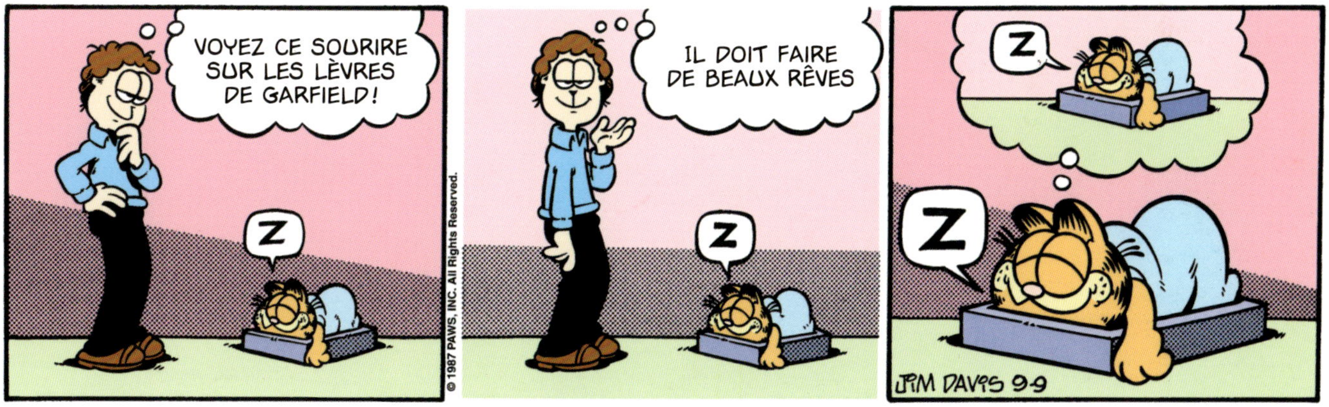
VOYEZ CE SOURIRE SUR LES LÈVRES DE GARFIELD!
Z
© 1987 PAWS, INC. All Rights Reserved.
IL DOIT FAIRE DE BEAUX RÊVES
Z
Z
Z
JIM DAVIS 9-9

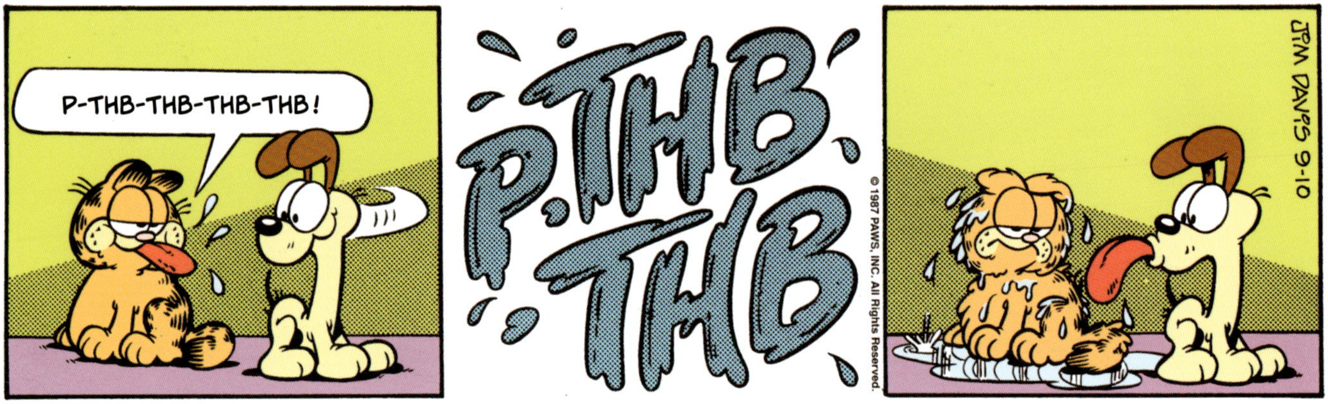
P-THB-THB-THB-THB!
P-THB THB
© 1987 PAWS, INC. All Rights Reserved.
JIM DAVIS 9-10

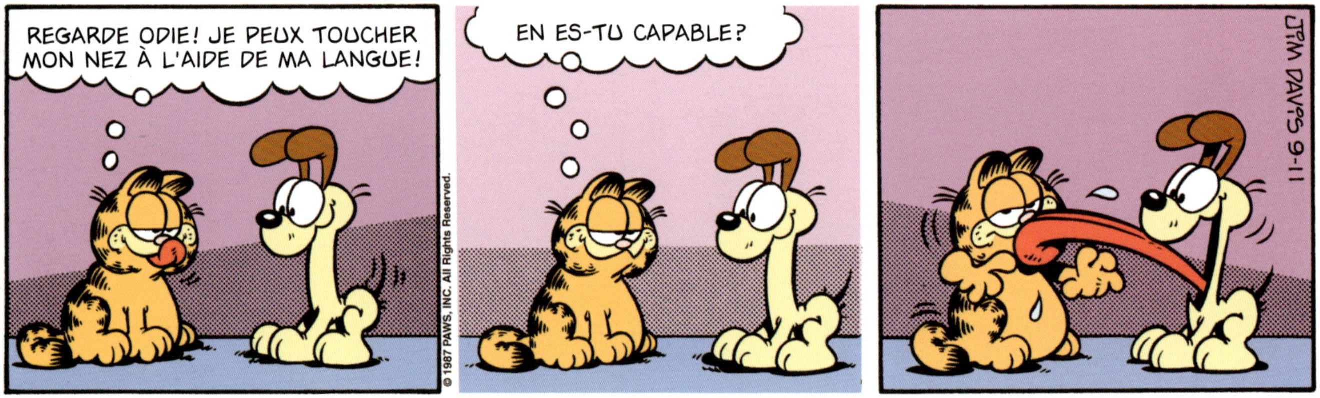
REGARDE ODIE! JE PEUX TOUCHER MON NEZ À L'AIDE DE MA LANGUE!
© 1987 PAWS, INC. All Rights Reserved.
EN ES-TU CAPABLE?
JIM DAVIS 9-11

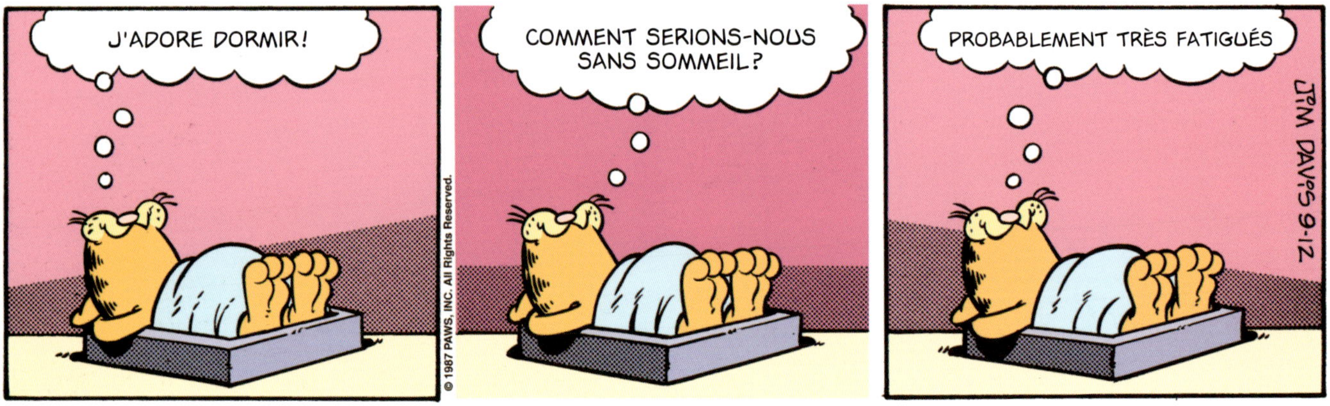
J'ADORE DORMIR!
© 1987 PAWS, INC. All Rights Reserved.
COMMENT SERIONS-NOUS SANS SOMMEIL?
PROBABLEMENT TRÈS FATIGUÉS
JIM DAVIS 9-12

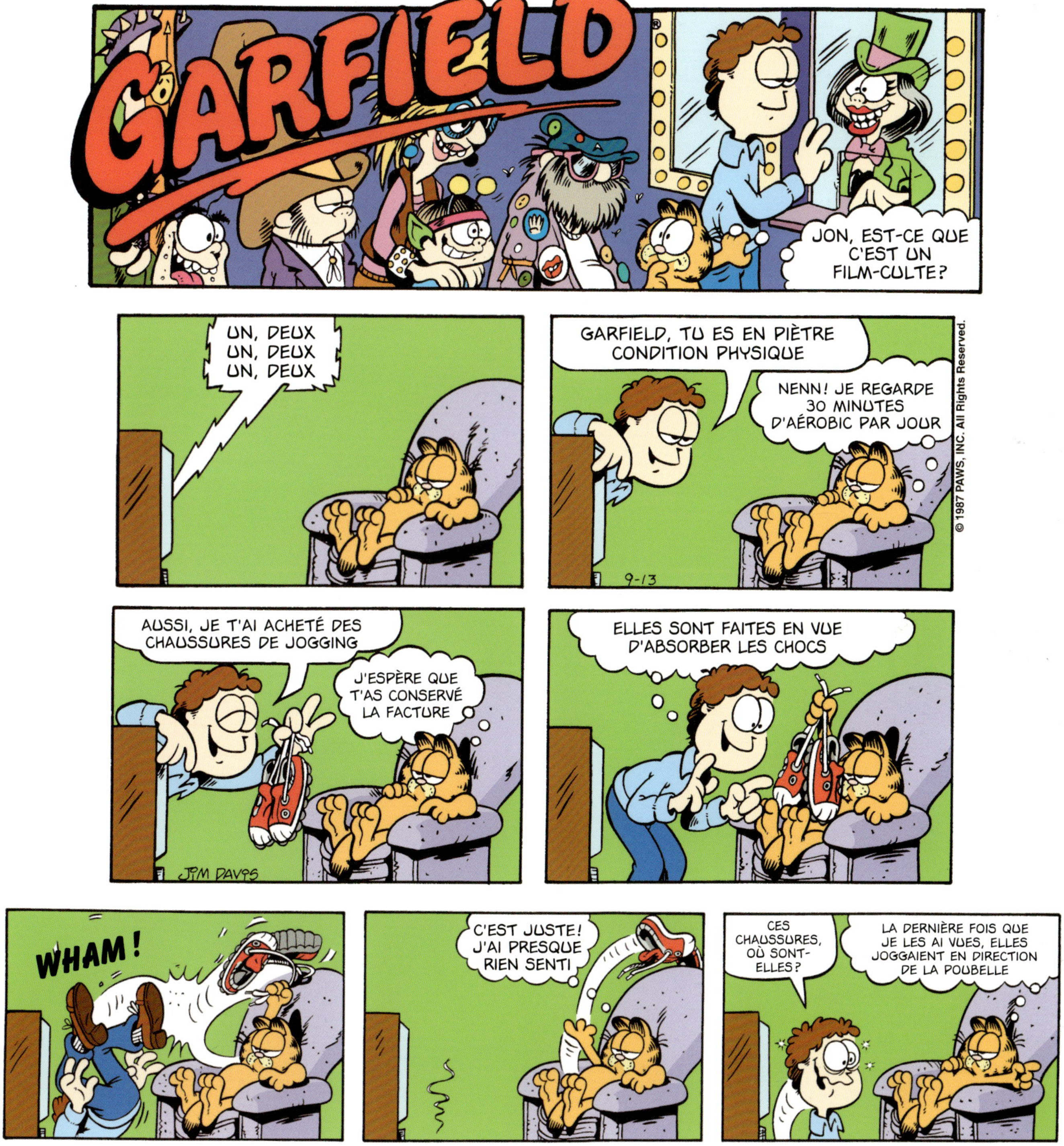
GARFIELD®
JON, EST-CE QUE C'EST UN FILM-CULTE?
UN, DEUX UN, DEUX UN, DEUX
GARFIELD, TU ES EN PIÈTRE CONDITION PHYSIQUE
NENN! JE REGARDE 30 MINUTES D'AÉROBIC PAR JOUR
© 1987 PAWS, INC. All Rights Reserved.
9-13
AUSSI, JE T'AI ACHETÉ DES CHAUSSURES DE JOGGING
J'ESPÈRE QUE T'AS CONSERVÉ LA FACTURE
JIM DAVIS
ELLES SONT FAITES EN VUE D'ABSORBER LES CHOCS
WHAM!
C'EST JUSTE! J'AI PRESQUE RIEN SENTI
CES CHAUSSURES, OÙ SONT-ELLES?
LA DERNIÈRE FOIS QUE JE LES AI VUES, ELLES JOGGAIENT EN DIRECTION DE LA POUBELLE

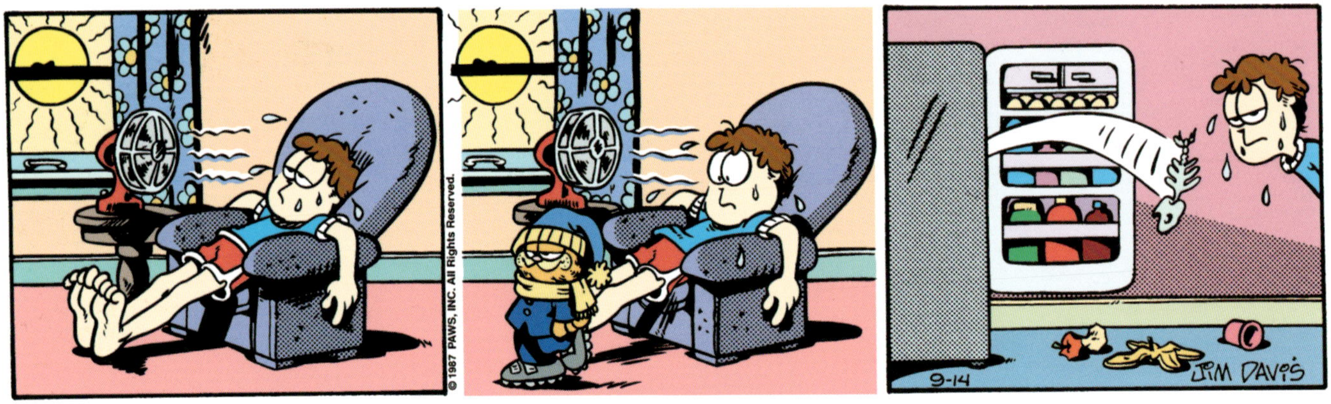
© 1987 PAWS, INC. All Rights Reserved.
9-14
JIM DAVIS

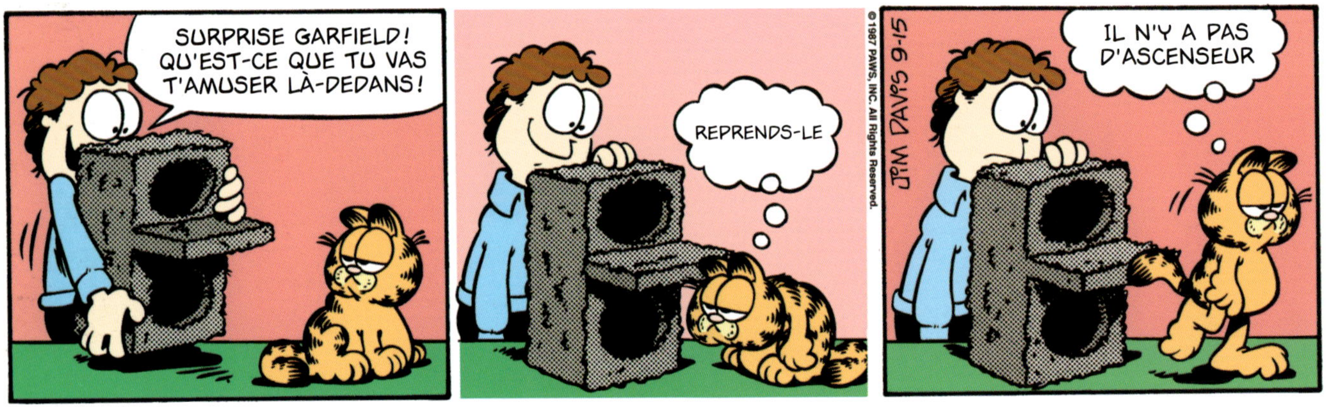
SURPRISE GARFIELD! QU'EST-CE QUE TU VAS T'AMUSER LÀ-DEDANS!
REPRENDS-LE
© 1987 PAWS, INC. All Rights Reserved.
JIM DAVIS 9-15
IL N'Y A PAS D'ASCENSEUR

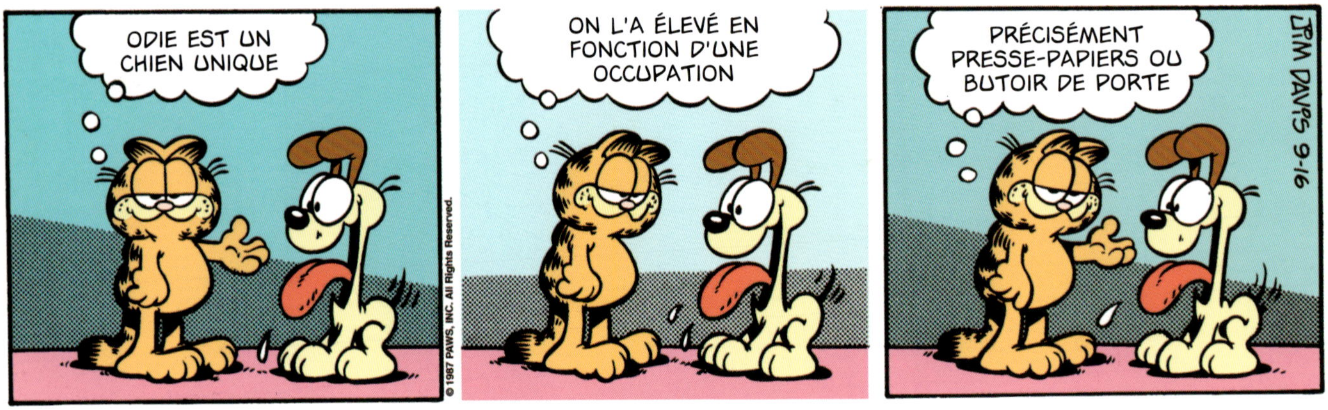
ODIE EST UN CHIEN UNIQUE
© 1987 PAWS, INC. All Rights Reserved.
ON L'A ÉLEVÉ EN FONCTION D'UNE OCCUPATION
PRÉCISÉMENT PRESSE-PAPIERS OU BUTOIR DE PORTE
JIM DAVIS 9-16

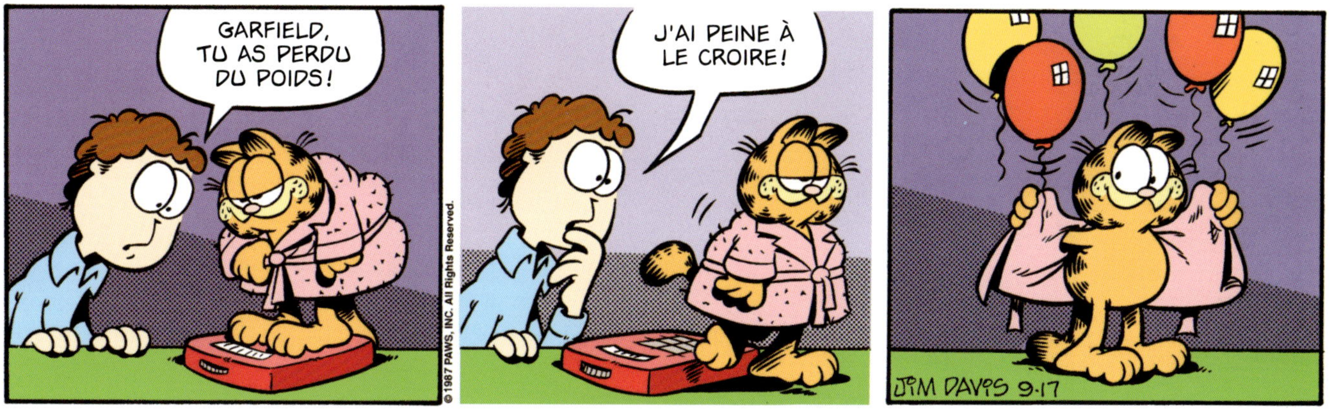
GARFIELD, TU AS PERDU DU POIDS!
J'AI PEINE À LE CROIRE!
© 1987 PAWS, INC. All Rights Reserved.
JIM DAVIS 9-17

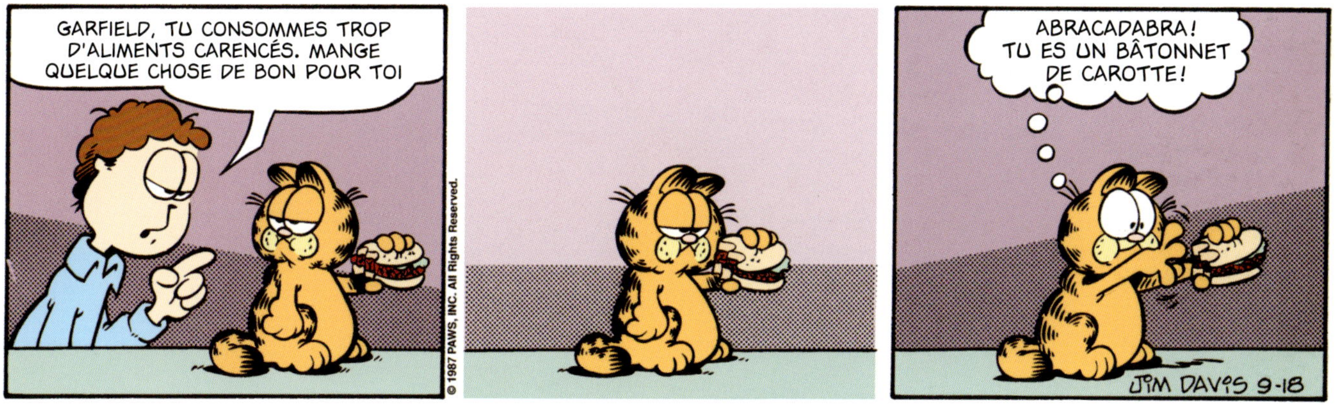
GARFIELD, TU CONSOMMES TROP D'ALIMENTS CARENCÉS. MANGE QUELQUE CHOSE DE BON POUR TOI
ABRACADABRA! TU ES UN BÂTONNET DE CAROTTE!
© 1987 PAWS, INC. All Rights Reserved.
JIM DAVIS 9-18

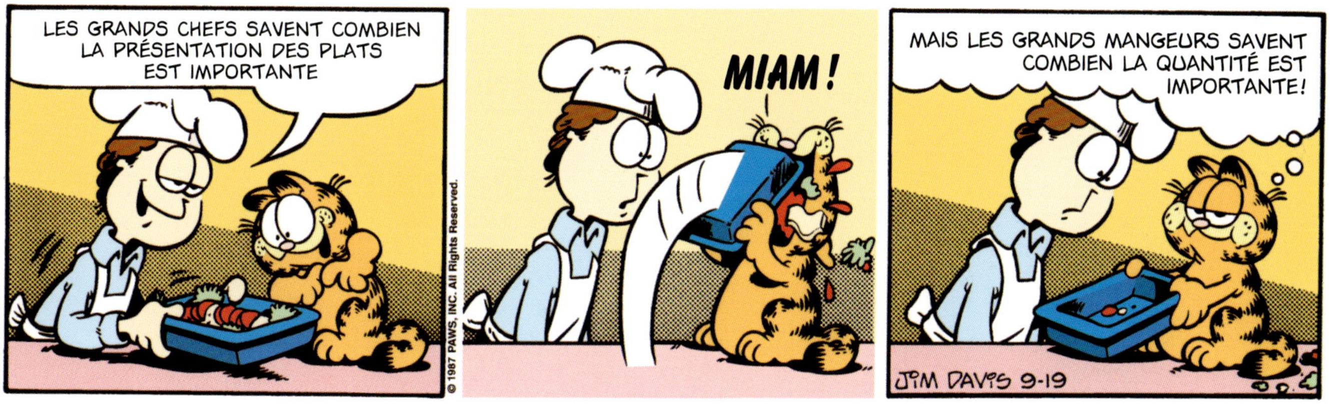
LES GRANDS CHEFS SAVENT COMBIEN LA PRÉSENTATION DES PLATS EST IMPORTANTE
MIAM!
MAIS LES GRANDS MANGEURS SAVENT COMBIEN LA QUANTITÉ EST IMPORTANTE!
© 1987 PAWS, INC. All Rights Reserved.
JIM DAVIS 9-19

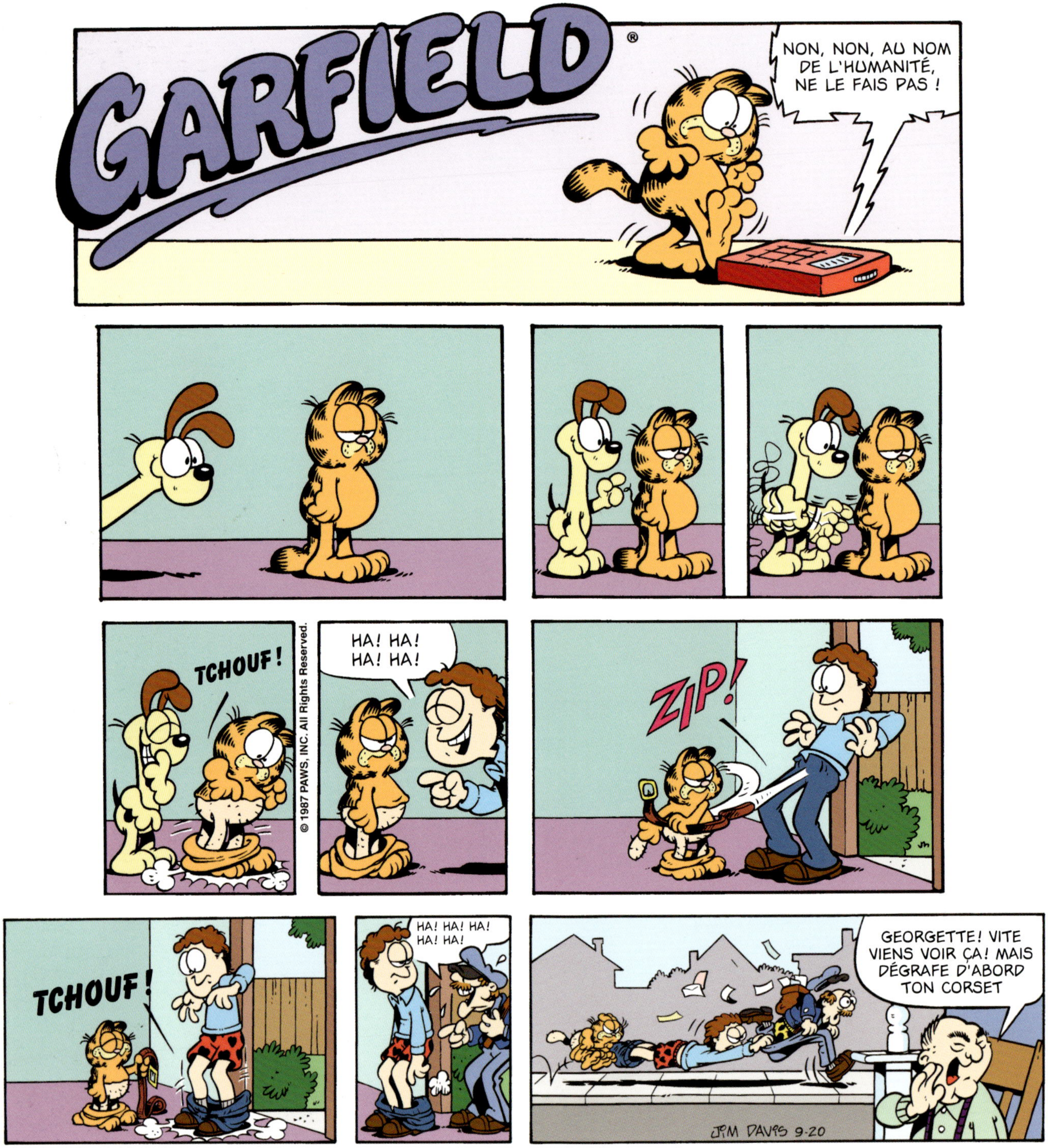
GARFIELD®
NON, NON, AU NOM DE L'HUMANITÉ, NE LE FAIS PAS !
TCHOUF !
© 1987 PAWS, INC. All Rights Reserved.
HA! HA! HA! HA!
ZIP!
TCHOUF !
HA! HA! HA! HA! HA!
GEORGETTE! VITE VIENS VOIR ÇA! MAIS DÉGRAFE D'ABORD TON CORSET
JIM DAVIS 9-20

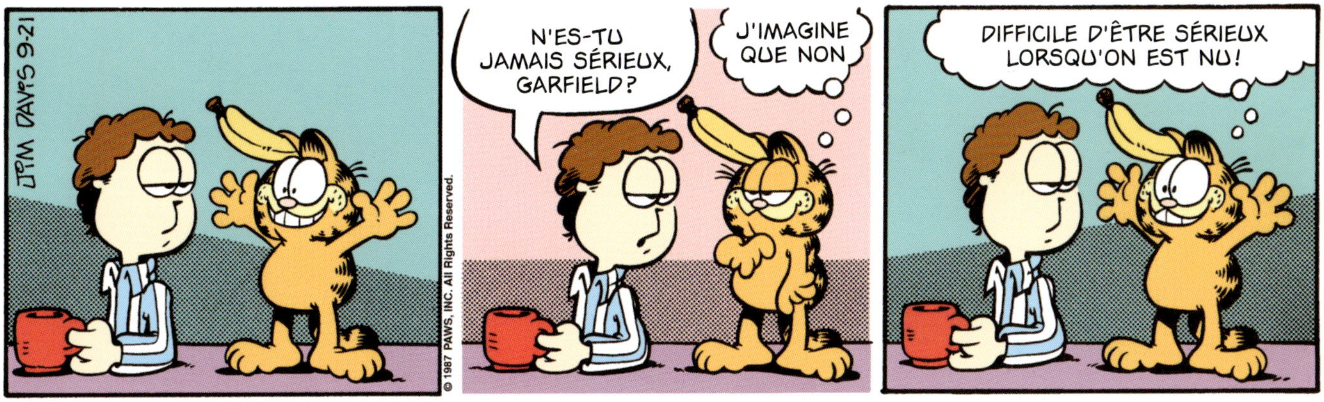
JIM DAVIS 9-21
N'ES-TU JAMAIS SÉRIEUX, GARFIELD?
J'IMAGINE QUE NON
© 1987 PAWS, INC. All Rights Reserved.
DIFFICILE D'ÊTRE SÉRIEUX LORSQU'ON EST NU!

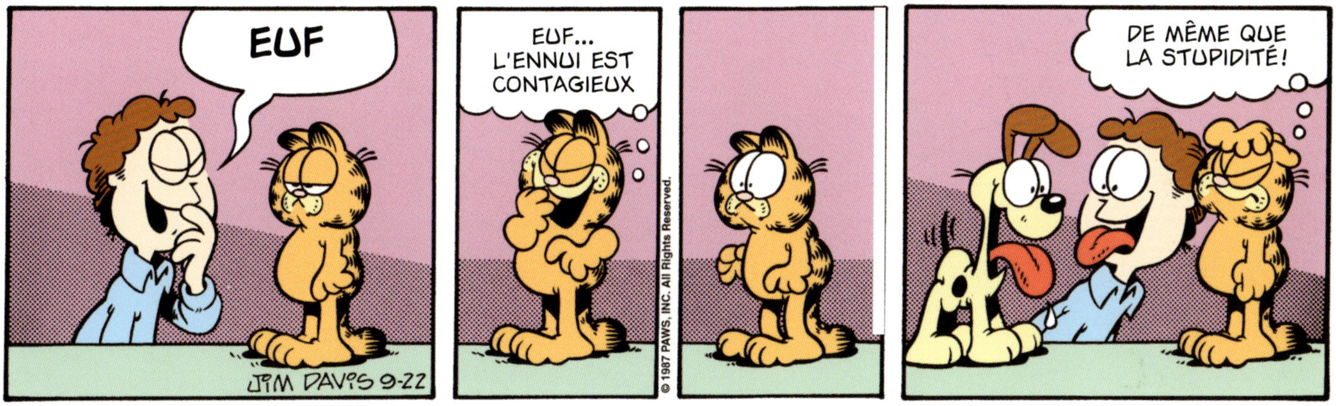
EUF
JIM DAVIS 9-22
EUF... L'ENNUI EST CONTAGIEUX
© 1987 PAWS, INC. All Rights Reserved.
DE MÊME QUE LA STUPIDITÉ!

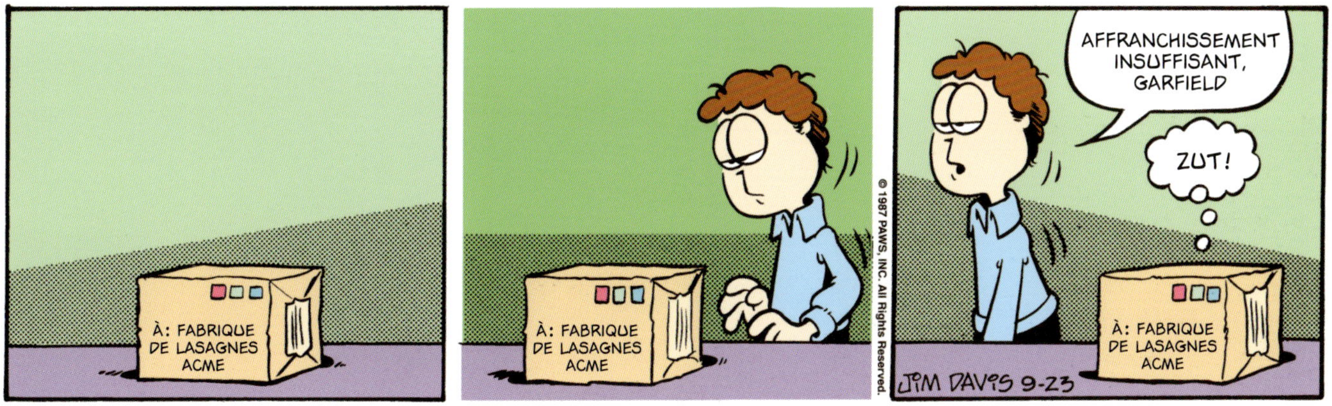
À: FABRIQUE DE LASAGNES ACME
À: FABRIQUE DE LASAGNES ACME
© 1987 PAWS, INC. All Rights Reserved.
AFFRANCHISSEMENT INSUFFISANT, GARFIELD
ZUT!
À: FABRIQUE DE LASAGNES ACME
JIM DAVIS 9-23

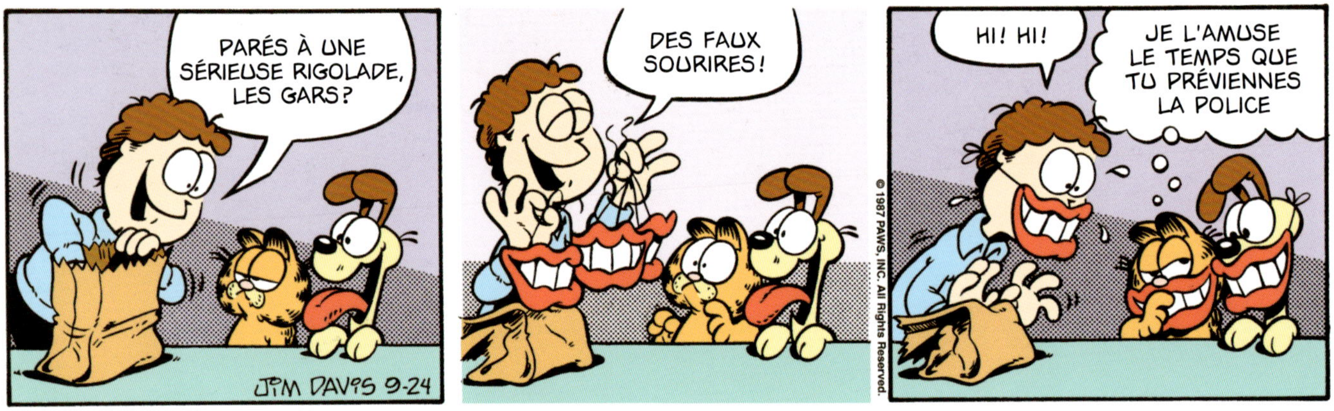
PARÉS À UNE SÉRIEUSE RIGOLADE, LES GARS?
JIM DAVIS 9-24
DES FAUX SOURIRES!
© 1987 PAWS, INC. All Rights Reserved.
HI! HI!
JE L'AMUSE LE TEMPS QUE TU PRÉVIENNES LA POLICE

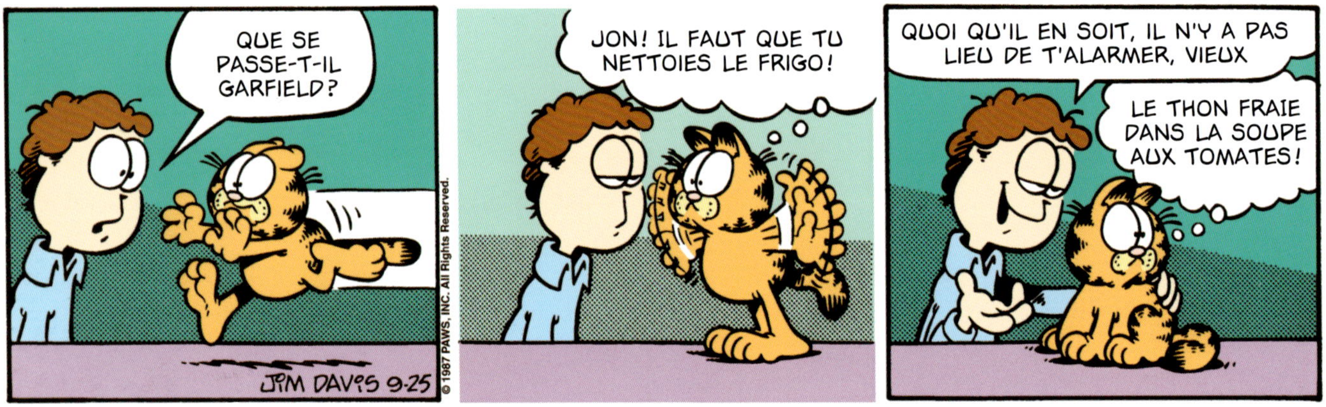
QUE SE PASSE-T-IL GARFIELD?
JIM DAVIS 9-25
© 1987 PAWS, INC. All Rights Reserved.
JON! IL FAUT QUE TU NETTOIES LE FRIGO!
QUOI QU'IL EN SOIT, IL N'Y A PAS LIEU DE T'ALARMER, VIEUX
LE THON FRAIE DANS LA SOUPE AUX TOMATES!

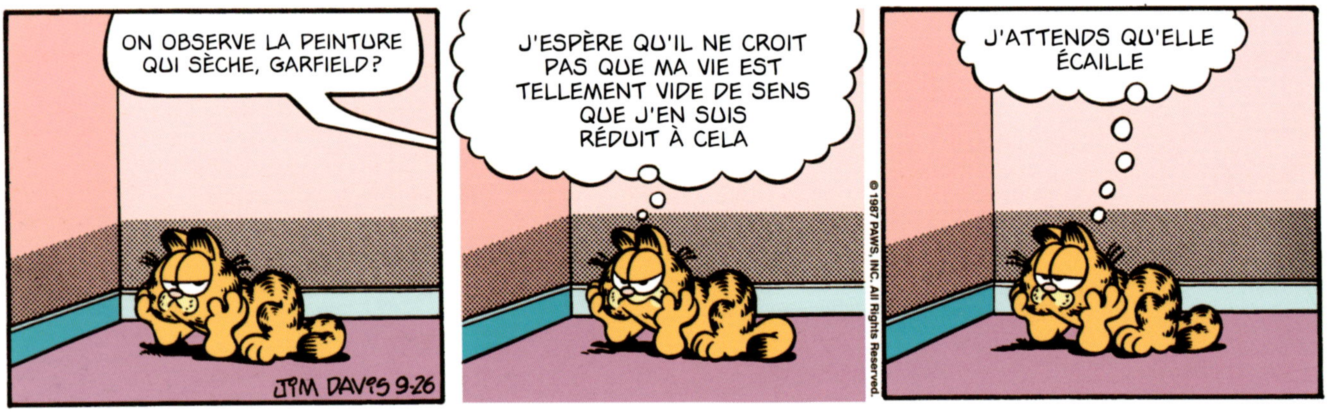
ON OBSERVE LA PEINTURE QUI SÈCHE, GARFIELD?
JIM DAVIS 9-26
J'ESPÈRE QU'IL NE CROIT PAS QUE MA VIE EST TELLEMENT VIDE DE SENS QUE J'EN SUIS RÉDUIT À CELA
© 1987 PAWS, INC. All Rights Reserved.
J'ATTENDS QU'ELLE ÉCAILLE

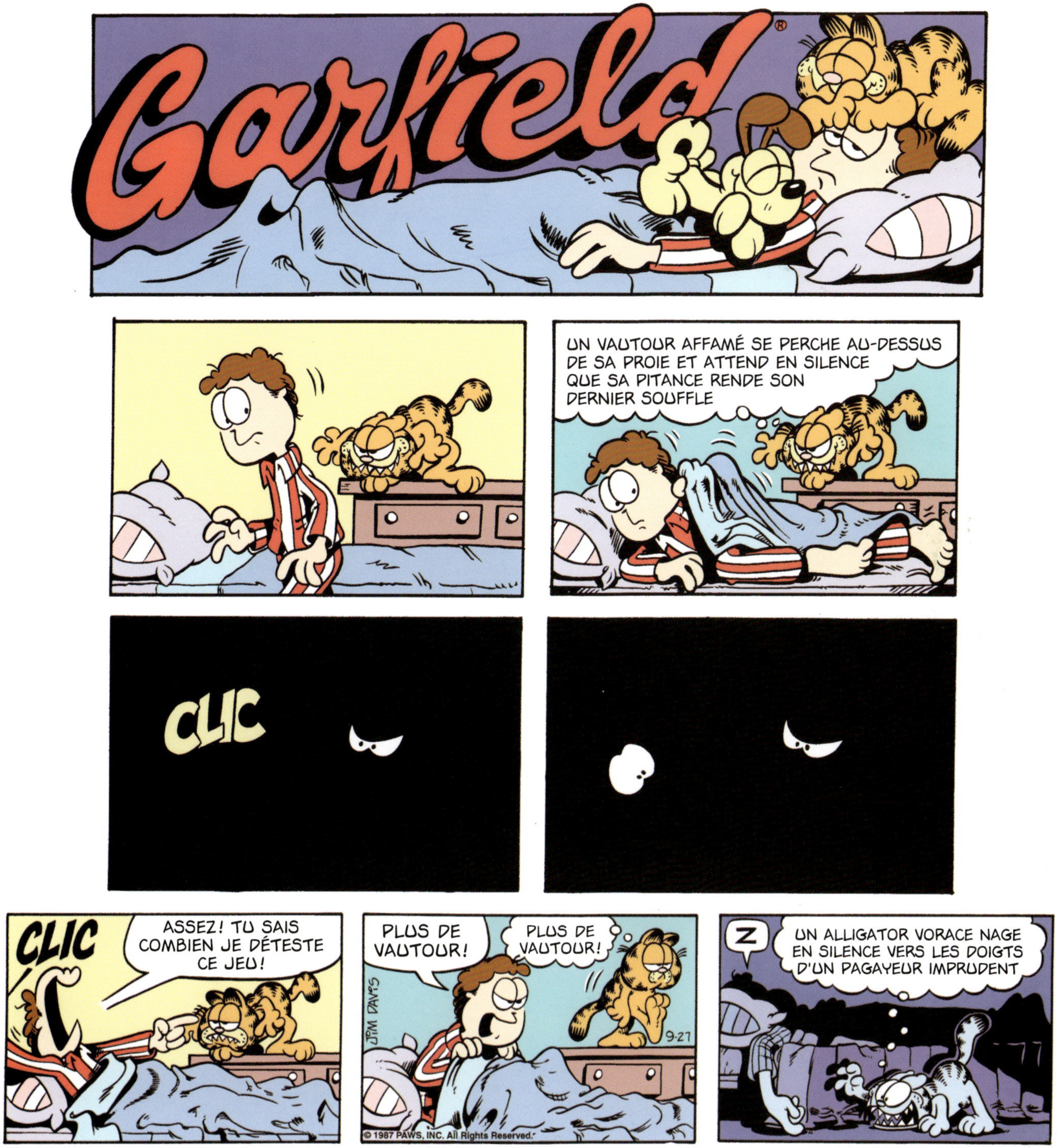
Garfield®
UN VAUTOUR AFFAMÉ SE PERCHE AU-DESSUS DE SA PROIE ET ATTEND EN SILENCE QUE SA PITANCE RENDE SON DERNIER SOUFFLE
CLIC
CLIC
ASSEZ! TU SAIS COMBIEN JE DÉTESTE CE JEU!
PLUS DE VAUTOUR!
PLUS DE VAUTOUR!
JIM DAVIS
9-27
© 1987 PAWS, INC. All Rights Reserved.
Z
UN ALLIGATOR VORACE NAGE EN SILENCE VERS LES DOIGTS D'UN PAGAYEUR IMPRUDENT

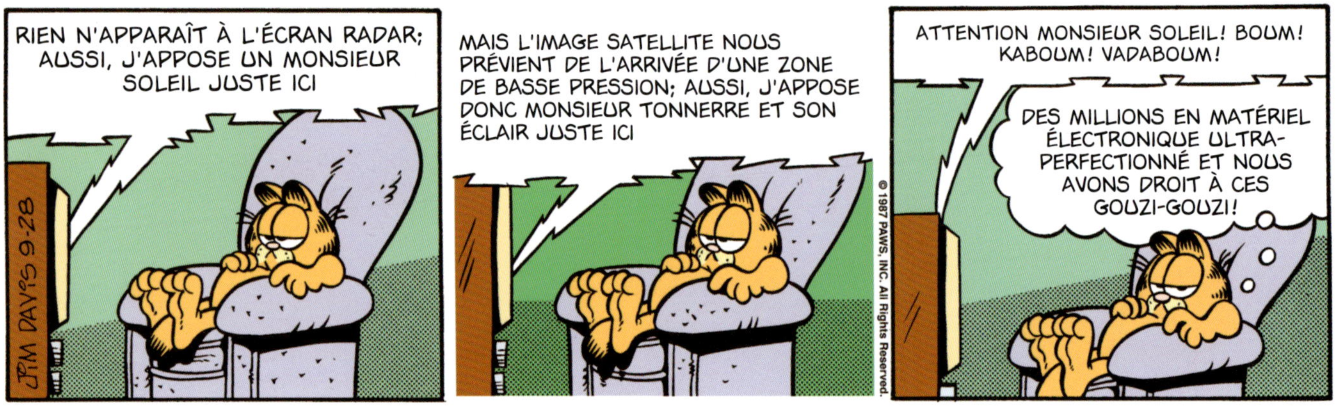
RIEN N'APPARAÎT À L'ÉCRAN RADAR; AUSSI, J'APPOSE UN MONSIEUR SOLEIL JUSTE ICI
JIM DAVIS 9-28
MAIS L'IMAGE SATELLITE NOUS PRÉVIENT DE L'ARRIVÉE D'UNE ZONE DE BASSE PRESSION; AUSSI, J'APPOSE DONC MONSIEUR TONNERRE ET SON ÉCLAIR JUSTE ICI
© 1987 PAWS, INC. All Rights Reserved.
ATTENTION MONSIEUR SOLEIL! BOUM! KABOUM! VADABOUM!
DES MILLIONS EN MATÉRIEL ÉLECTRONIQUE ULTRA-PERFECTIONNÉ ET NOUS AVONS DROIT À CES GOUZI-GOUZI!

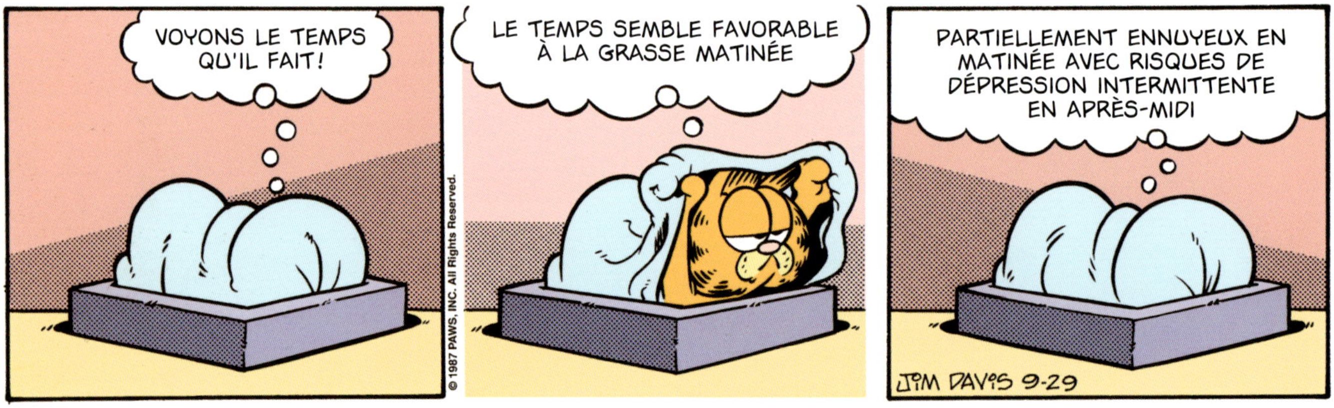
VOYONS LE TEMPS QU'IL FAIT!
© 1987 PAWS, INC. All Rights Reserved.
LE TEMPS SEMBLE FAVORABLE À LA GRASSE MATINÉE
PARTIELLEMENT ENNUYEUX EN MATINÉE AVEC RISQUES DE DÉPRESSION INTERMITTENTE EN APRÈS-MIDI
JIM DAVIS 9-29

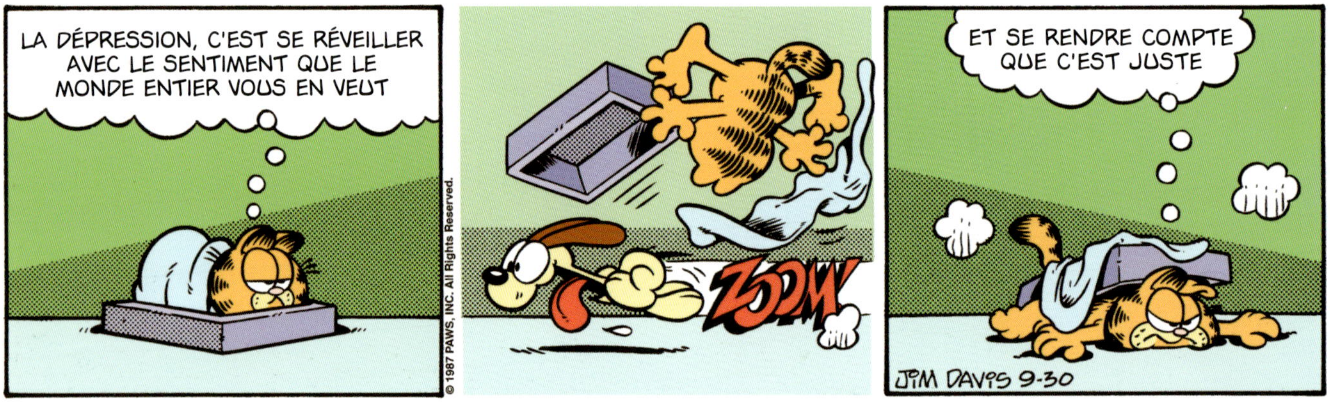
LA DÉPRESSION, C'EST SE RÉVEILLER AVEC LE SENTIMENT QUE LE MONDE ENTIER VOUS EN VEUT
© 1987 PAWS, INC. All Rights Reserved.
ZOOM!
ET SE RENDRE COMPTE QUE C'EST JUSTE
JIM DAVIS 9-30

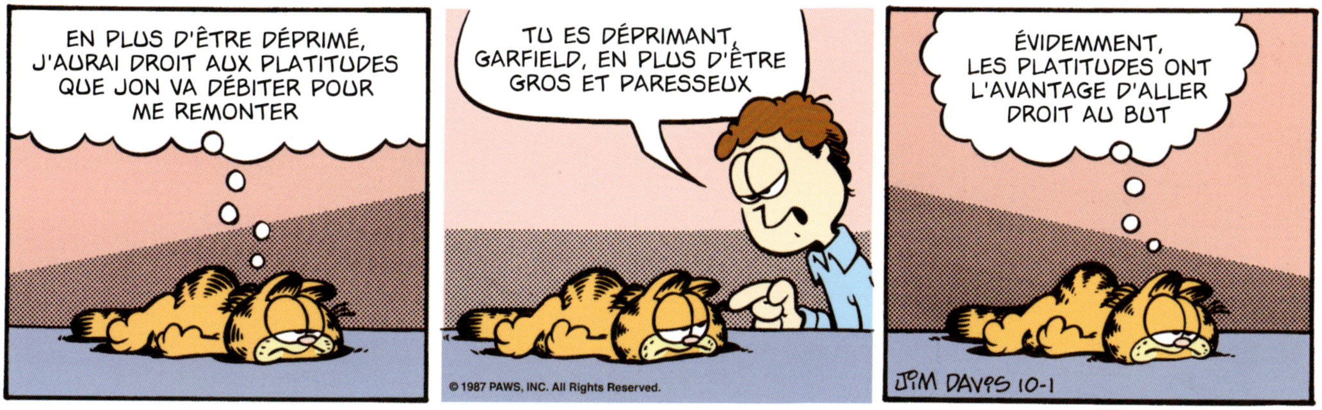
EN PLUS D'ÊTRE DÉPRIMÉ, J'AURAI DROIT AUX PLATITUDES QUE JON VA DÉBITER POUR ME REMONTER
TU ES DÉPRIMANT, GARFIELD, EN PLUS D'ÊTRE GROS ET PARESSEUX
© 1987 PAWS, INC. All Rights Reserved.
ÉVIDEMMENT, LES PLATITUDES ONT L'AVANTAGE D'ALLER DROIT AU BUT
JIM DAVIS 10-1

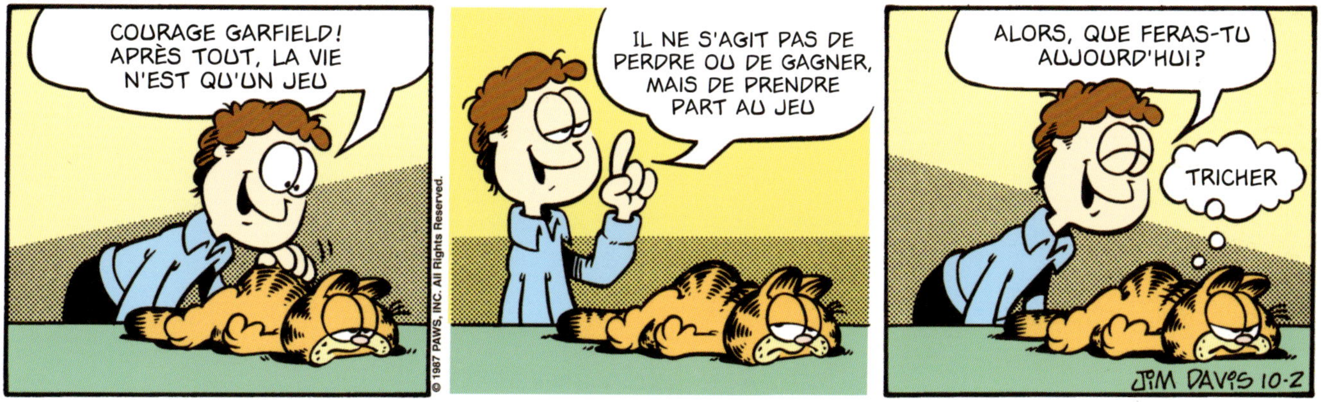
COURAGE GARFIELD! APRÈS TOUT, LA VIE N'EST QU'UN JEU
© 1987 PAWS, INC. All Rights Reserved.
IL NE S'AGIT PAS DE PERDRE OU DE GAGNER, MAIS DE PRENDRE PART AU JEU
ALORS, QUE FERAS-TU AUJOURD'HUI?
TRICHER
JIM DAVIS 10-2

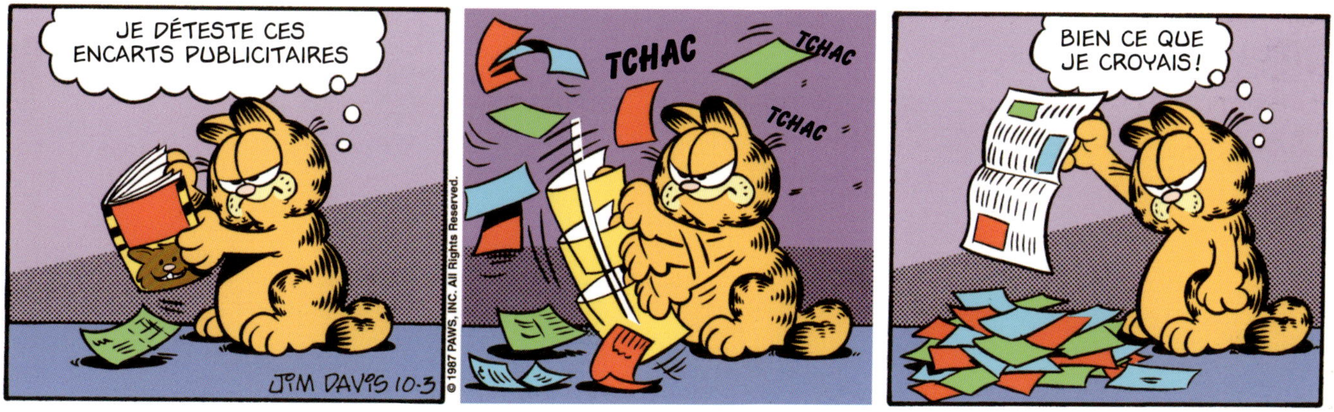
JE DÉTESTE CES ENCARTS PUBLICITAIRES
JIM DAVIS 10-3
© 1987 PAWS, INC. All Rights Reserved.
TCHAC
TCHAC
TCHAC
BIEN CE QUE JE CROYAIS!

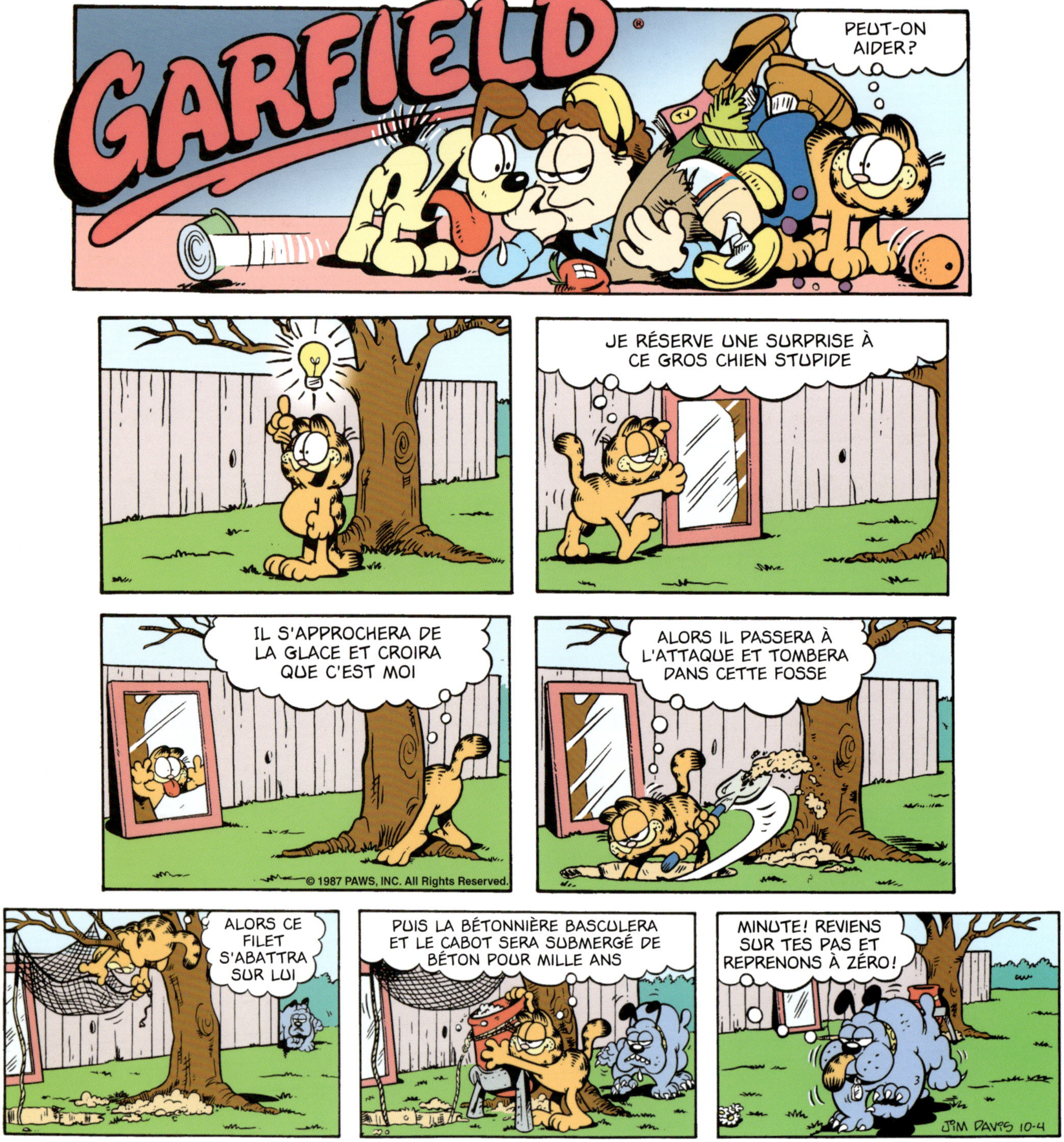
GARFIELD®
PEUT-ON AIDER?
JE RÉSERVE UNE SURPRISE À CE GROS CHIEN STUPIDE
IL S'APPROCHERA DE LA GLACE ET CROIRA QUE C'EST MOI
ALORS IL PASSERA À L'ATTAQUE ET TOMBERA DANS CETTE FOSSE
© 1987 PAWS, INC. All Rights Reserved.
ALORS CE FILET S'ABATTRA SUR LUI
PUIS LA BÉTONNIÈRE BASCULERA ET LE CABOT SERA SUBMERGÉ DE BÉTON POUR MILLE ANS
MINUTE! REVIENS SUR TES PAS ET REPRENONS À ZÉRO!
JIM DAVIS 10-4

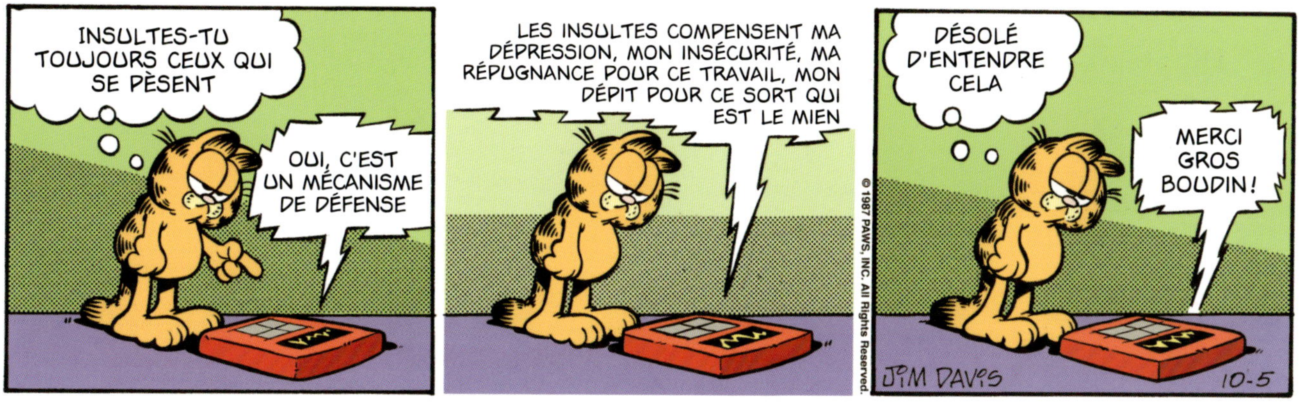
INSULTES-TU TOUJOURS CEUX QUI SE PÈSENT
OUI, C'EST UN MÉCANISME DE DÉFENSE
LES INSULTES COMPENSENT MA DÉPRESSION, MON INSÉCURITÉ, MA RÉPUGNANCE POUR CE TRAVAIL, MON DÉPIT POUR CE SORT QUI EST LE MIEN
DÉSOLÉ D'ENTENDRE CELA
MERCI GROS BOUDIN!
© 1987 PAWS, INC. All Rights Reserved.
JIM DAVIS
10-5

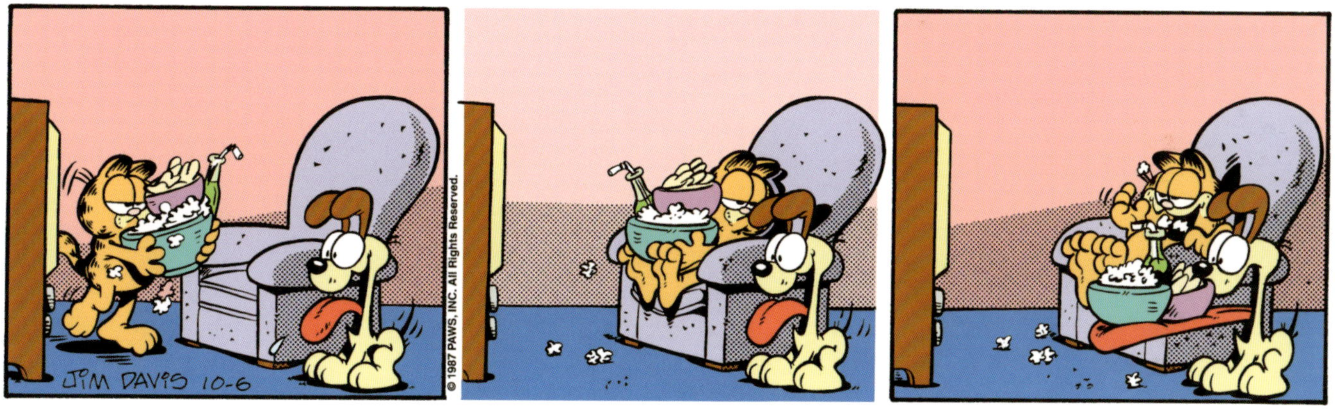
JIM DAVIS 10-6
© 1987 PAWS, INC. All Rights Reserved.

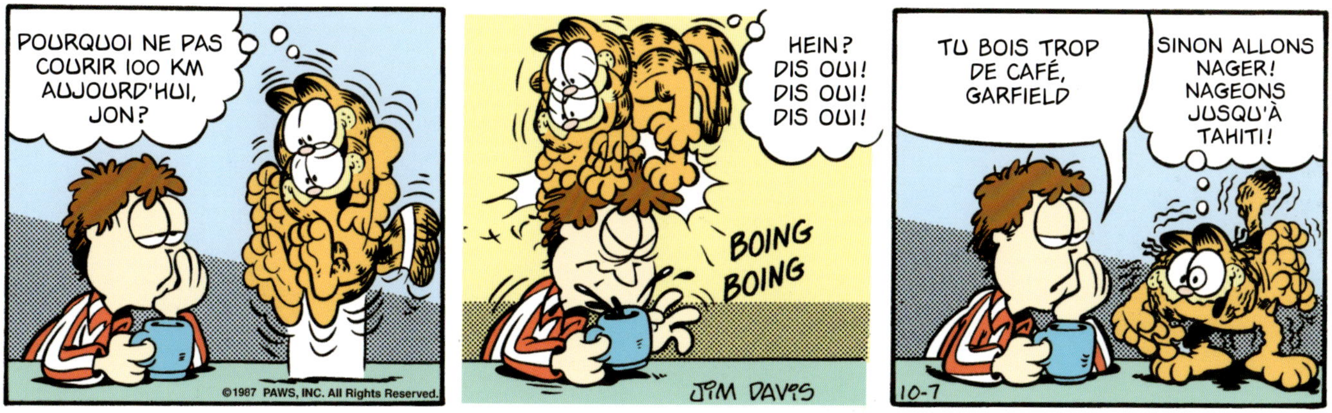
POURQUOI NE PAS COURIR 100 KM AUJOURD'HUI, JON?
©1987 PAWS, INC. All Rights Reserved.
HEIN? DIS OUI! DIS OUI! DIS OUI!
BOING BOING
JIM DAVIS
TU BOIS TROP DE CAFÉ, GARFIELD
SINON ALLONS NAGER! NAGEONS JUSQU'À TAHITI!
10-7

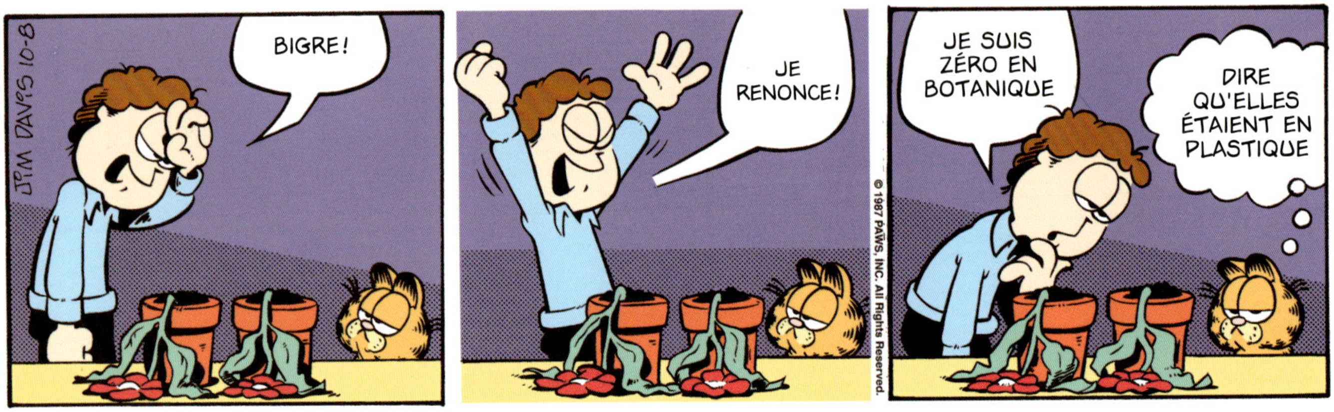
JIM DAVIS 10-8
BIGRE!
JE RENONCE!
© 1987 PAWS, INC. All Rights Reserved.
JE SUIS ZÉRO EN BOTANIQUE
DIRE QU'ELLES ÉTAIENT EN PLASTIQUE

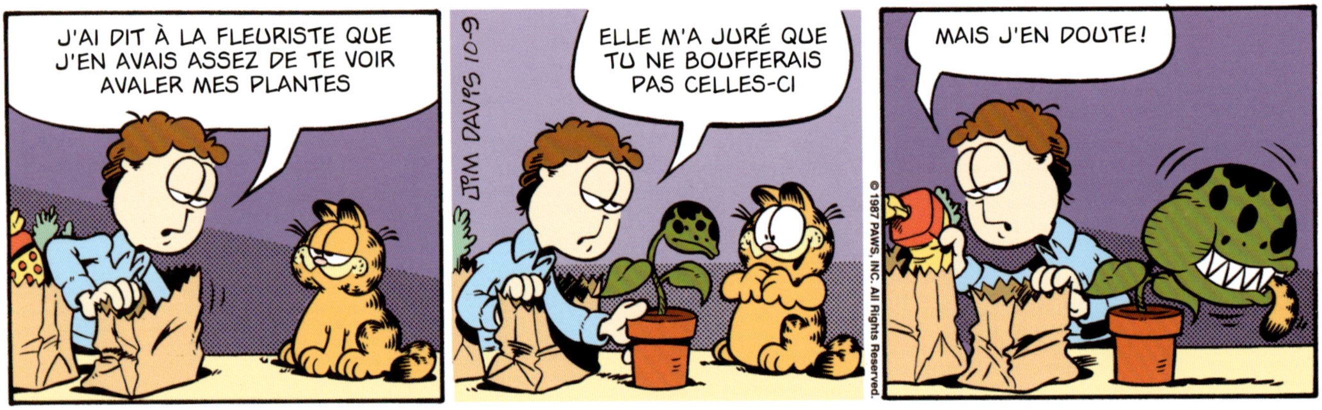
J'AI DIT À LA FLEURISTE QUE J'EN AVAIS ASSEZ DE TE VOIR AVALER MES PLANTES
JIM DAVIS 10-9
ELLE M'A JURÉ QUE TU NE BOUFFERAIS PAS CELLES-CI
© 1987 PAWS, INC. All Rights Reserved.
MAIS J'EN DOUTE!

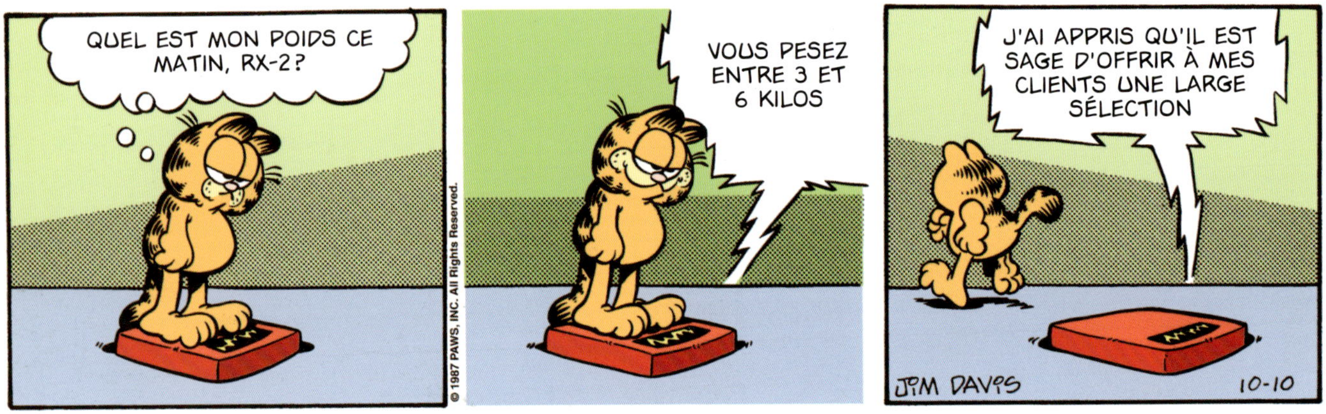
QUEL EST MON POIDS CE MATIN, RX-2?
© 1987 PAWS, INC. All Rights Reserved.
VOUS PESEZ ENTRE 3 ET 6 KILOS
J'AI APPRIS QU'IL EST SAGE D'OFFRIR À MES CLIENTS UNE LARGE SÉLECTION
JIM DAVIS
10-10

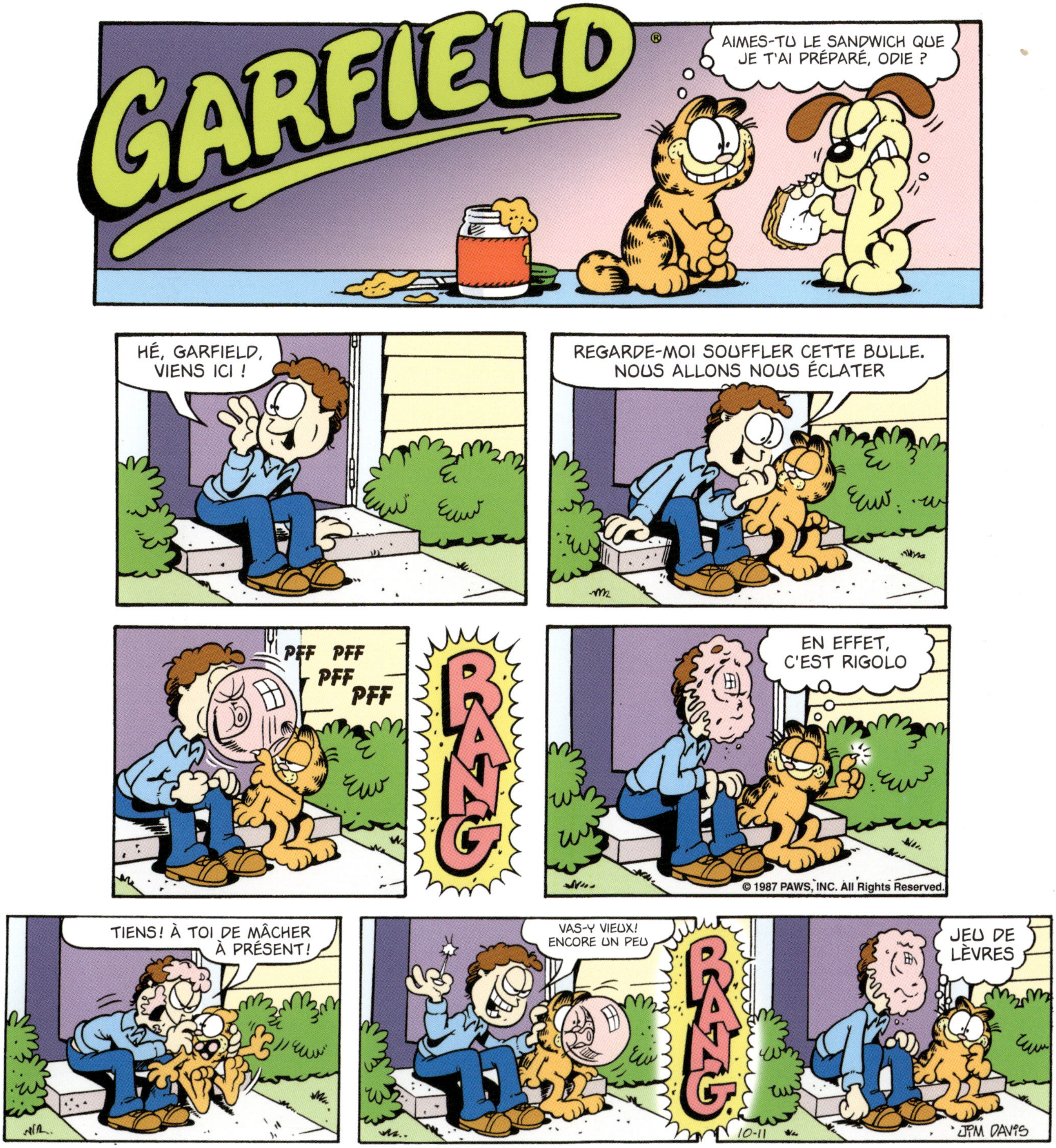
GARFIELD®
AIMES-TU LE SANDWICH QUE JE T'AI PRÉPARÉ, ODIE ?
HÉ, GARFIELD, VIENS ICI !
REGARDE-MOI SOUFFLER CETTE BULLE. NOUS ALLONS NOUS ÉCLATER
PFF PFF PFF PFF
BANG
EN EFFET, C'EST RIGOLO
© 1987 PAWS, INC. All Rights Reserved.
TIENS! À TOI DE MÂCHER À PRÉSENT!
VAS-Y VIEUX! ENCORE UN PEU
BANG
JEU DE LÈVRES
10-11
JIM DAVIS

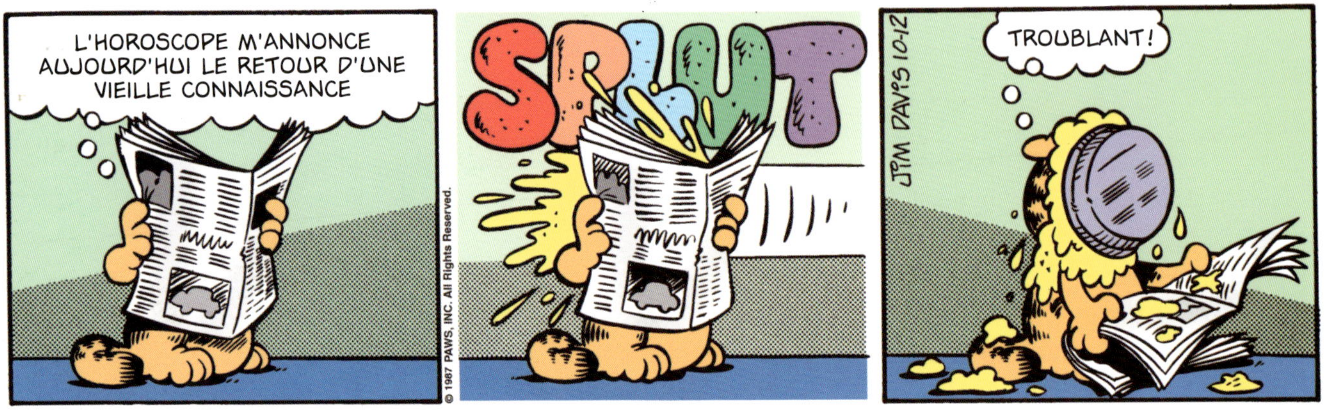
L'HOROSCOPE M'ANNONCE AUJOURD'HUI LE RETOUR D'UNE VIEILLE CONNAISSANCE
SPLUT
TROUBLANT!
JIM DAVIS 10-12
© 1987 PAWS, INC. All Rights Reserved.

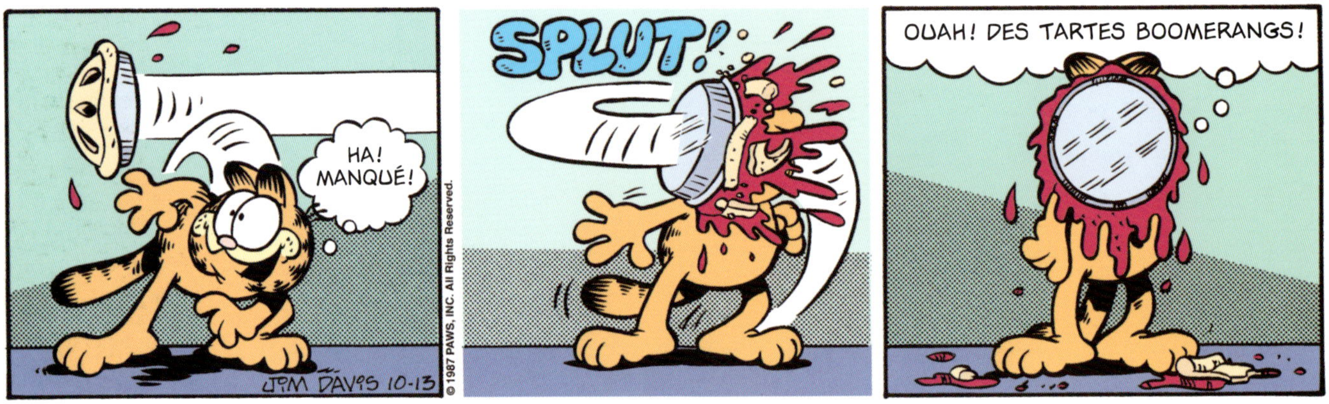
HA! MANQUÉ!
JIM DAVIS 10-13
SPLUT!
OUAH! DES TARTES BOOMERANGS!
© 1987 PAWS, INC. All Rights Reserved.

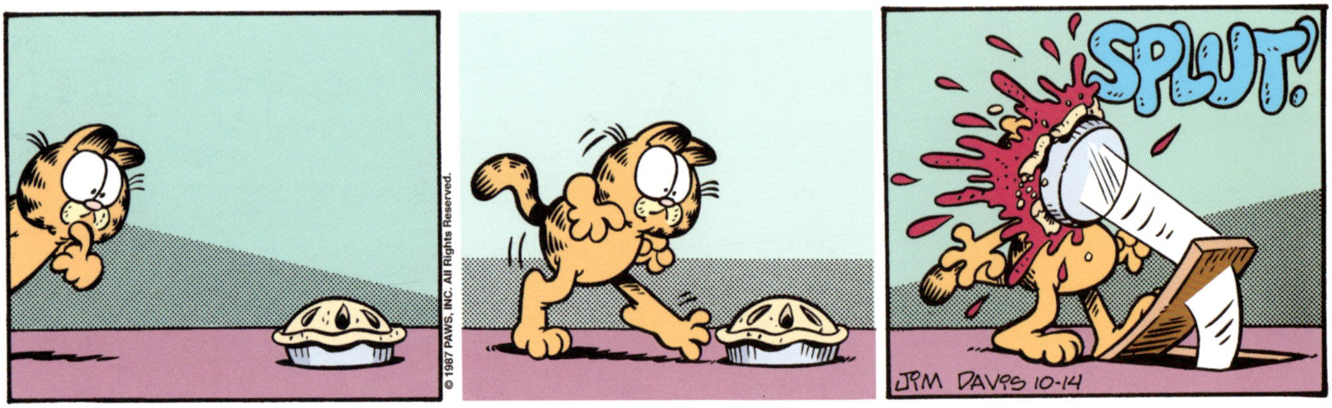
SPLUT!
JIM DAVIS 10-14
© 1987 PAWS, INC. All Rights Reserved.

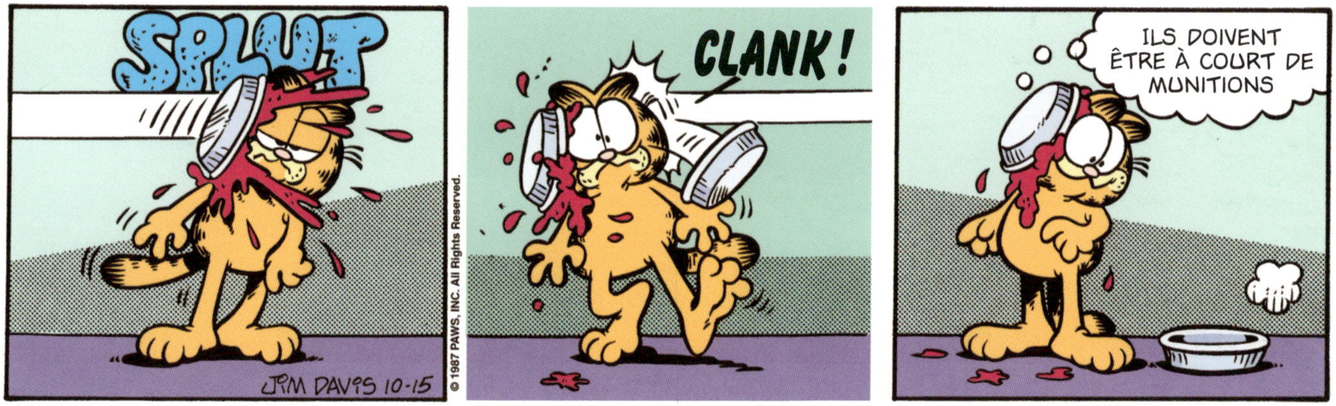
SPLUT
JIM DAVIS 10-15
© 1987 PAWS, INC. All Rights Reserved.
CLANK!
ILS DOIVENT ÊTRE À COURT DE MUNITIONS

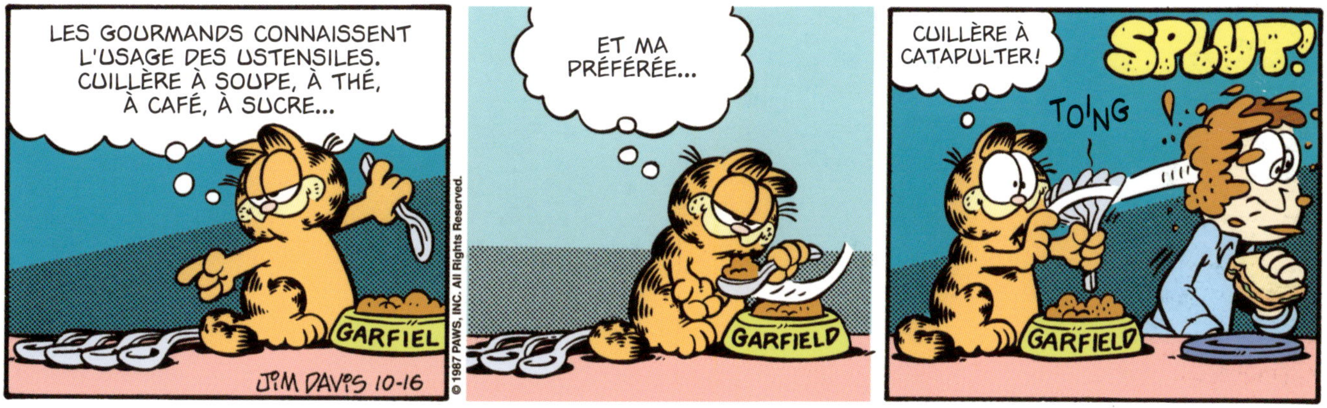
LES GOURMANDS CONNAISSENT L'USAGE DES USTENSILES. CUILLÈRE À SOUPE, À THÉ, À CAFÉ, À SUCRE...
GARFIEL
JIM DAVIS 10-16
© 1987 PAWS, INC. All Rights Reserved.
ET MA PRÉFÉRÉE...
GARFIELD
CUILLÈRE À CATAPULTER!
SPLUT!
TOING
GARFIELD

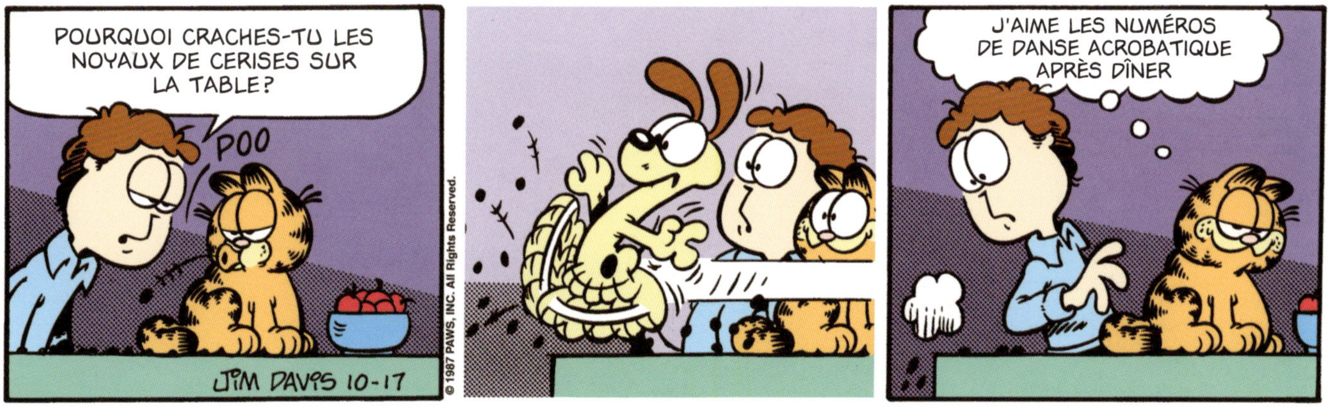
POURQUOI CRACHES-TU LES NOYAUX DE CERISES SUR LA TABLE?
POO
JIM DAVIS 10-17
© 1987 PAWS, INC. All Rights Reserved.
J'AIME LES NUMÉROS DE DANSE ACROBATIQUE APRÈS DÎNER

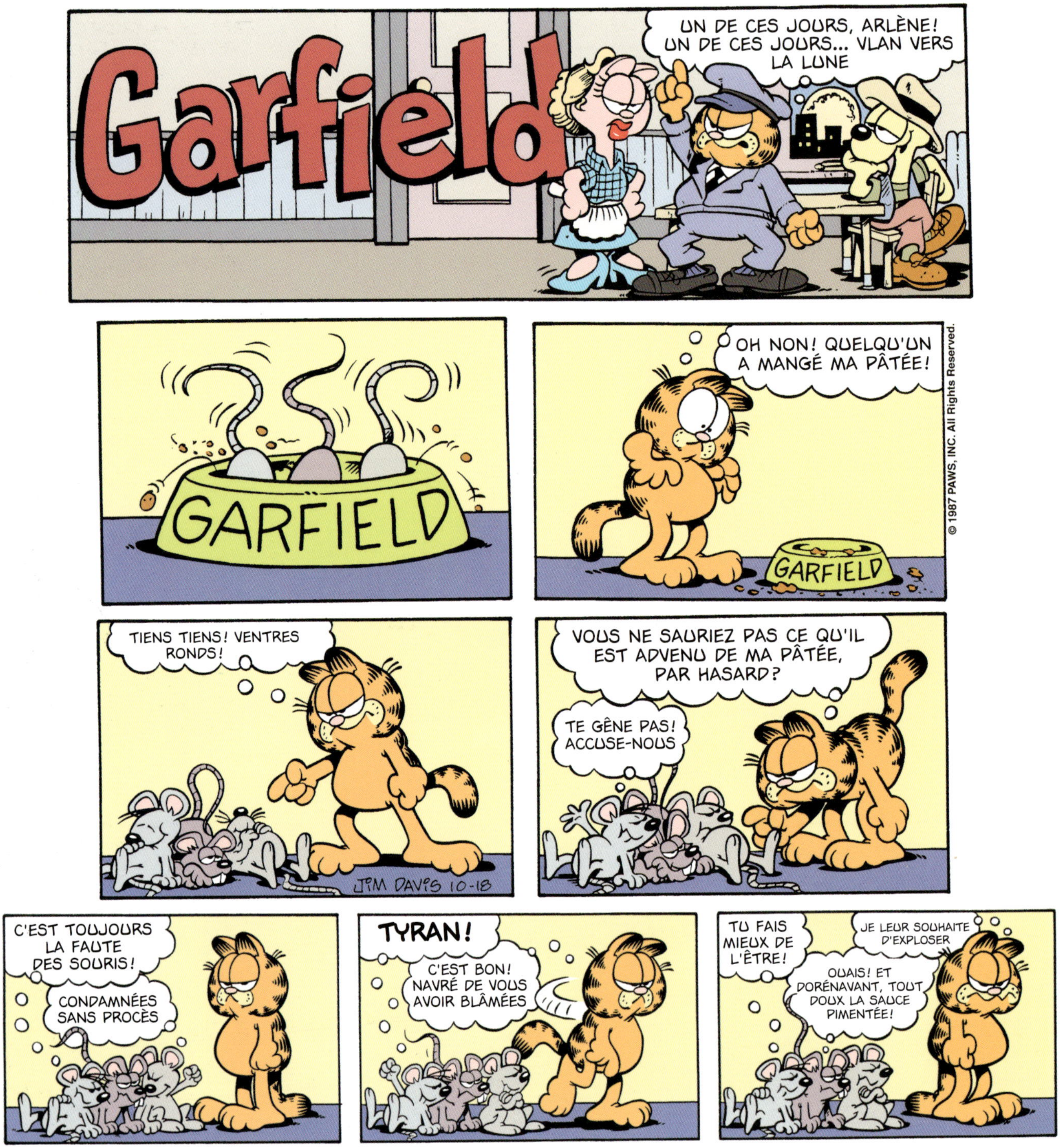
Garfield
UN DE CES JOURS, ARLÈNE! UN DE CES JOURS... VLAN VERS LA LUNE
GARFIELD
OH NON! QUELQU'UN A MANGÉ MA PÂTÉE!
GARFIELD
TIENS TIENS! VENTRES RONDS!
JIM DAVIS 10-18
VOUS NE SAURIEZ PAS CE QU'IL EST ADVENU DE MA PÂTÉE, PAR HASARD?
TE GÊNE PAS! ACCUSE-NOUS
C'EST TOUJOURS LA FAUTE DES SOURIS!
CONDAMNÉES SANS PROCÈS
TYRAN!
C'EST BON! NAVRÉ DE VOUS AVOIR BLÂMÉES
TU FAIS MIEUX DE L'ÊTRE!
JE LEUR SOUHAITE D'EXPLOSER
OUAIS! ET DORÉNAVANT, TOUT DOUX LA SAUCE PIMENTÉE!

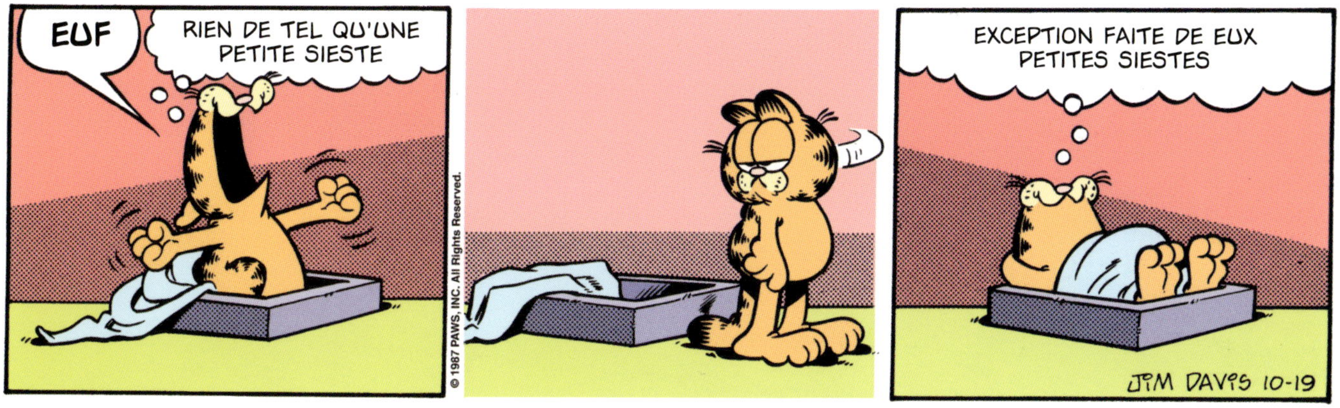
EUF
RIEN DE TEL QU'UNE PETITE SIESTE
EXCEPTION FAITE DE EUX PETITES SIESTES
JIM DAVIS 10-19

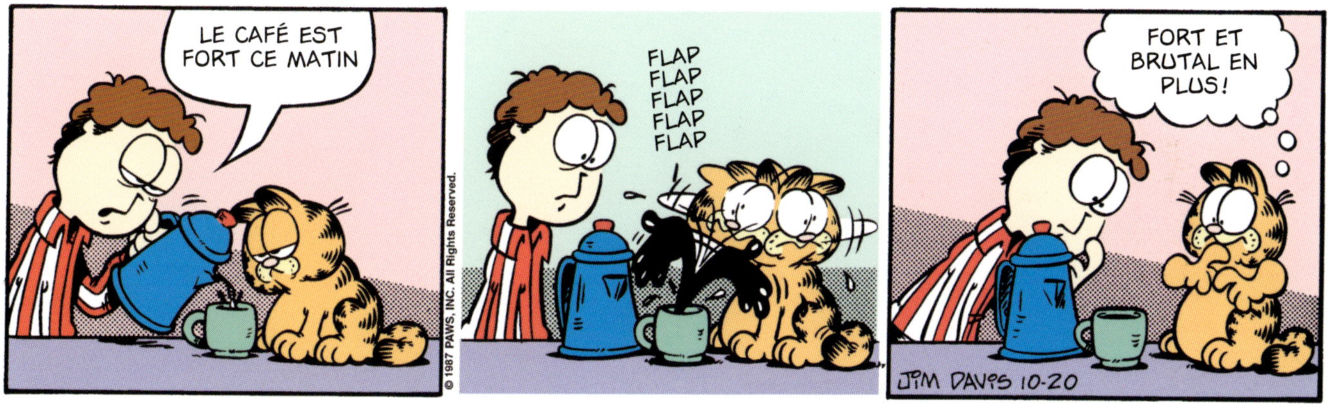
LE CAFÉ EST FORT CE MATIN
FLAP FLAP FLAP FLAP FLAP
FORT ET BRUTAL EN PLUS!
JIM DAVIS 10-20

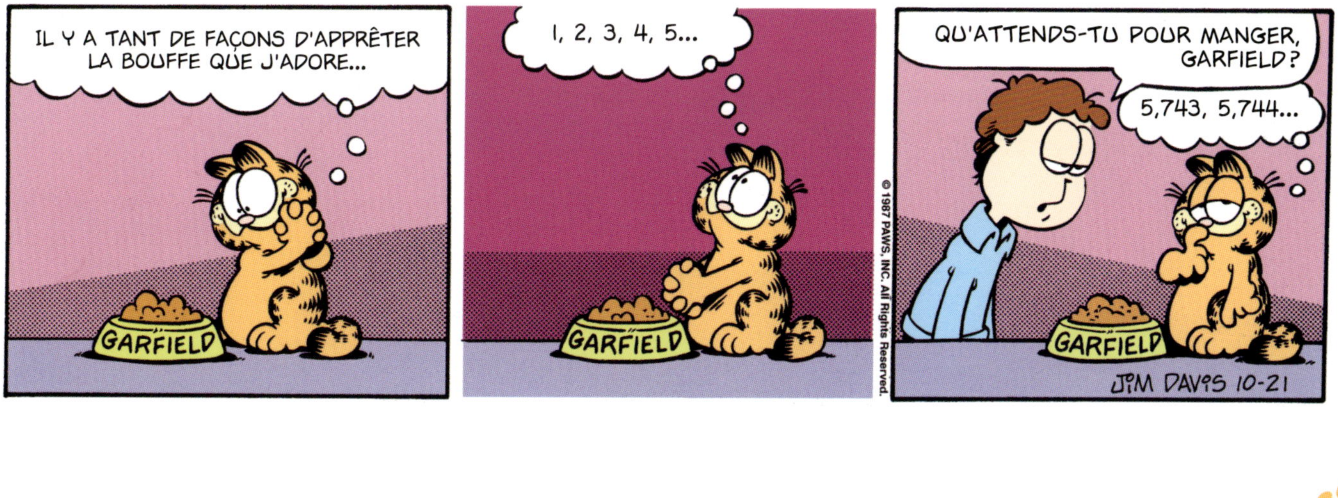
IL Y A TANT DE FAÇONS D'APPRÊTER LA BOUFFE QUE J'ADORE...
GARFIELD
1, 2, 3, 4, 5...
GARFIELD
QU'ATTENDS-TU POUR MANGER, GARFIELD?
5,743, 5,744...
GARFIELD
JIM DAVIS 10-21

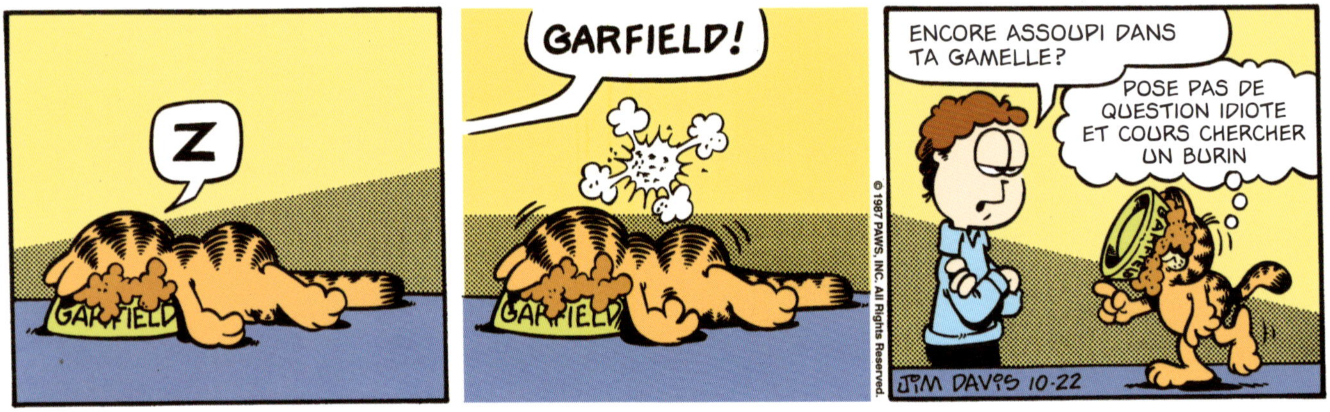
Z
GARFIELD!
ENCORE ASSOUPI DANS TA GAMELLE?
POSE PAS DE QUESTION IDIOTE ET COURS CHERCHER UN BURIN
© 1987 PAWS, INC. All Rights Reserved.
JIM DAVIS 10-22

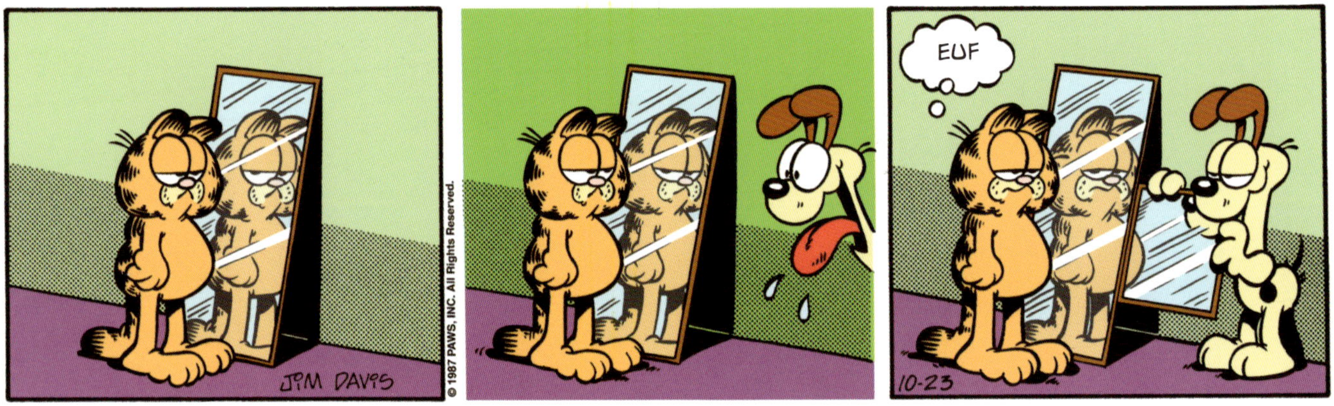
JIM DAVIS
© 1987 PAWS, INC. All Rights Reserved.
EUF
10-23

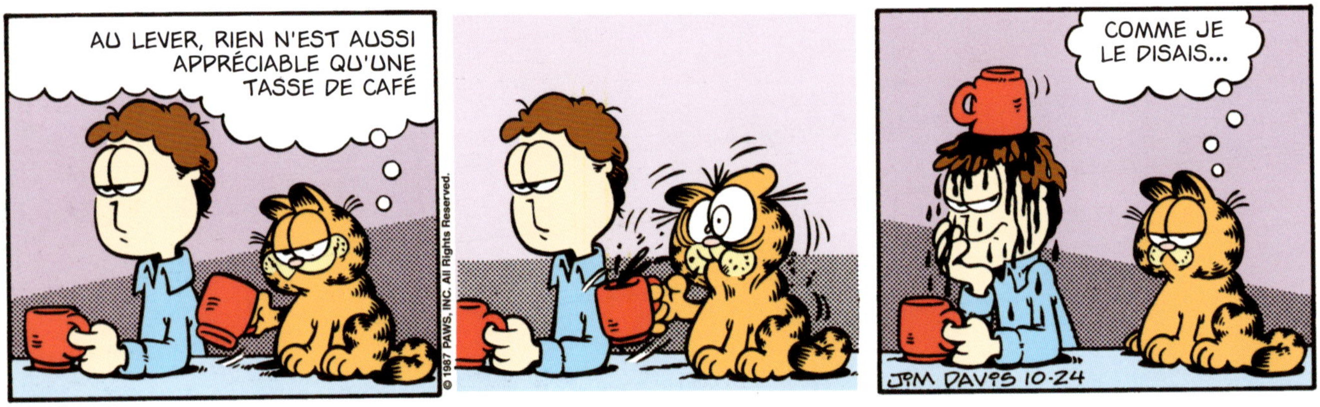
AU LEVER, RIEN N'EST AUSSI APPRÉCIABLE QU'UNE TASSE DE CAFÉ
© 1987 PAWS, INC. All Rights Reserved.
COMME JE LE DISAIS...
JIM DAVIS 10-24

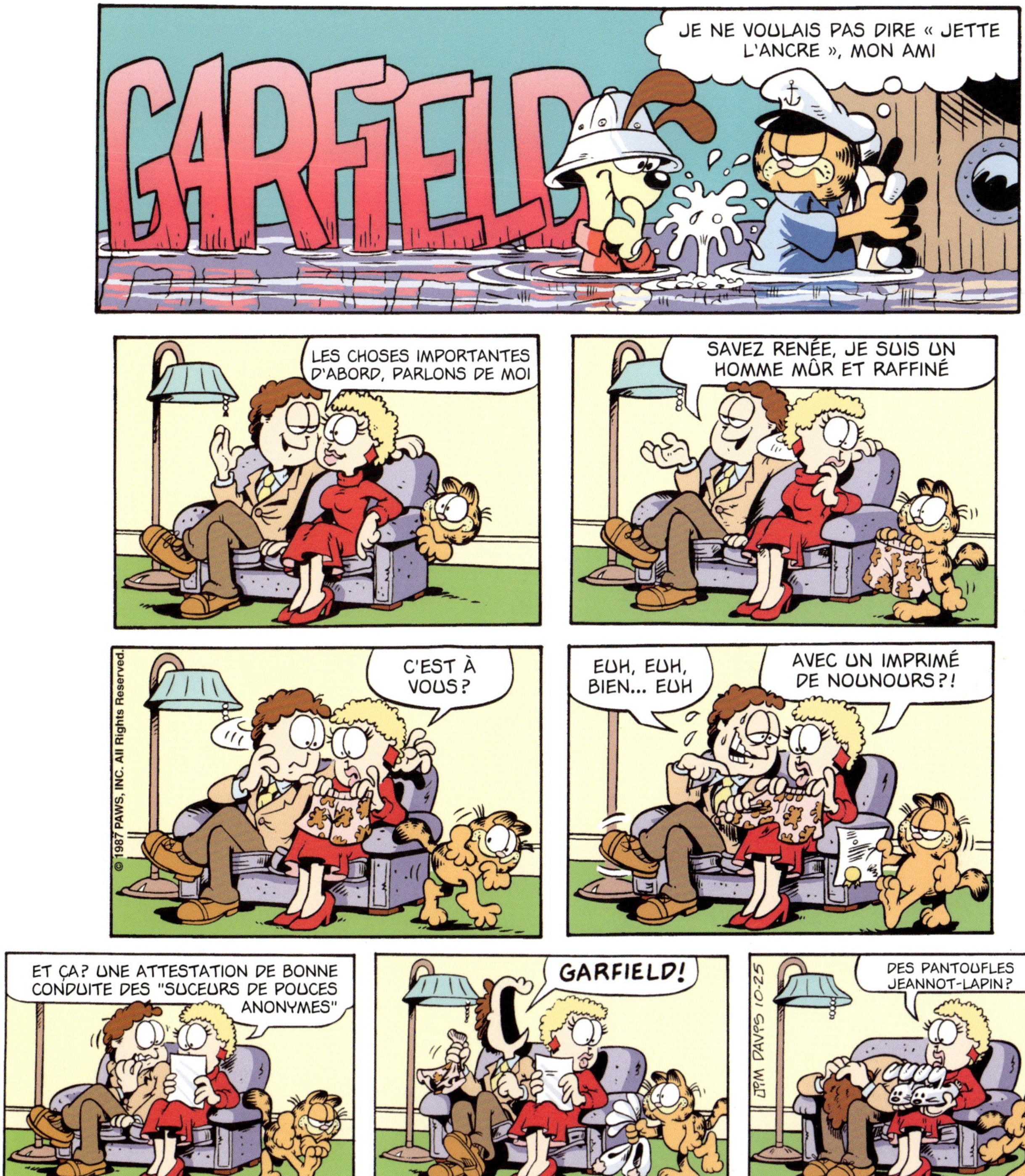
GARFIELD
JE NE VOULAIS PAS DIRE « JETTE L'ANCRE », MON AMI
LES CHOSES IMPORTANTES D'ABORD, PARLONS DE MOI
SAVEZ RENÉE, JE SUIS UN HOMME MÛR ET RAFFINÉ
© 1987 PAWS, INC. All Rights Reserved.
C'EST À VOUS?
EUH, EUH, BIEN... EUH
AVEC UN IMPRIMÉ DE NOUNOURS?!
ET ÇA? UNE ATTESTATION DE BONNE CONDUITE DES "SUCEURS DE POUCES ANONYMES"
GARFIELD!
JIM DAVIS 10-25
DES PANTOUFLES JEANNOT-LAPIN?

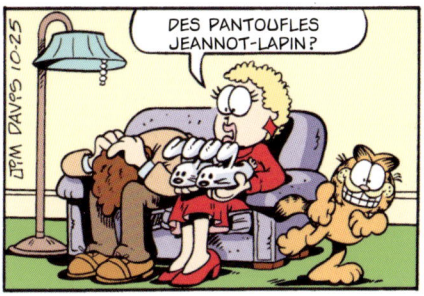

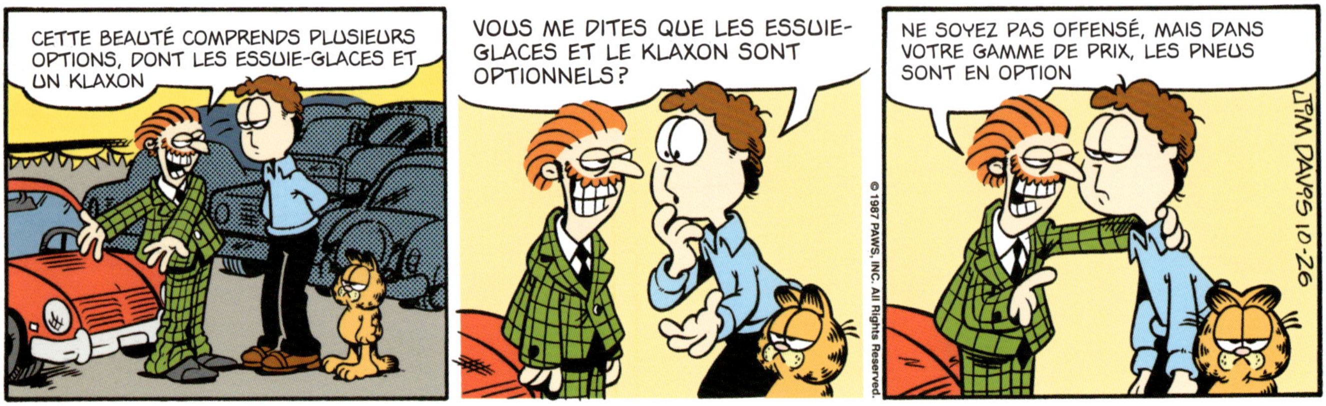
CETTE BEAUTÉ COMPRENDS PLUSIEURS OPTIONS, DONT LES ESSUIE-GLACES ET UN KLAXON
VOUS ME DITES QUE LES ESSUIE-GLACES ET LE KLAXON SONT OPTIONNELS?
NE SOYEZ PAS OFFENSÉ, MAIS DANS VOTRE GAMME DE PRIX, LES PNEUS SONT EN OPTION
JIM DAVIS 10-26
© 1987 PAWS, INC. All Rights Reserved.

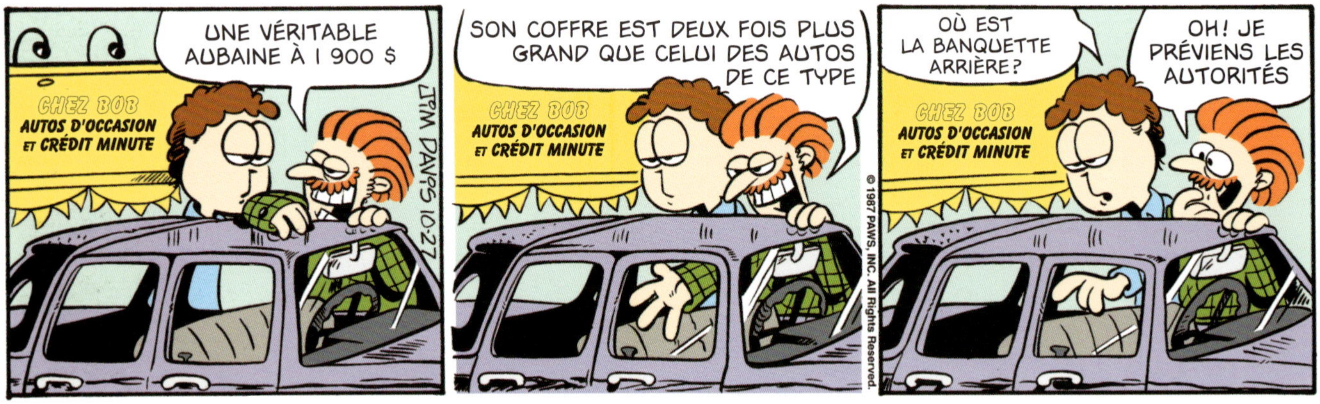
CHEZ BOB
AUTOS D'OCCASION ET CRÉDIT MINUTE
UNE VÉRITABLE AUBAINE À 1 900 $
JIM DAVIS 10-27
SON COFFRE EST DEUX FOIS PLUS GRAND QUE CELUI DES AUTOS DE CE TYPE
© 1987 PAWS, INC. All Rights Reserved.
OÙ EST LA BANQUETTE ARRIÈRE?
OH! JE PRÉVIENS LES AUTORITÉS

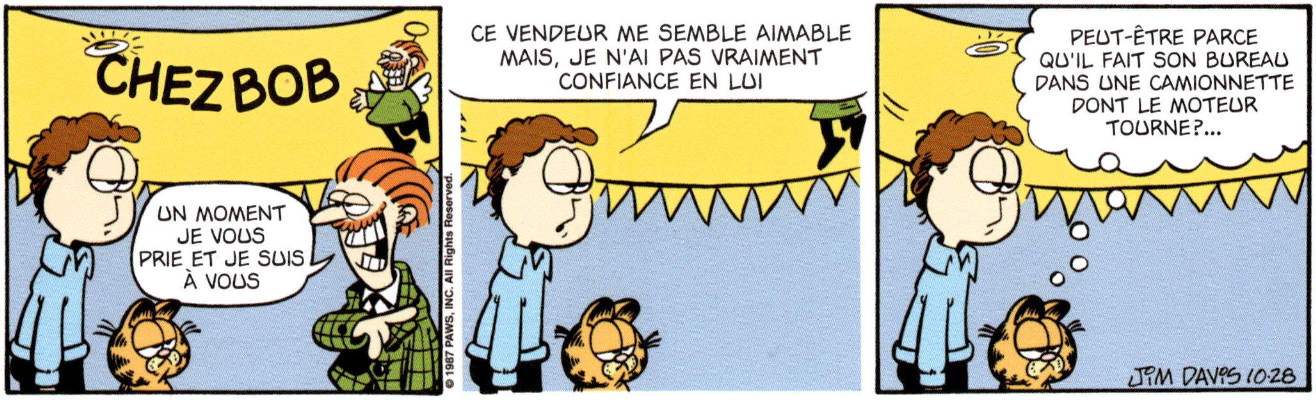
CHEZ BOB
UN MOMENT JE VOUS PRIE ET JE SUIS À VOUS
© 1987 PAWS, INC. All Rights Reserved.
CE VENDEUR ME SEMBLE AIMABLE MAIS, JE N'AI PAS VRAIMENT CONFIANCE EN LUI
PEUT-ÊTRE PARCE QU'IL FAIT SON BUREAU DANS UNE CAMIONNETTE DONT LE MOTEUR TOURNE?...
JIM DAVIS 10-28

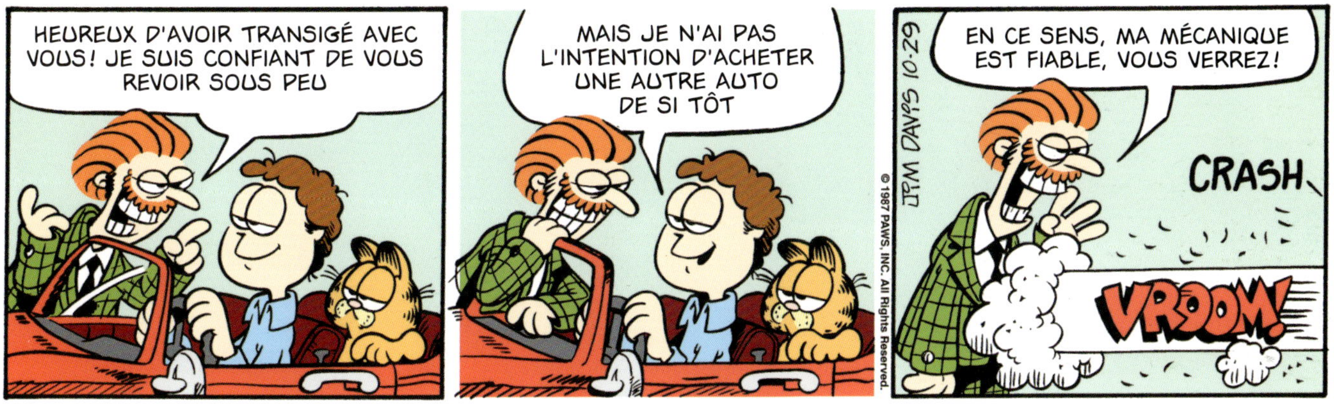
HEUREUX D'AVOIR TRANSIGÉ AVEC VOUS! JE SUIS CONFIANT DE VOUS REVOIR SOUS PEU
MAIS JE N'AI PAS L'INTENTION D'ACHETER UNE AUTRE AUTO DE SI TÔT
© 1987 PAWS, INC. All Rights Reserved.
JIM DAVIS 10-29
EN CE SENS, MA MÉCANIQUE EST FIABLE, VOUS VERREZ!
CRASH
VROOM!

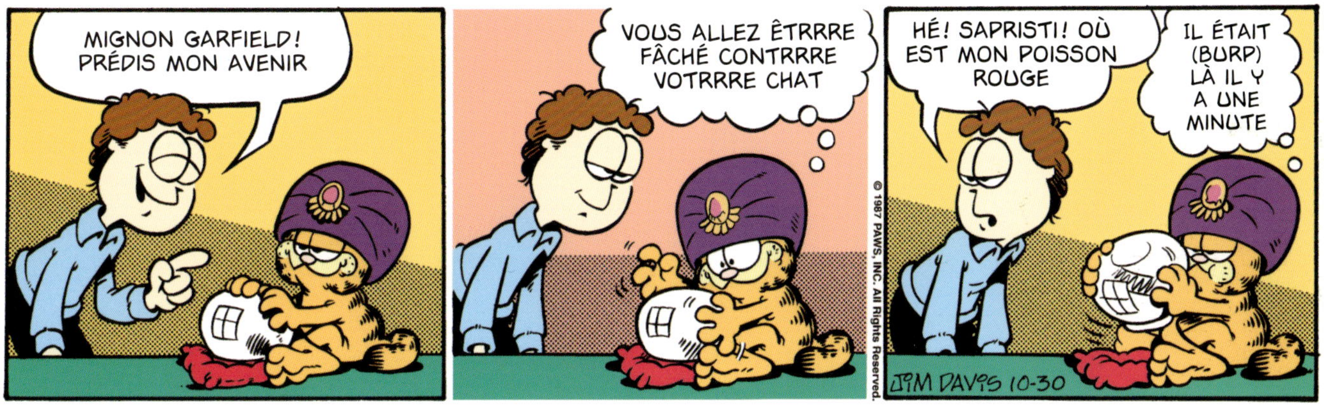
MIGNON GARFIELD! PRÉDIS MON AVENIR
VOUS ALLEZ ÊTRRRE FÂCHÉ CONTRRRE VOTRRRE CHAT
© 1987 PAWS, INC. All Rights Reserved.
HÉ! SAPRISTI! OÙ EST MON POISSON ROUGE
IL ÉTAIT (BURP) LÀ IL Y A UNE MINUTE
JIM DAVIS 10-30

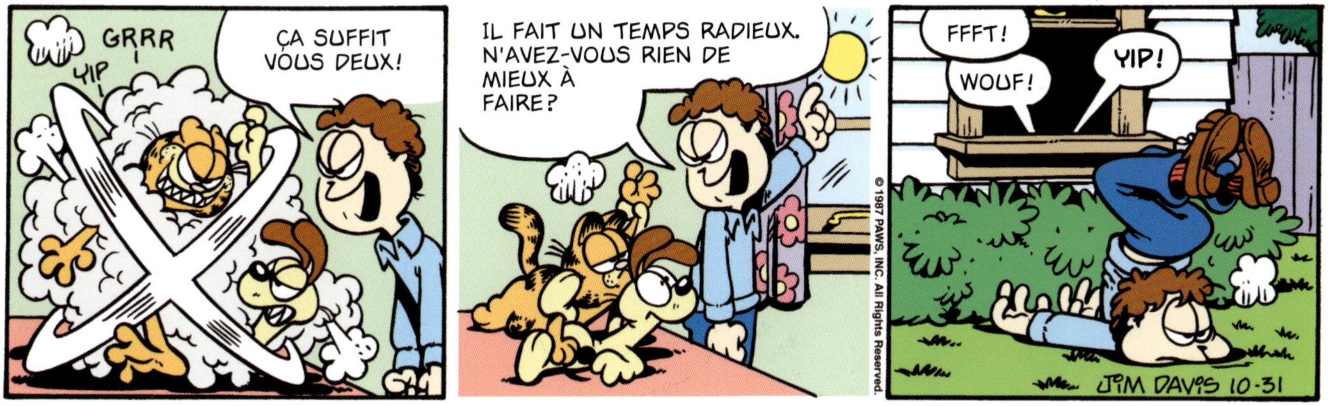
GRRR
YIP
ÇA SUFFIT VOUS DEUX!
IL FAIT UN TEMPS RADIEUX. N'AVEZ-VOUS RIEN DE MIEUX À FAIRE?
© 1987 PAWS, INC. All Rights Reserved.
FFFT!
WOUF!
YIP!
JIM DAVIS 10-31

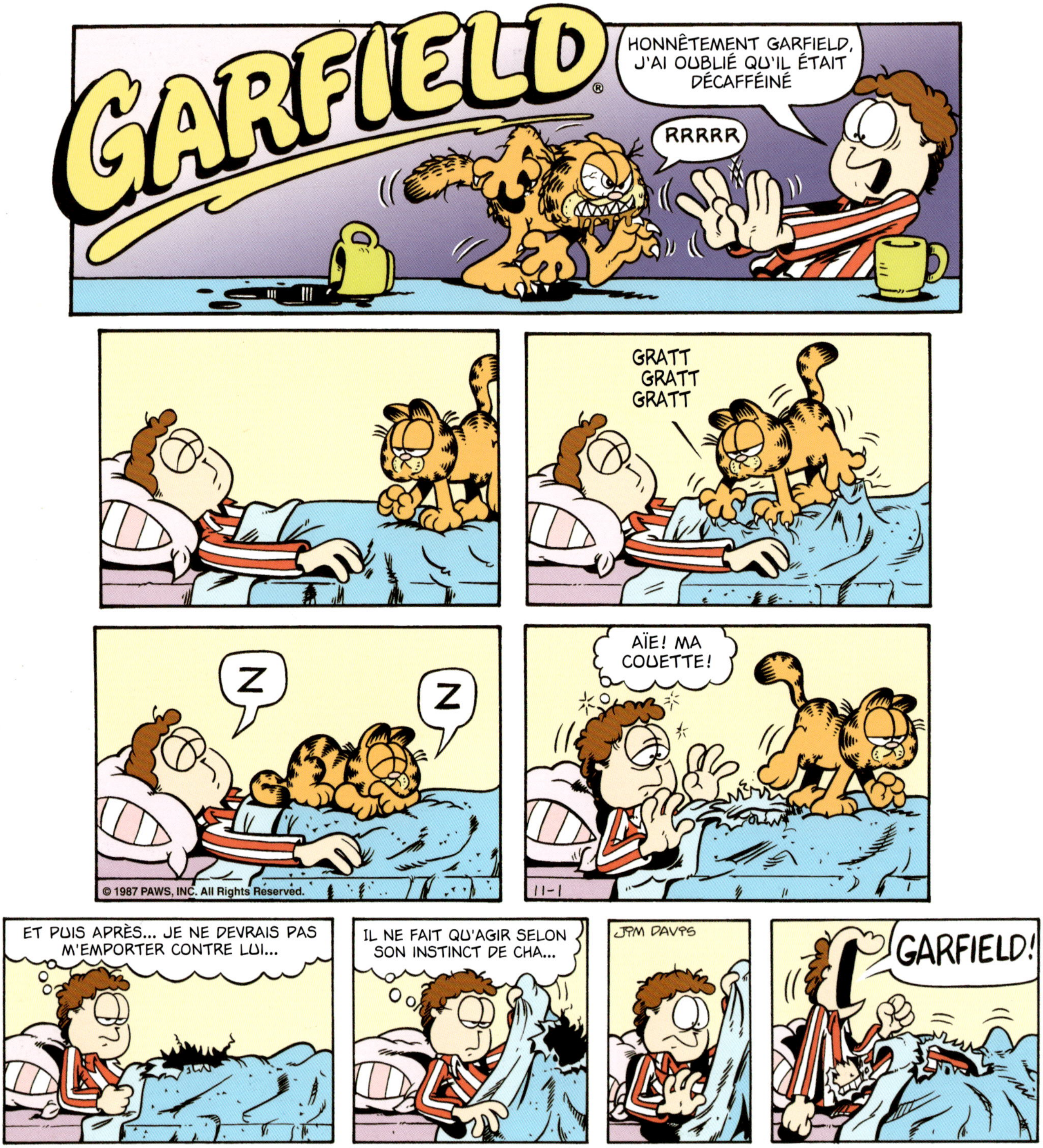
GARFIELD®
HONNÊTEMENT GARFIELD, J'AI OUBLIÉ QU'IL ÉTAIT DÉCAFFÉINÉ
RRRRR
GRATT GRATT GRATT
Z
Z
© 1987 PAWS, INC. All Rights Reserved.
AÏE! MA COUETTE!
11-1
ET PUIS APRÈS... JE NE DEVRAIS PAS M'EMPORTER CONTRE LUI...
IL NE FAIT QU'AGIR SELON SON INSTINCT DE CHA...
JIM DAVIS
GARFIELD!

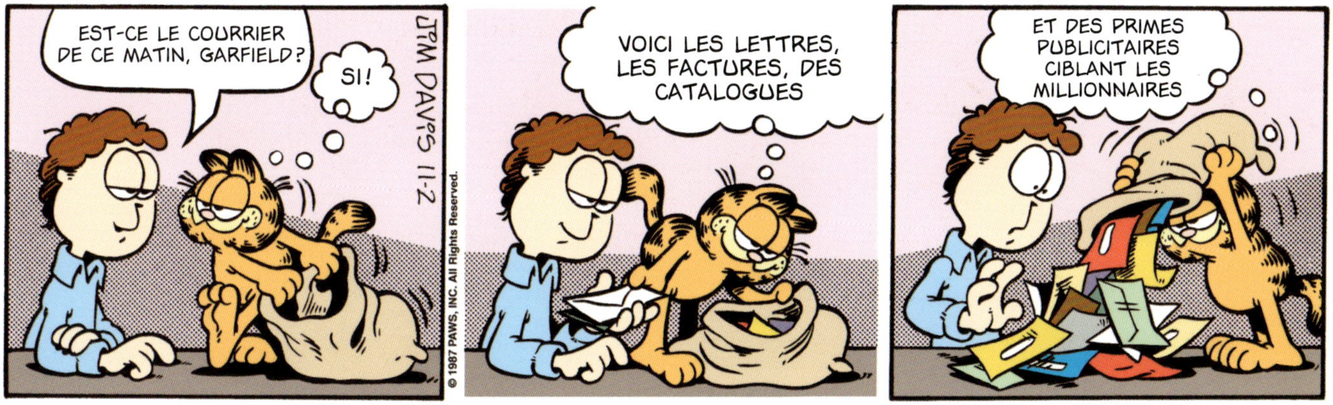
EST-CE LE COURRIER DE CE MATIN, GARFIELD?
SI!
JIM DAVIS 11-2
© 1987 PAWS, INC. All Rights Reserved.
VOICI LES LETTRES, LES FACTURES, DES CATALOGUES
ET DES PRIMES PUBLICITAIRES CIBLANT LES MILLIONNAIRES

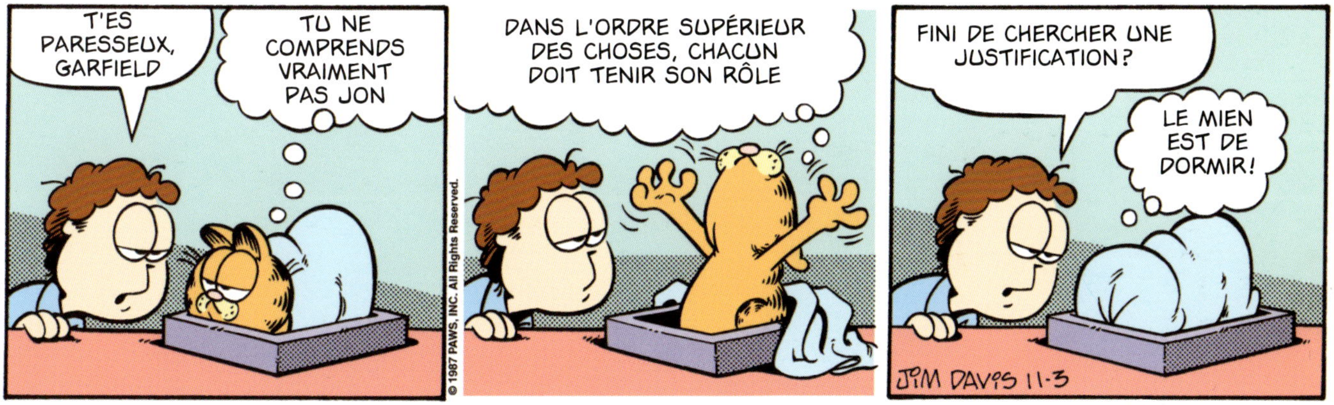
T'ES PARESSEUX, GARFIELD
TU NE COMPRENDS VRAIMENT PAS JON
© 1987 PAWS, INC. All Rights Reserved.
DANS L'ORDRE SUPÉRIEUR DES CHOSES, CHACUN DOIT TENIR SON RÔLE
FINI DE CHERCHER UNE JUSTIFICATION?
LE MIEN EST DE DORMIR!
JIM DAVIS 11-3

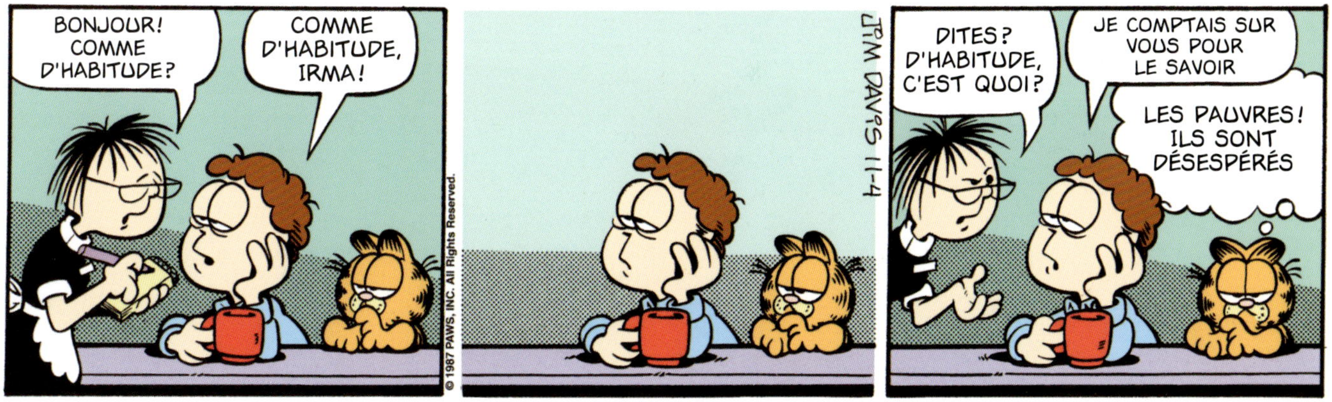
BONJOUR! COMME D'HABITUDE?
COMME D'HABITUDE, IRMA!
© 1987 PAWS, INC. All Rights Reserved.
JIM DAVIS 11-4
DITES? D'HABITUDE, C'EST QUOI?
JE COMPTAIS SUR VOUS POUR LE SAVOIR
LES PAUVRES! ILS SONT DÉSESPÉRÉS

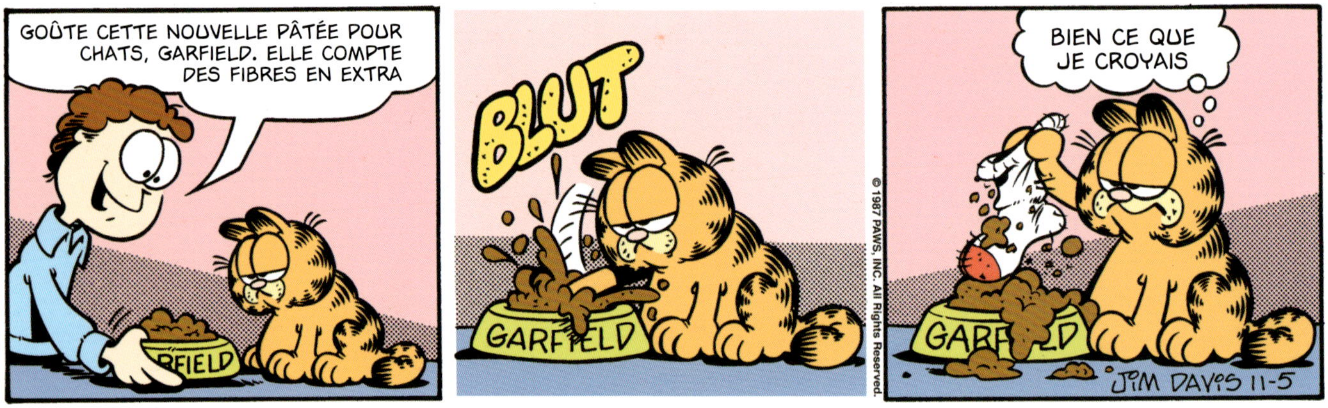
GOÛTE CETTE NOUVELLE PÂTÉE POUR CHATS, GARFIELD. ELLE COMPTE DES FIBRES EN EXTRA
BLUT
BIEN CE QUE JE CROYAIS
© 1987 PAWS, INC. All Rights Reserved.
JIM DAVIS 11-5

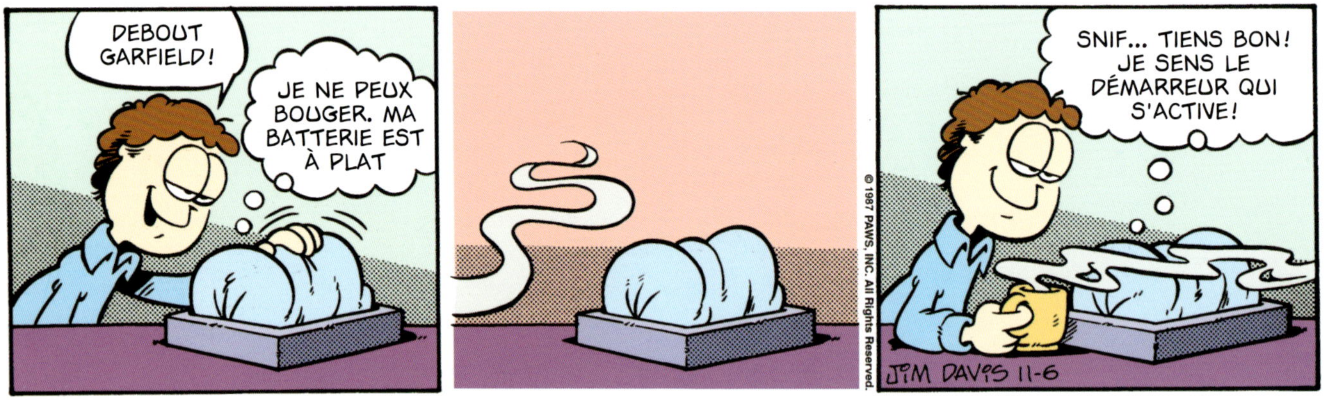
DEBOUT GARFIELD!
JE NE PEUX BOUGER. MA BATTERIE EST À PLAT
SNIF... TIENS BON! JE SENS LE DÉMARREUR QUI S'ACTIVE!
© 1987 PAWS, INC. All Rights Reserved.
JIM DAVIS 11-6

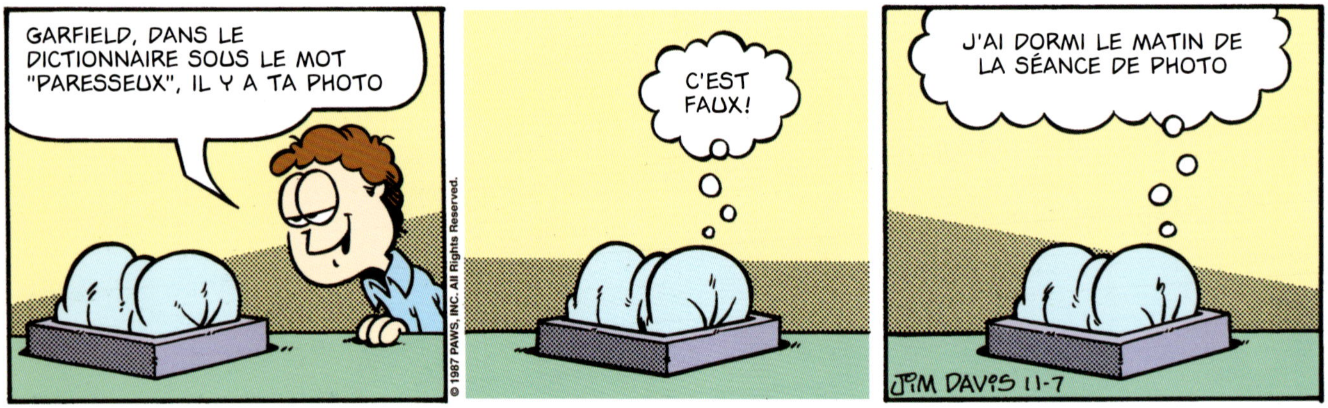
GARFIELD, DANS LE DICTIONNAIRE SOUS LE MOT "PARESSEUX", IL Y A TA PHOTO
C'EST FAUX!
J'AI DORMI LE MATIN DE LA SÉANCE DE PHOTO
© 1987 PAWS, INC. All Rights Reserved.
JIM DAVIS 11-7

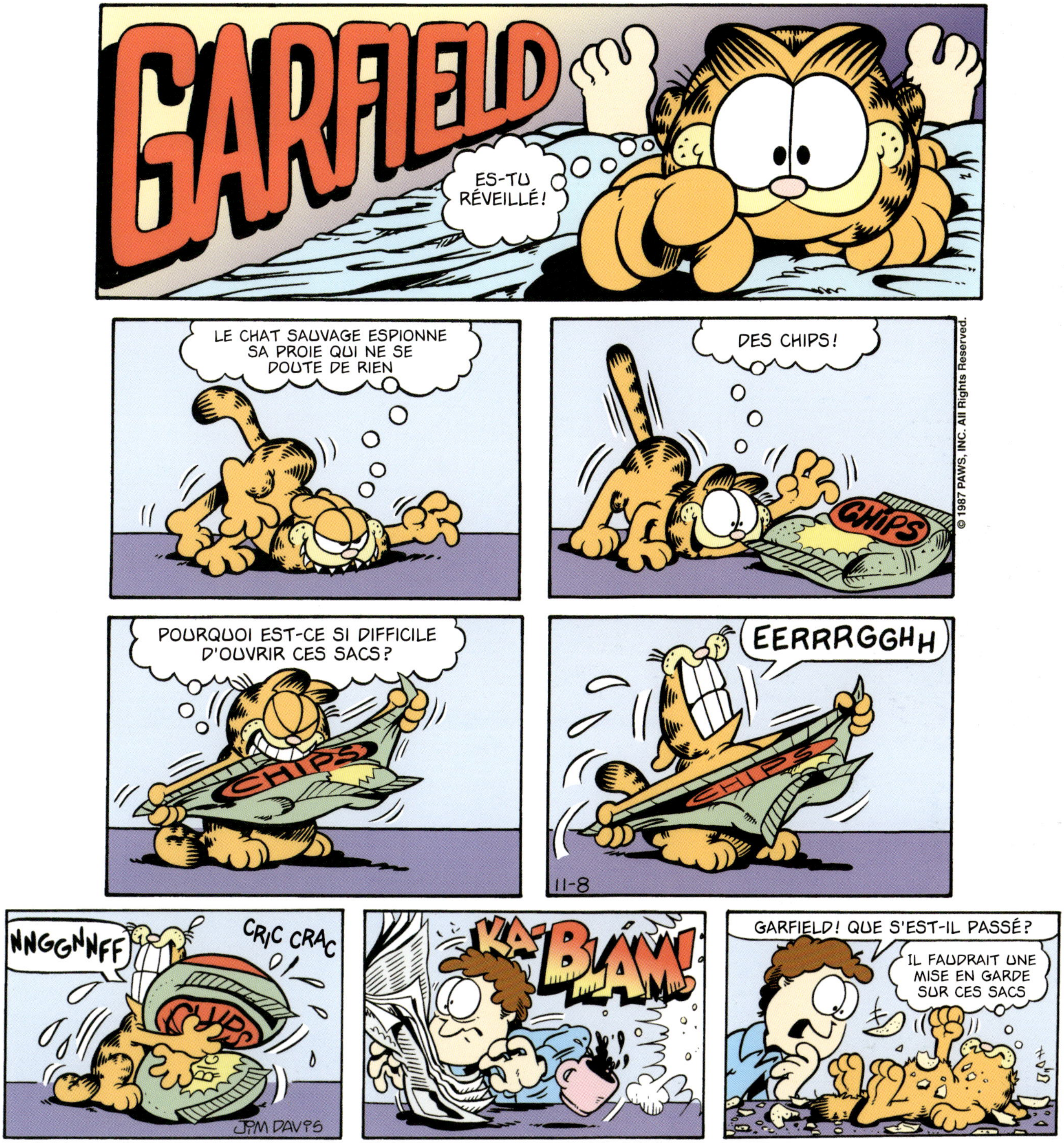
GARFIELD
ES-TU RÉVEILLÉ!
LE CHAT SAUVAGE ESPIONNE SA PROIE QUI NE SE DOUTE DE RIEN
DES CHIPS!
CHIPS
© 1987 PAWS, INC. All Rights Reserved.
POURQUOI EST-CE SI DIFFICILE D'OUVRIR CES SACS?
CHIPS
EERRRGGHH
CHIPS
11-8
NNGGNNFF
CRIC CRAC
CHIPS
JIM DAVIS
KA-BLAM!
GARFIELD! QUE S'EST-IL PASSÉ?
IL FAUDRAIT UNE MISE EN GARDE SUR CES SACS

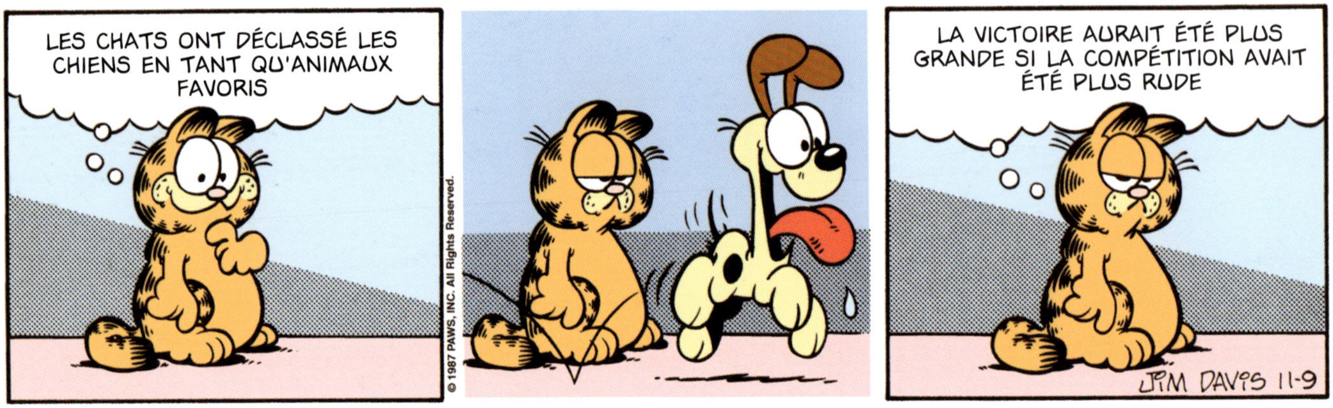
LES CHATS ONT DÉCLASSÉ LES CHIENS EN TANT QU'ANIMAUX FAVORIS
© 1987 PAWS, INC. All Rights Reserved.
LA VICTOIRE AURAIT ÉTÉ PLUS GRANDE SI LA COMPÉTITION AVAIT ÉTÉ PLUS RUDE
JIM DAVIS 11-9

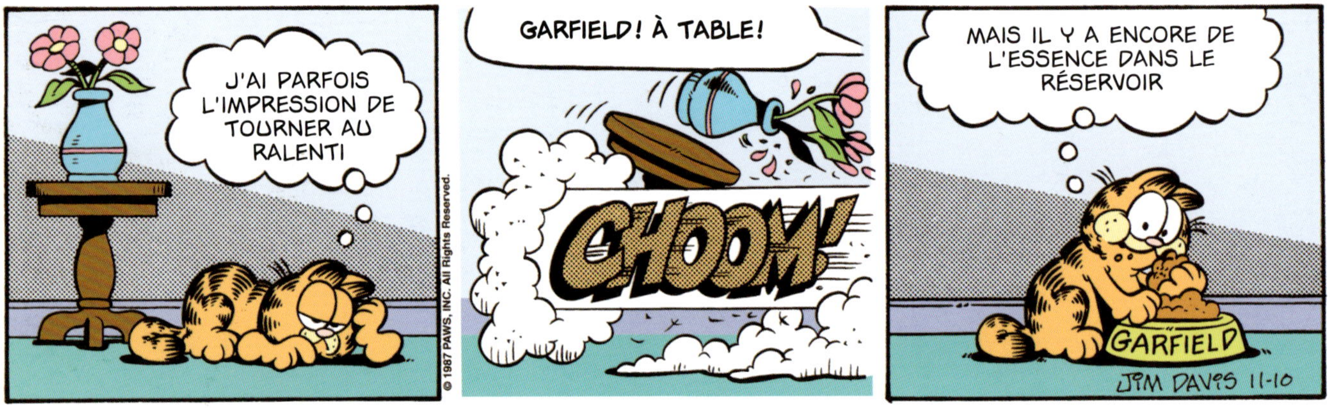
J'AI PARFOIS L'IMPRESSION DE TOURNER AU RALENTI
© 1987 PAWS, INC. All Rights Reserved.
GARFIELD! À TABLE!
CHOOM!
MAIS IL Y A ENCORE DE L'ESSENCE DANS LE RÉSERVOIR
GARFIELD
JIM DAVIS 11-10

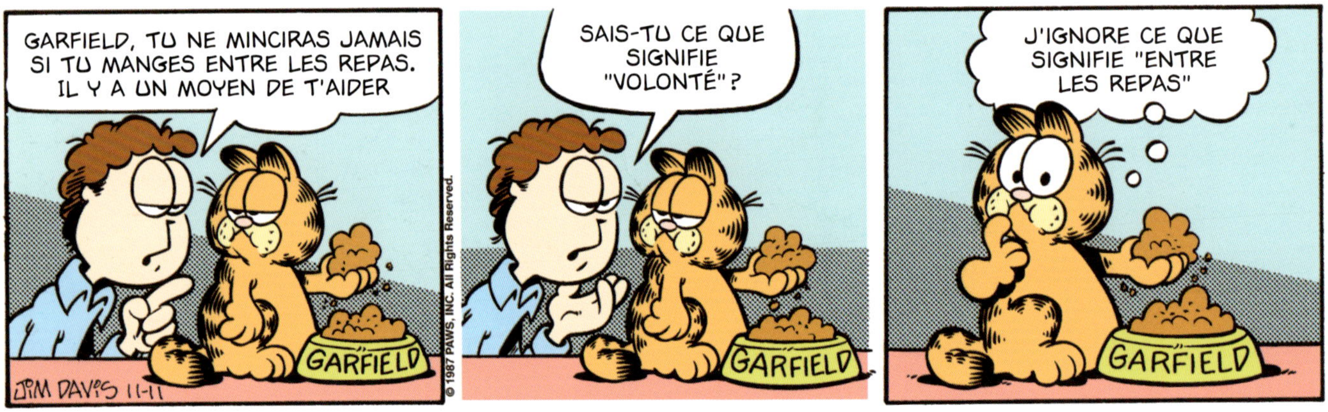
GARFIELD, TU NE MINCIRAS JAMAIS SI TU MANGES ENTRE LES REPAS. IL Y A UN MOYEN DE T'AIDER
GARFIELD
JIM DAVIS 11-11
© 1987 PAWS, INC. All Rights Reserved.
SAIS-TU CE QUE SIGNIFIE "VOLONTÉ"?
GARFIELD
J'IGNORE CE QUE SIGNIFIE "ENTRE LES REPAS"
GARFIELD

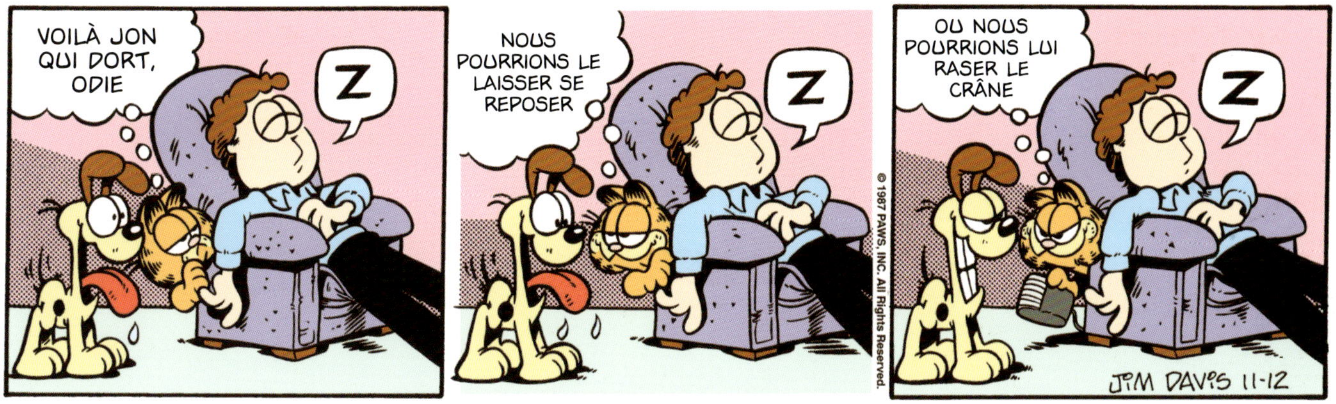
VOILÀ JON QUI DORT, ODIE
Z
NOUS POURRIONS LE LAISSER SE REPOSER
Z
OU NOUS POURRIONS LUI RASER LE CRÂNE
Z
© 1987 PAWS, INC. All Rights Reserved.
JIM DAVIS 11-12

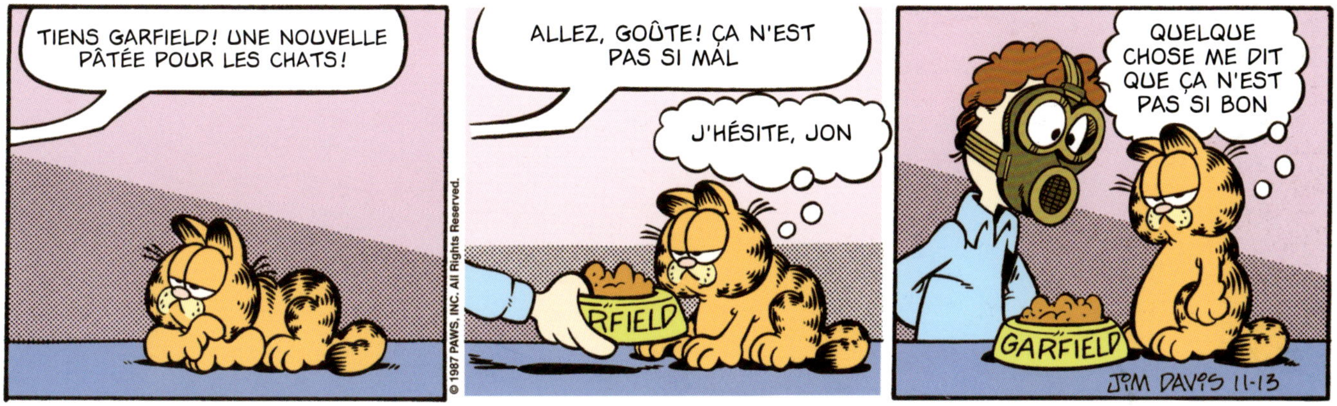
TIENS GARFIELD! UNE NOUVELLE PÂTÉE POUR LES CHATS!
ALLEZ, GOÛTE! ÇA N'EST PAS SI MAL
J'HÉSITE, JON
RFIELD
QUELQUE CHOSE ME DIT QUE ÇA N'EST PAS SI BON
GARFIELD
© 1987 PAWS, INC. All Rights Reserved.
JIM DAVIS 11-13

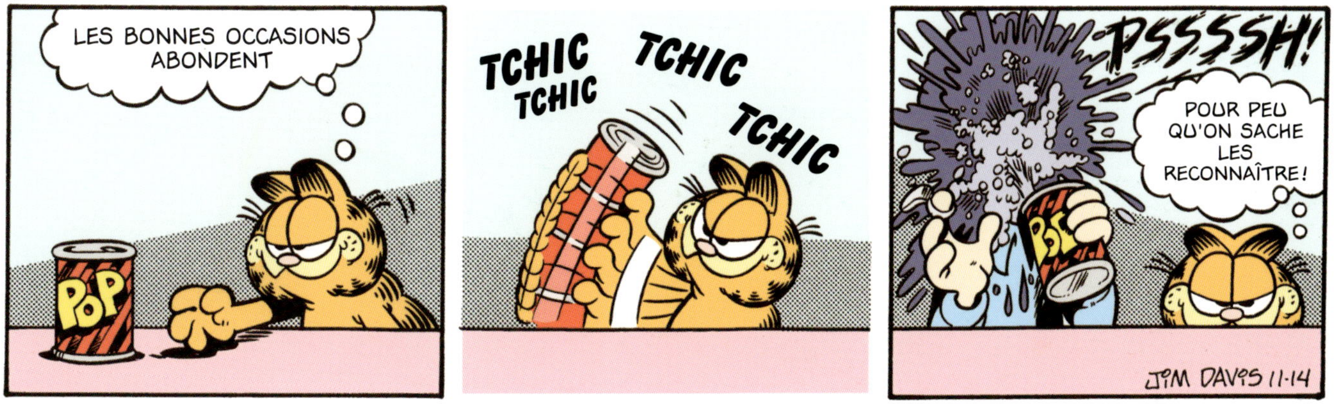
LES BONNES OCCASIONS ABONDENT
POP
TCHIC TCHIC
TCHIC
TCHIC
PSSSSH!
POUR PEU QU'ON SACHE LES RECONNAÎTRE!
JIM DAVIS 11-14

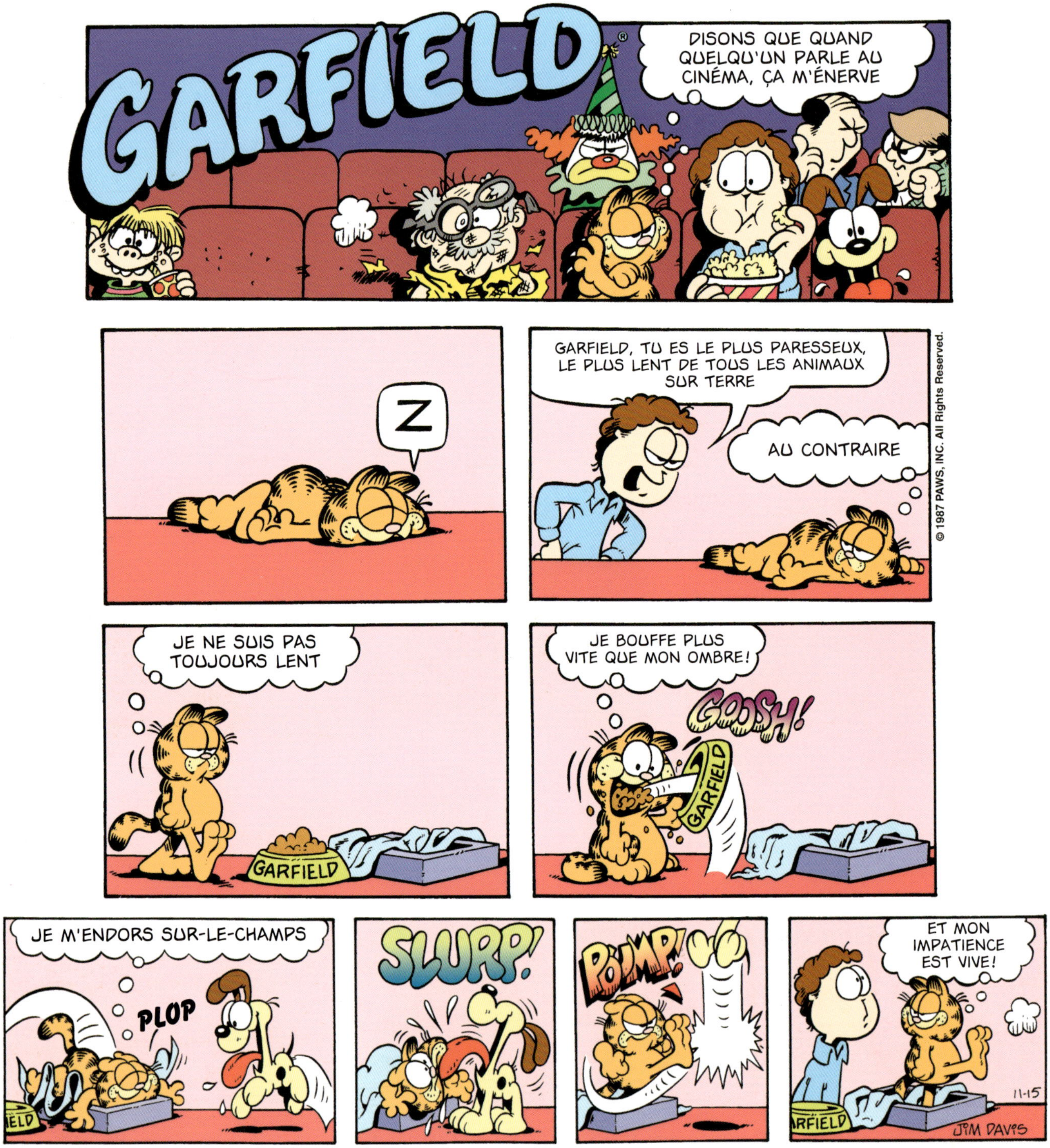
GARFIELD®
DISONS QUE QUAND QUELQU'UN PARLE AU CINÉMA, ÇA M'ÉNERVE
Z
GARFIELD, TU ES LE PLUS PARESSEUX, LE PLUS LENT DE TOUS LES ANIMAUX SUR TERRE
AU CONTRAIRE
© 1987 PAWS, INC. All Rights Reserved.
JE NE SUIS PAS TOUJOURS LENT
GARFIELD
JE BOUFFE PLUS VITE QUE MON OMBRE!
GOOSH!
GARFIELD
JE M'ENDORS SUR-LE-CHAMPS
PLOP
SLURP!
POMP!
ET MON IMPATIENCE EST VIVE!
11-15
JIM DAVIS

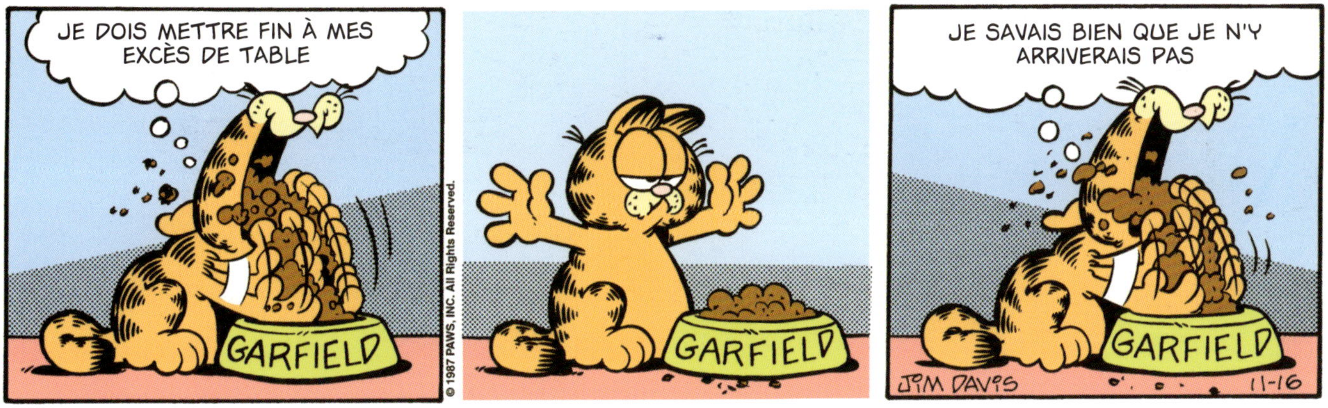
JE DOIS METTRE FIN À MES EXCÈS DE TABLE
© 1987 PAWS, INC. All Rights Reserved.
JE SAVAIS BIEN QUE JE N'Y ARRIVERAIS PAS
GARFIELD
JIM DAVIS 11-16

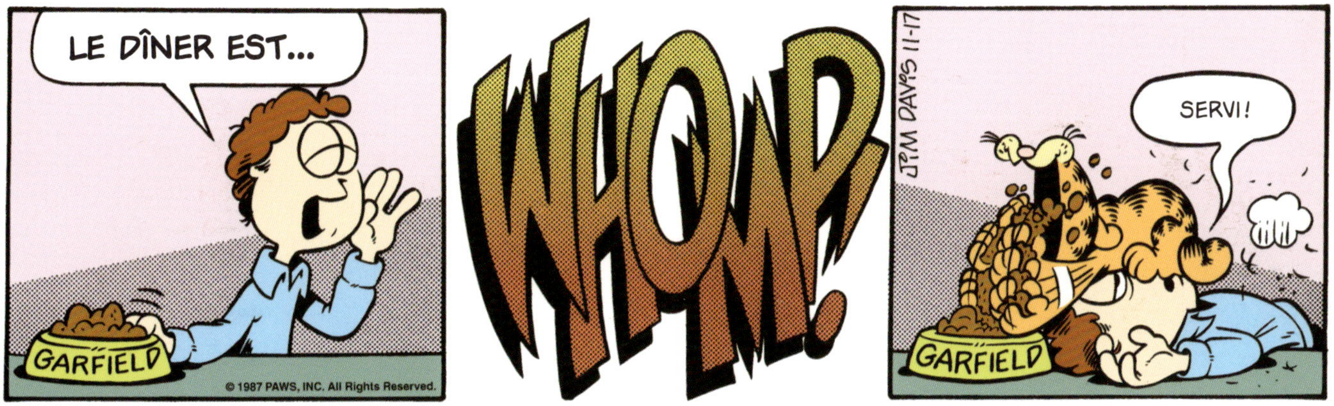
LE DÎNER EST...
GARFIELD
© 1987 PAWS, INC. All Rights Reserved.
WHOMP!
JIM DAVIS 11-17
SERVI!

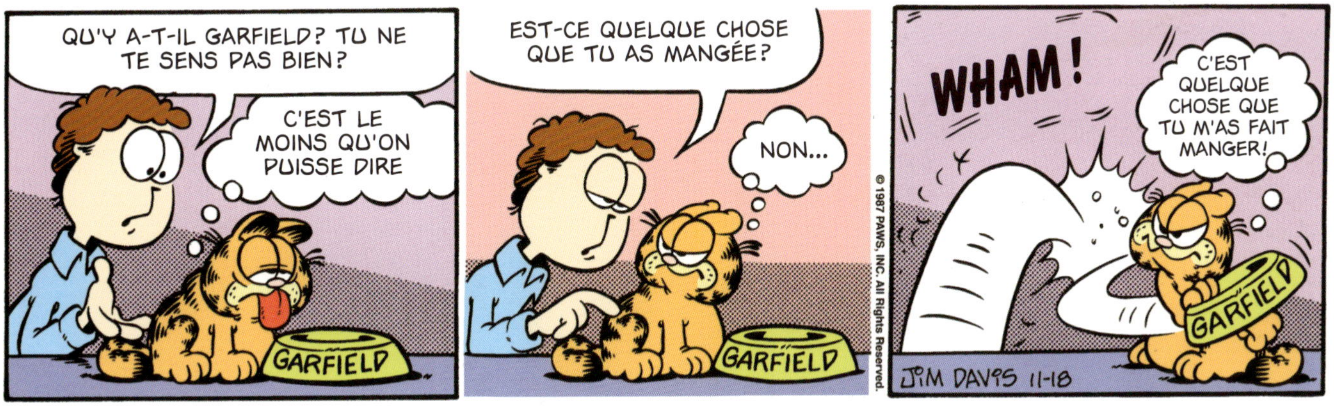
QU'Y A-T-IL GARFIELD? TU NE TE SENS PAS BIEN?
C'EST LE MOINS QU'ON PUISSE DIRE
EST-CE QUELQUE CHOSE QUE TU AS MANGÉE?
NON...
© 1987 PAWS, INC. All Rights Reserved.
WHAM!
C'EST QUELQUE CHOSE QUE TU M'AS FAIT MANGER!
GARFIELD
JIM DAVIS 11-18

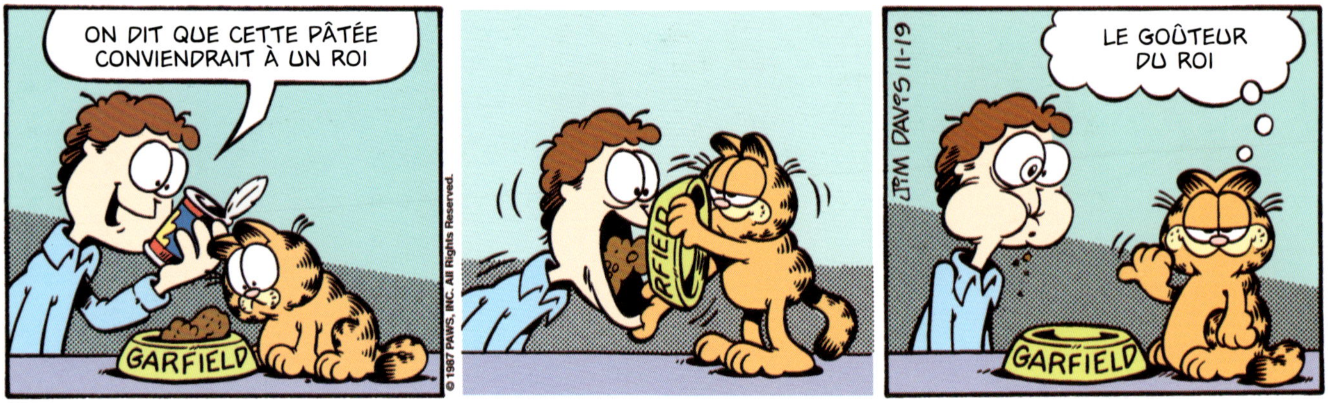
ON DIT QUE CETTE PÂTÉE CONVIENDRAIT À UN ROI
GARFIELD
© 1987 PAWS, INC. All Rights Reserved.
JIM DAVIS 11-19
LE GOÛTEUR DU ROI
GARFIELD

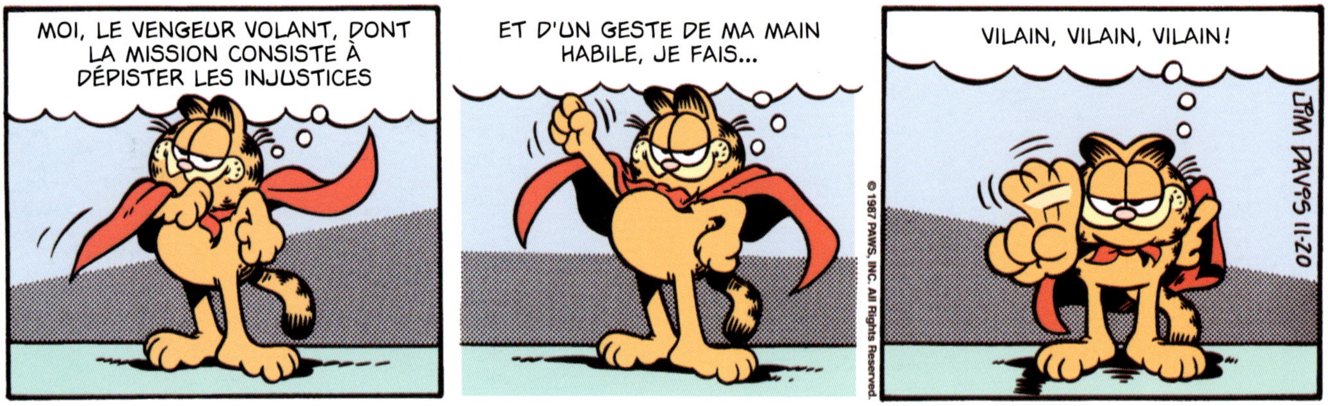
MOI, LE VENGEUR VOLANT, DONT LA MISSION CONSISTE À DÉPISTER LES INJUSTICES
ET D'UN GESTE DE MA MAIN HABILE, JE FAIS...
© 1987 PAWS, INC. All Rights Reserved.
VILAIN, VILAIN, VILAIN!
JIM DAVIS 11-20

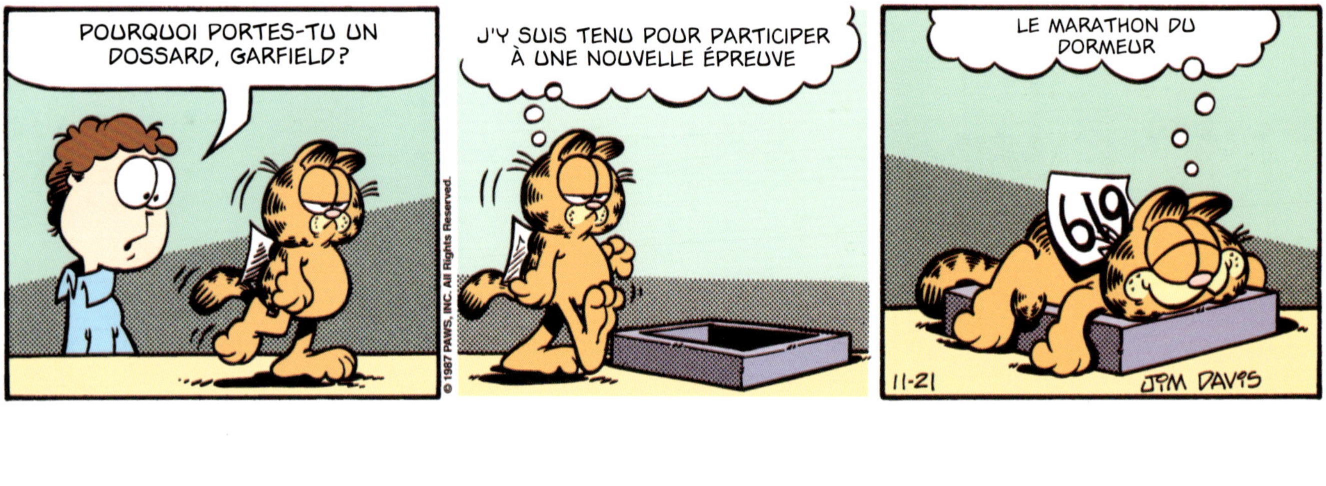
POURQUOI PORTES-TU UN DOSSARD, GARFIELD?
© 1987 PAWS, INC. All Rights Reserved.
J'Y SUIS TENU POUR PARTICIPER À UNE NOUVELLE ÉPREUVE
LE MARATHON DU DORMEUR
619
11-21
JIM DAVIS

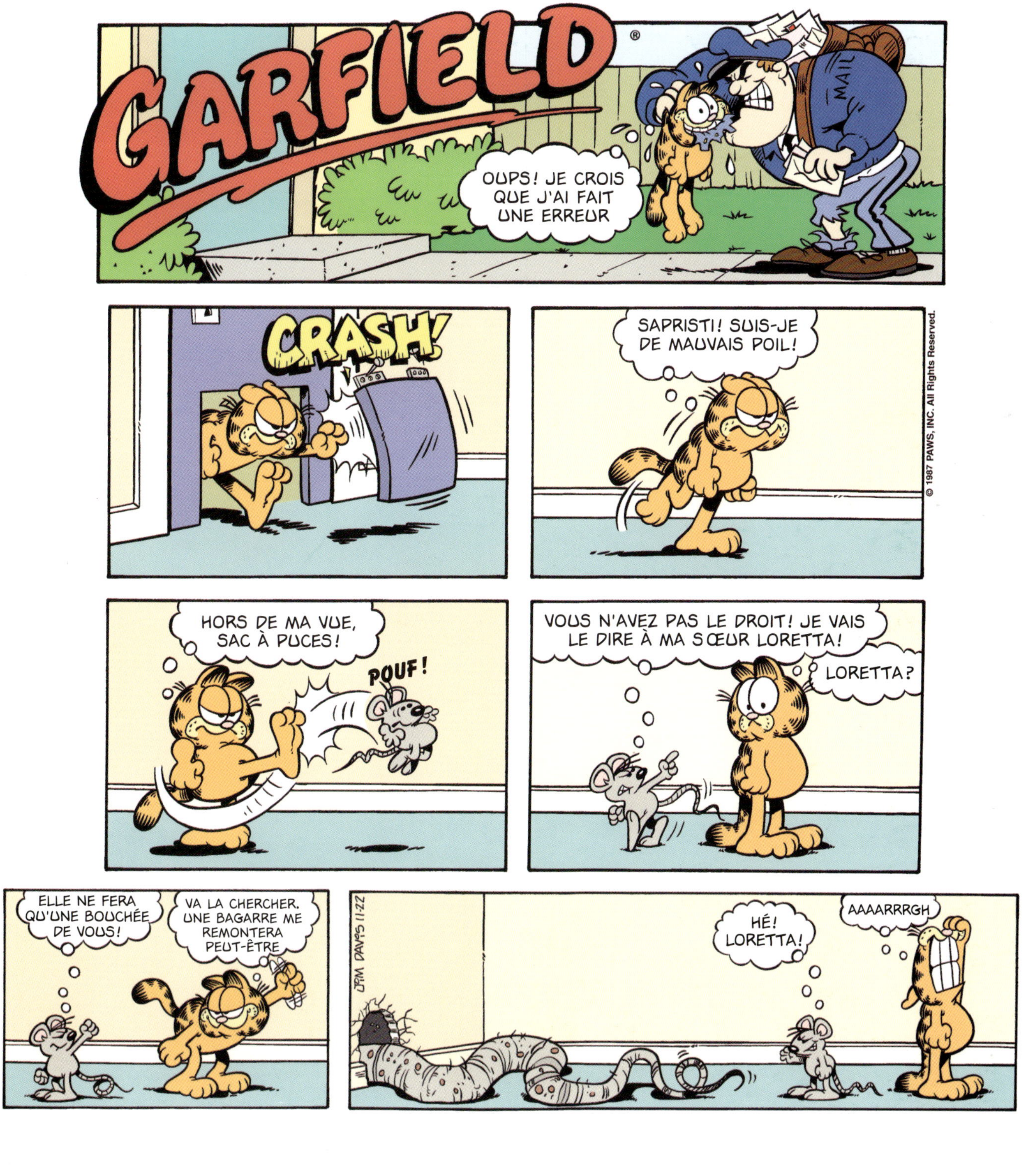
GARFIELD®
OUPS! JE CROIS QUE J'AI FAIT UNE ERREUR
CRASH!
SAPRISTI! SUIS-JE DE MAUVAIS POIL!
HORS DE MA VUE, SAC À PUCES!
POUF!
VOUS N'AVEZ PAS LE DROIT! JE VAIS LE DIRE À MA SŒUR LORETTA!
LORETTA?
ELLE NE FERA QU'UNE BOUCHÉE DE VOUS!
VA LA CHERCHER. UNE BAGARRE ME REMONTERA PEUT-ÊTRE
JIM DAVIS 11-22
HÉ! LORETTA!
AAAARRRGH

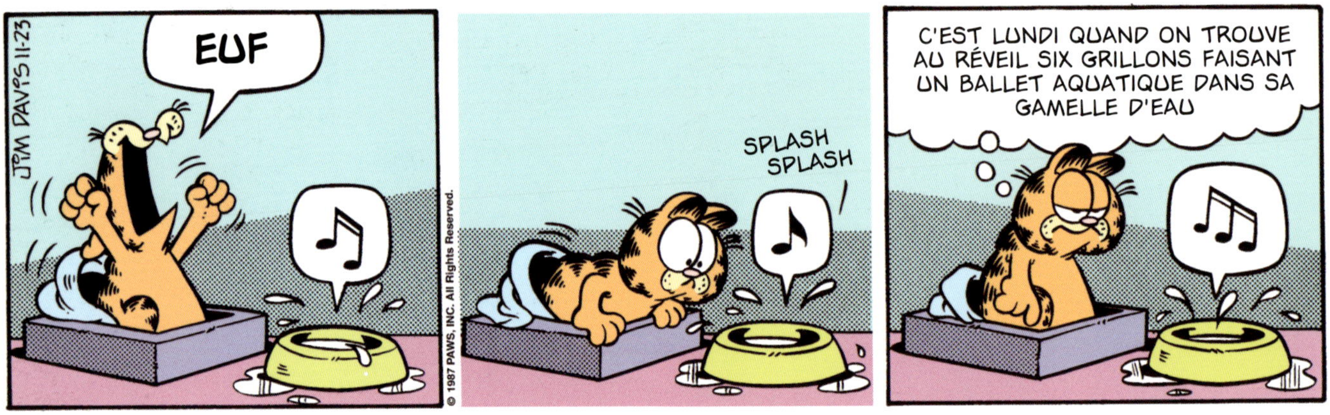
JIM DAVIS 11-23
EUF
SPLASH SPLASH
© 1987 PAWS, INC. All Rights Reserved.
C'EST LUNDI QUAND ON TROUVE AU RÉVEIL SIX GRILLONS FAISANT UN BALLET AQUATIQUE DANS SA GAMELLE D'EAU

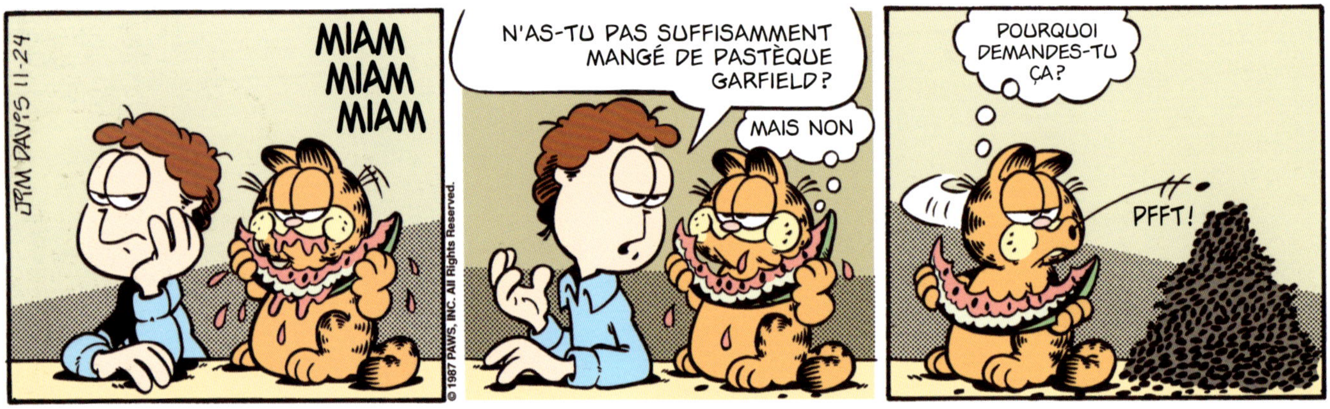
JIM DAVIS 11-24
MIAM MIAM MIAM
© 1987 PAWS, INC. All Rights Reserved.
N'AS-TU PAS SUFFISAMMENT MANGÉ DE PASTÈQUE GARFIELD?
MAIS NON
POURQUOI DEMANDES-TU ÇA?
PFFT!

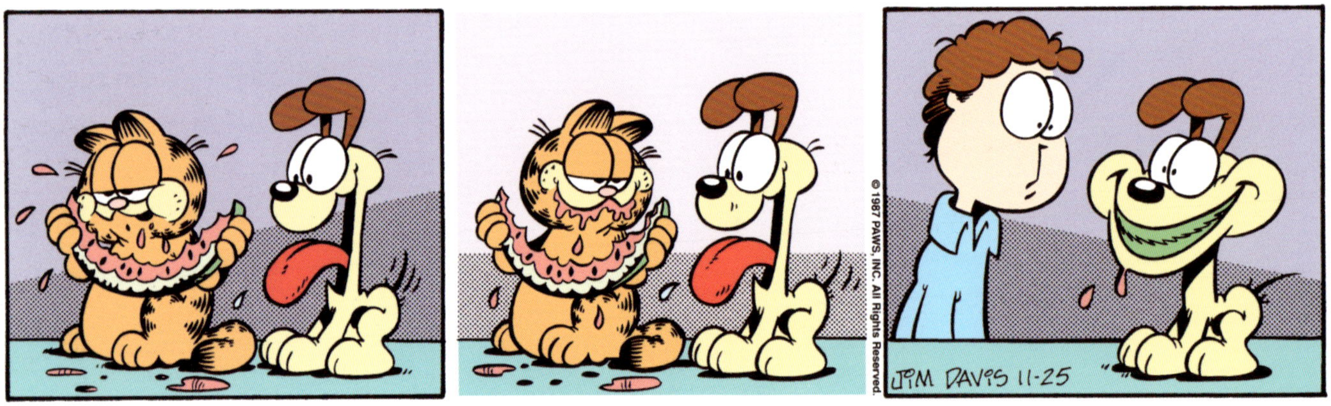
© 1987 PAWS, INC. All Rights Reserved.
JIM DAVIS 11-25

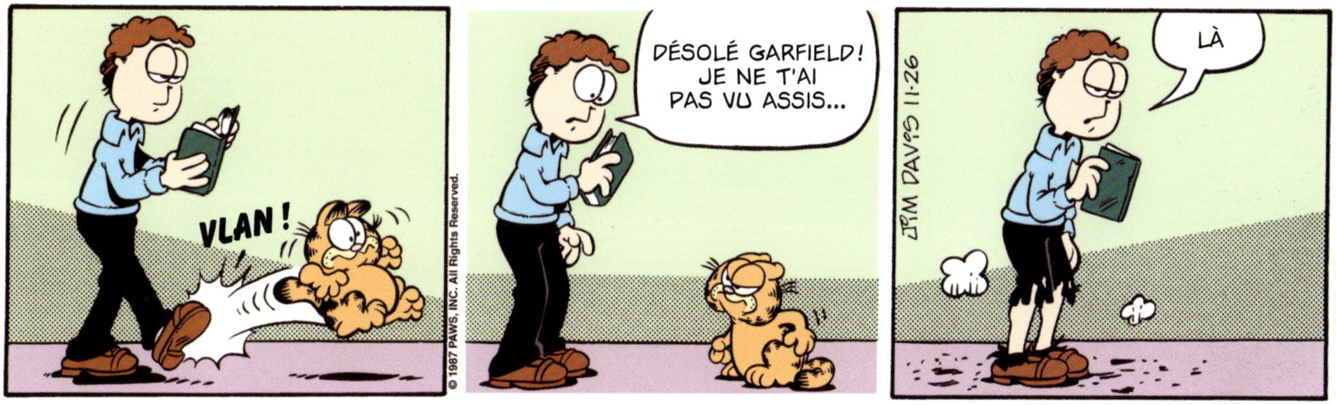
VLAN !
© 1987 PAWS, INC. All Rights Reserved.
DÉSOLÉ GARFIELD! JE NE T'AI PAS VU ASSIS...
JIM DAVIS 11-26
LÀ

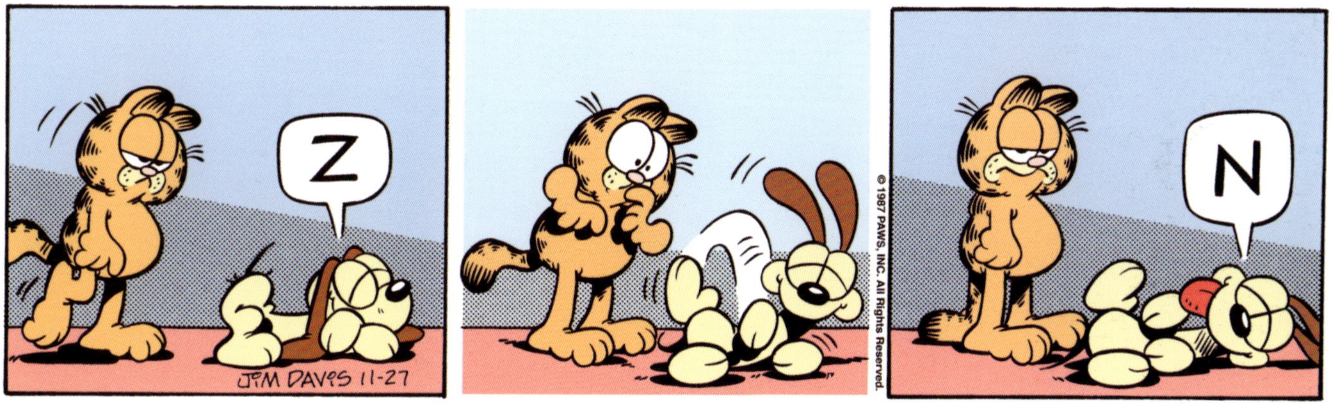
Z
JIM DAVIS 11-27
© 1987 PAWS, INC. All Rights Reserved.
N

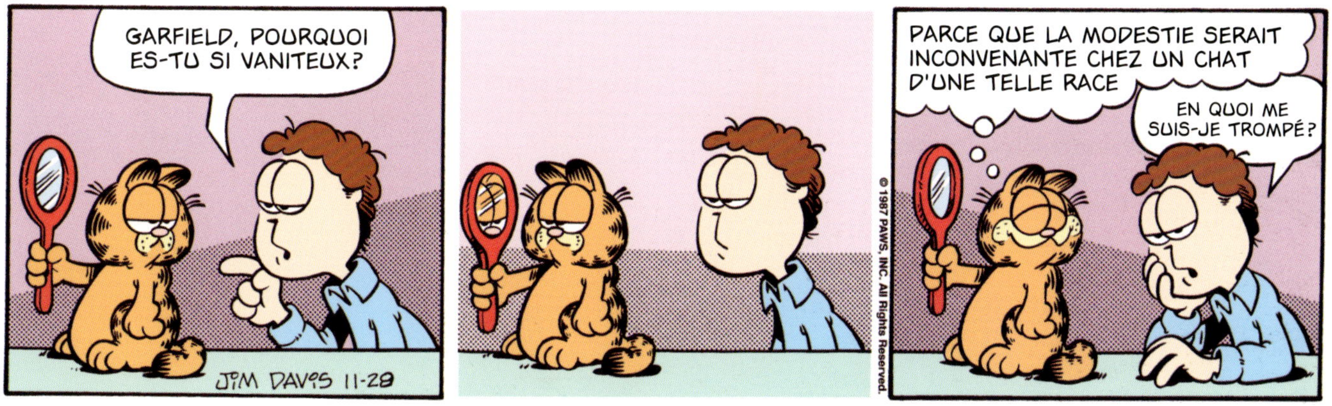
GARFIELD, POURQUOI ES-TU SI VANITEUX?
JIM DAVIS 11-28
© 1987 PAWS, INC. All Rights Reserved.
PARCE QUE LA MODESTIE SERAIT INCONVENANTE CHEZ UN CHAT D'UNE TELLE RACE
EN QUOI ME SUIS-JE TROMPÉ?

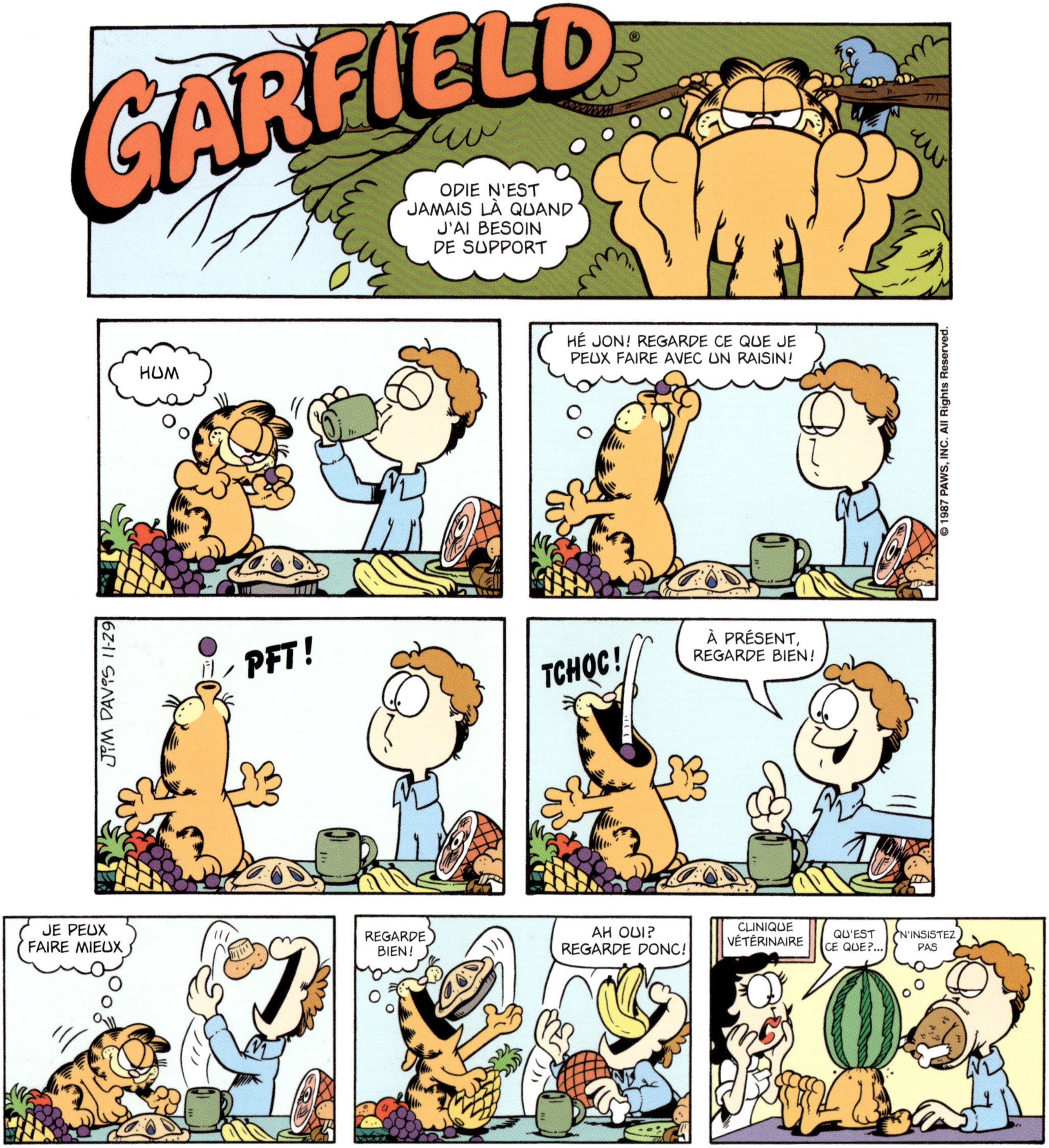
GARFIELD®
ODIE N'EST JAMAIS LÀ QUAND J'AI BESOIN DE SUPPORT
HUM
HÉ JON! REGARDE CE QUE JE PEUX FAIRE AVEC UN RAISIN!
© 1987 PAWS, INC. All Rights Reserved.
JIM DAVIS 11-29
PFT!
TCHOC!
À PRÉSENT, REGARDE BIEN!
JE PEUX FAIRE MIEUX
REGARDE BIEN!
AH OUI? REGARDE DONC!
CLINIQUE VÉTÉRINAIRE
QU'EST CE QUE?...
N'INSISTEZ PAS

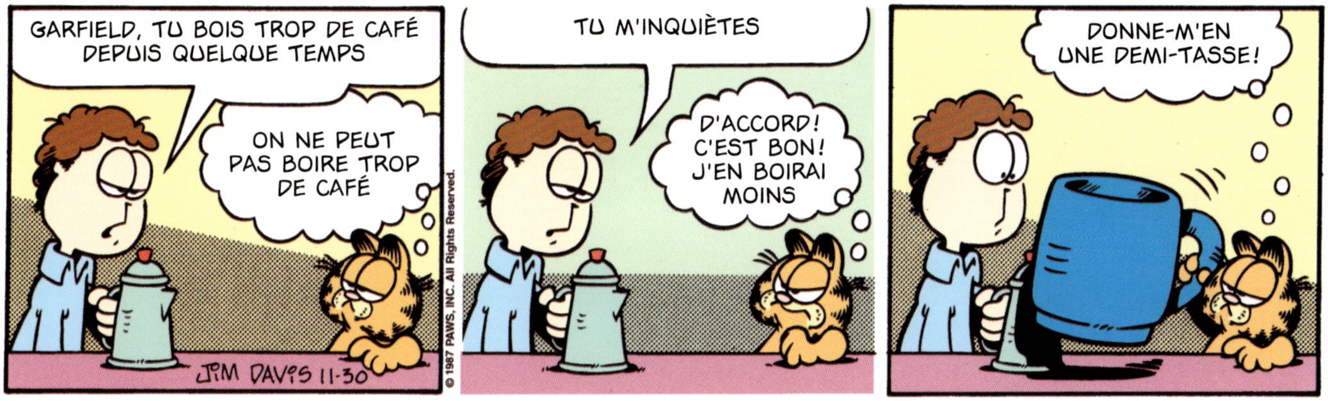
GARFIELD, TU BOIS TROP DE CAFÉ DEPUIS QUELQUE TEMPS
ON NE PEUT PAS BOIRE TROP DE CAFÉ
JIM DAVIS 11-30
© 1987 PAWS, INC. All Rights Reserved.
TU M'INQUIÈTES
D'ACCORD! C'EST BON! J'EN BOIRAI MOINS
DONNE-M'EN UNE DEMI-TASSE!

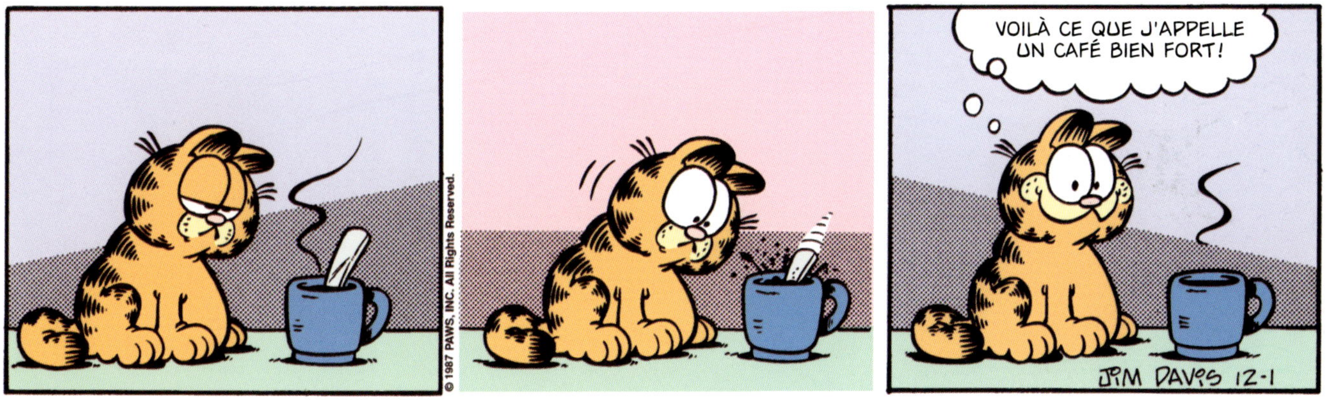
© 1987 PAWS, INC. All Rights Reserved.
VOILÀ CE QUE J'APPELLE UN CAFÉ BIEN FORT!
JIM DAVIS 12-1

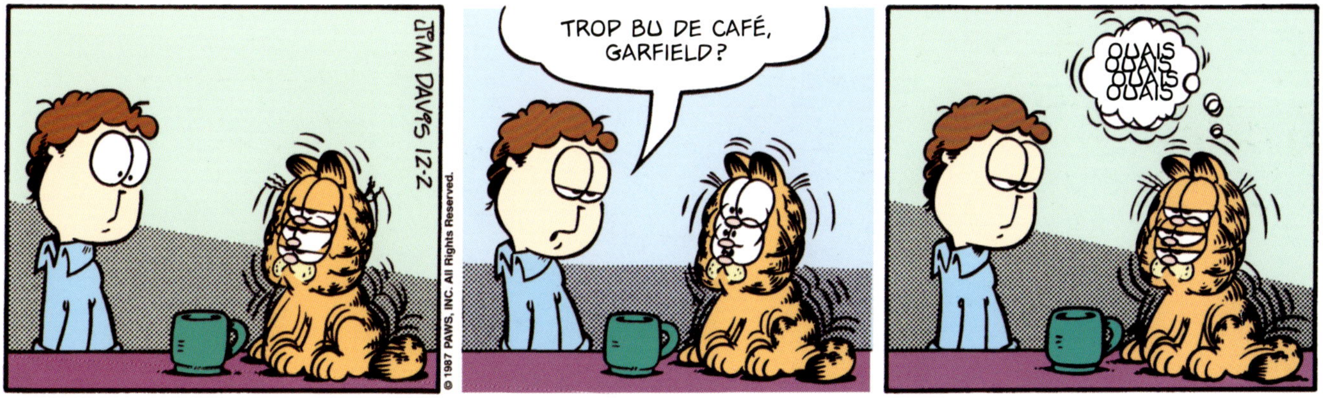
JIM DAVIS 12-2
© 1987 PAWS, INC. All Rights Reserved.
TROP BU DE CAFÉ, GARFIELD?
OUAIS OUAIS OUAIS OUAIS

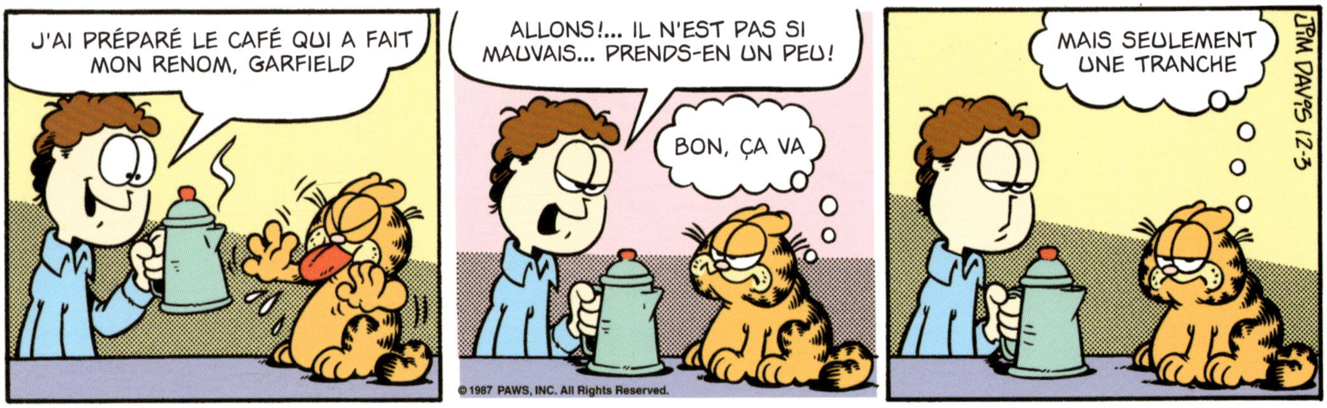
J'AI PRÉPARÉ LE CAFÉ QUI A FAIT MON RENOM, GARFIELD
ALLONS!... IL N'EST PAS SI MAUVAIS... PRENDS-EN UN PEU!
BON, ÇA VA
© 1987 PAWS, INC. All Rights Reserved.
MAIS SEULEMENT UNE TRANCHE
JIM DAVIS 12-3

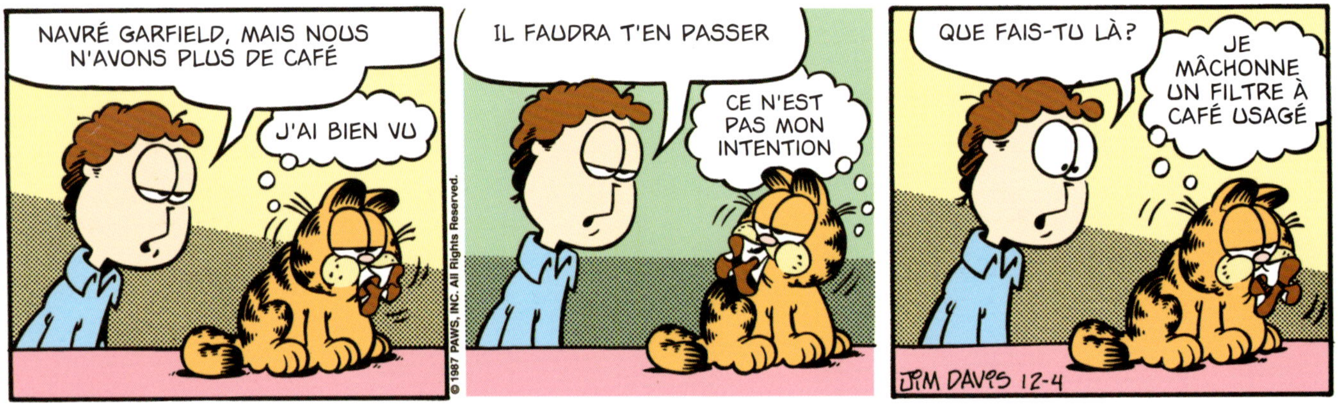
NAVRÉ GARFIELD, MAIS NOUS N'AVONS PLUS DE CAFÉ
J'AI BIEN VU
© 1987 PAWS, INC. All Rights Reserved.
IL FAUDRA T'EN PASSER
CE N'EST PAS MON INTENTION
QUE FAIS-TU LÀ?
JE MÂCHONNE UN FILTRE À CAFÉ USAGÉ
JIM DAVIS 12-4

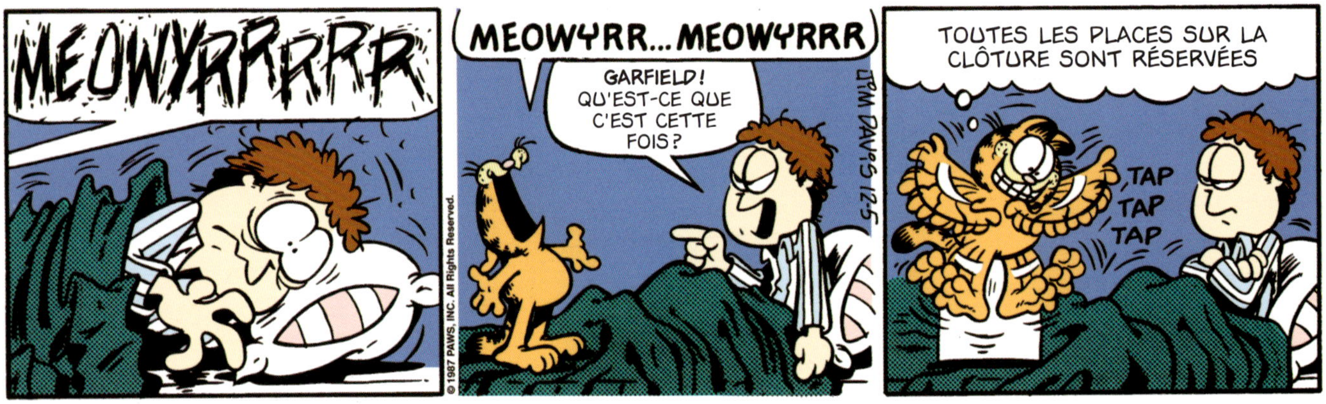
MEOWYRRRRR
© 1987 PAWS, INC. All Rights Reserved.
MEOWYRR... MEOWYRRR
GARFIELD! QU'EST-CE QUE C'EST CETTE FOIS?
JIM DAVIS 12-5
TOUTES LES PLACES SUR LA CLÔTURE SONT RÉSERVÉES
TAP TAP TAP

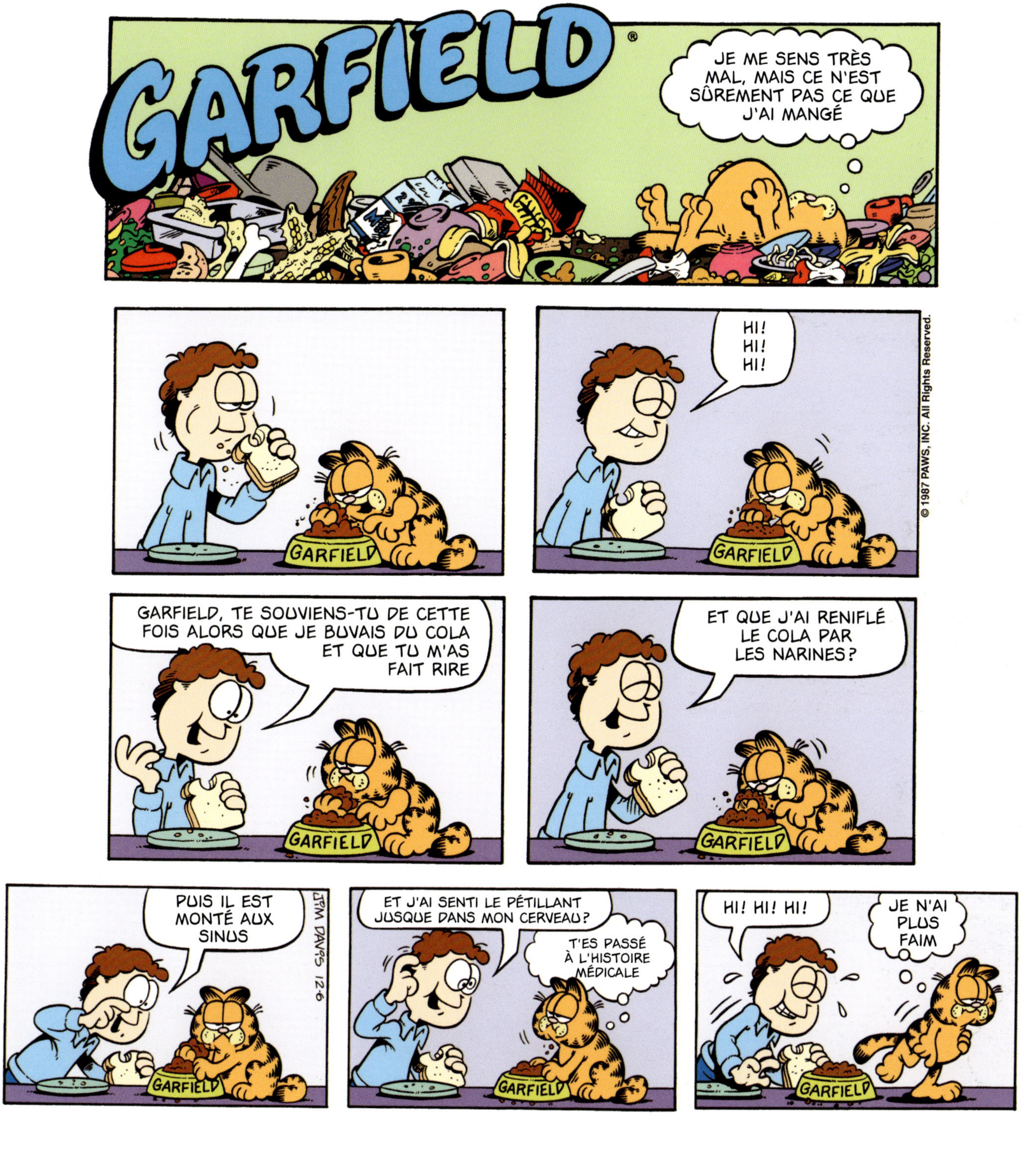
GARFIELD
JE ME SENS TRÈS MAL, MAIS CE N'EST SÛREMENT PAS CE QUE J'AI MANGÉ
GARFIELD
HI! HI! HI!
© 1987 PAWS, INC. All Rights Reserved.
GARFIELD
GARFIELD, TE SOUVIENS-TU DE CETTE FOIS ALORS QUE JE BUVAIS DU COLA ET QUE TU M'AS FAIT RIRE
GARFIELD
ET QUE J'AI RENIFLÉ LE COLA PAR LES NARINES?
GARFIELD
PUIS IL EST MONTÉ AUX SINUS
JIM DAVIS 12-6
GARFIELD
ET J'AI SENTI LE PÉTILLANT JUSQUE DANS MON CERVEAU?
T'ES PASSÉ À L'HISTOIRE MÉDICALE
GARFIELD
HI! HI! HI!
JE N'AI PLUS FAIM
GARFIELD

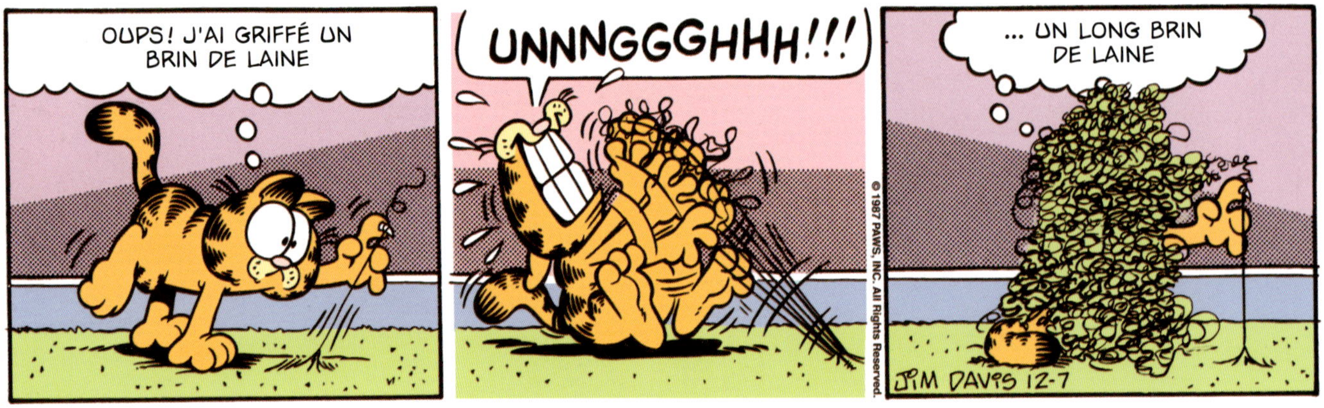
OUPS! J'AI GRIFFÉ UN BRIN DE LAINE
UNNNGGGHHH!!!
... UN LONG BRIN DE LAINE
© 1987 PAWS, INC. All Rights Reserved.
JIM DAVIS 12-7

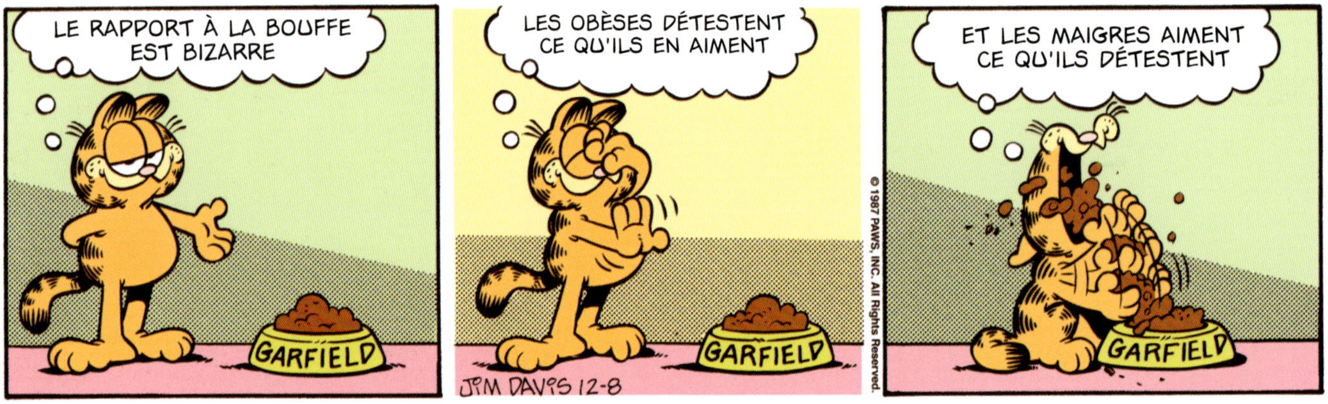
LE RAPPORT À LA BOUFFE EST BIZARRE
GARFIELD
LES OBÈSES DÉTESTENT CE QU'ILS EN AIMENT
GARFIELD
JIM DAVIS 12-8
ET LES MAIGRES AIMENT CE QU'ILS DÉTESTENT
GARFIELD
© 1987 PAWS, INC. All Rights Reserved.

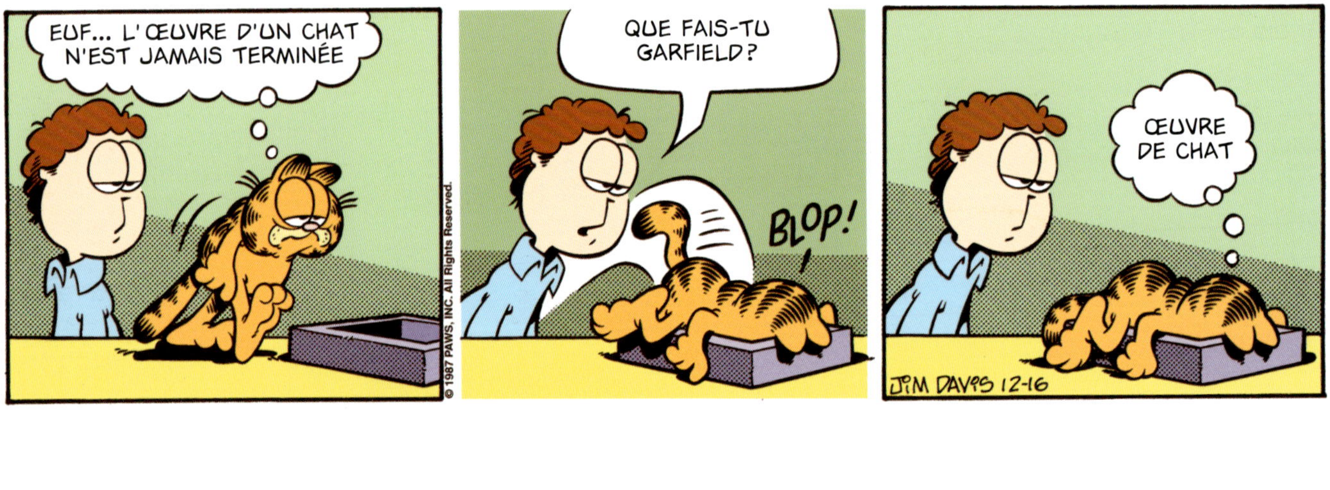
EUF... L'ŒUVRE D'UN CHAT N'EST JAMAIS TERMINÉE
© 1987 PAWS, INC. All Rights Reserved.
QUE FAIS-TU GARFIELD?
BLOP!
ŒUVRE DE CHAT
JIM DAVIS 12-16

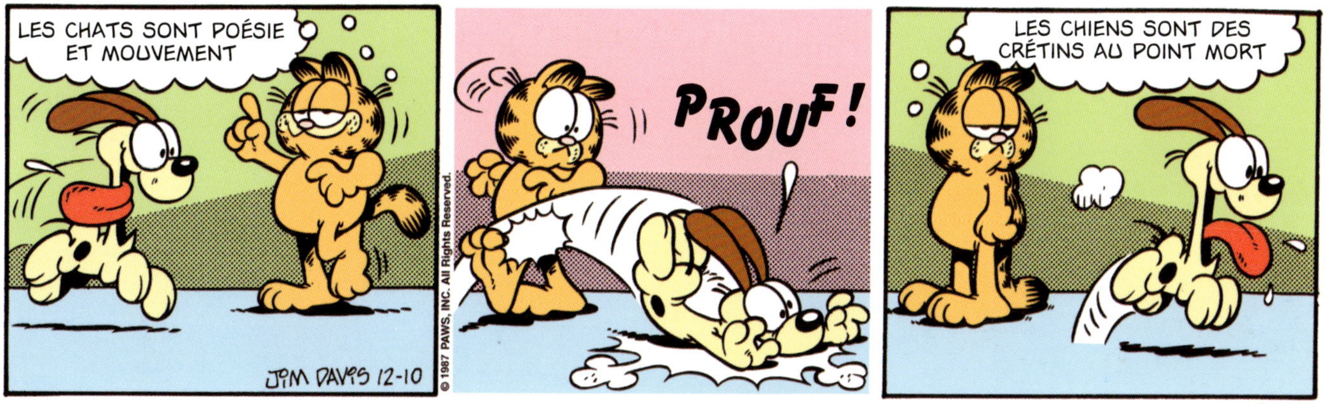
LES CHATS SONT POÉSIE ET MOUVEMENT
JIM DAVIS 12-10
© 1987 PAWS, INC. All Rights Reserved.
PROUF!
LES CHIENS SONT DES CRÉTINS AU POINT MORT

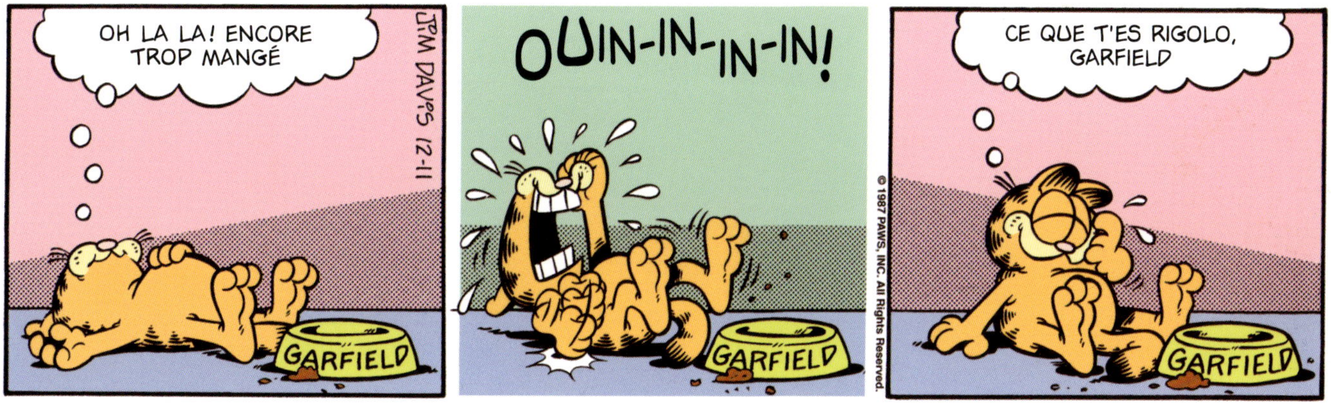
OH LA LA! ENCORE TROP MANGÉ
JIM DAVIS 12-11
GARFIELD
OUIN-IN-IN-IN!
GARFIELD
© 1987 PAWS, INC. All Rights Reserved.
CE QUE T'ES RIGOLO, GARFIELD
GARFIELD

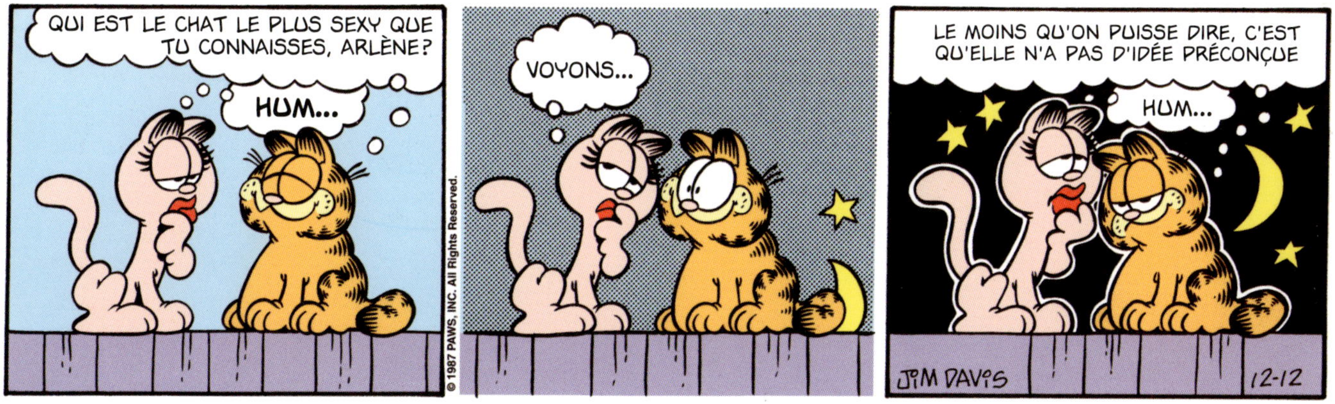
QUI EST LE CHAT LE PLUS SEXY QUE TU CONNAISSES, ARLÈNE?
HUM...
© 1987 PAWS, INC. All Rights Reserved.
VOYONS...
LE MOINS QU'ON PUISSE DIRE, C'EST QU'ELLE N'A PAS D'IDÉE PRÉCONÇUE
HUM...
JIM DAVIS
12-12

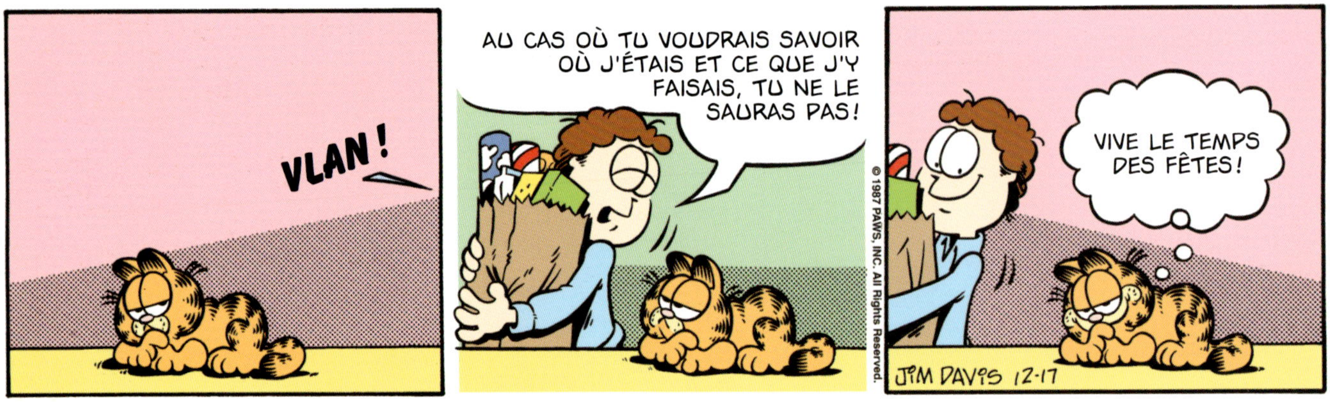
VLAN!
AU CAS OÙ TU VOUDRAIS SAVOIR OÙ J'ÉTAIS ET CE QUE J'Y FAISAIS, TU NE LE SAURAS PAS!
VIVE LE TEMPS DES FÊTES!
© 1987 PAWS, INC. All Rights Reserved.
JIM DAVIS 12-17

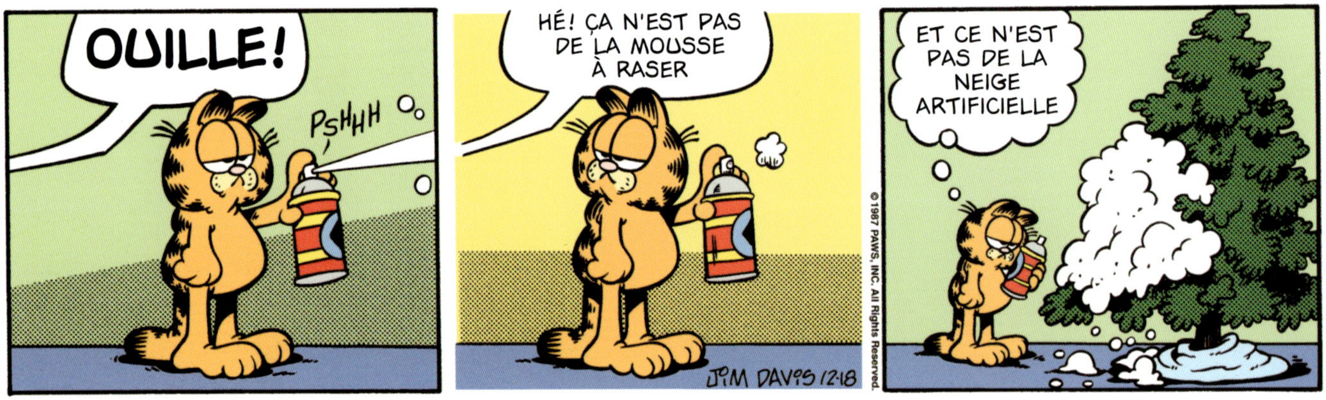
OUILLE!
PSHHH
HÉ! ÇA N'EST PAS DE LA MOUSSE À RASER
JIM DAVIS 12-18
© 1987 PAWS, INC. All Rights Reserved.
ET CE N'EST PAS DE LA NEIGE ARTIFICIELLE

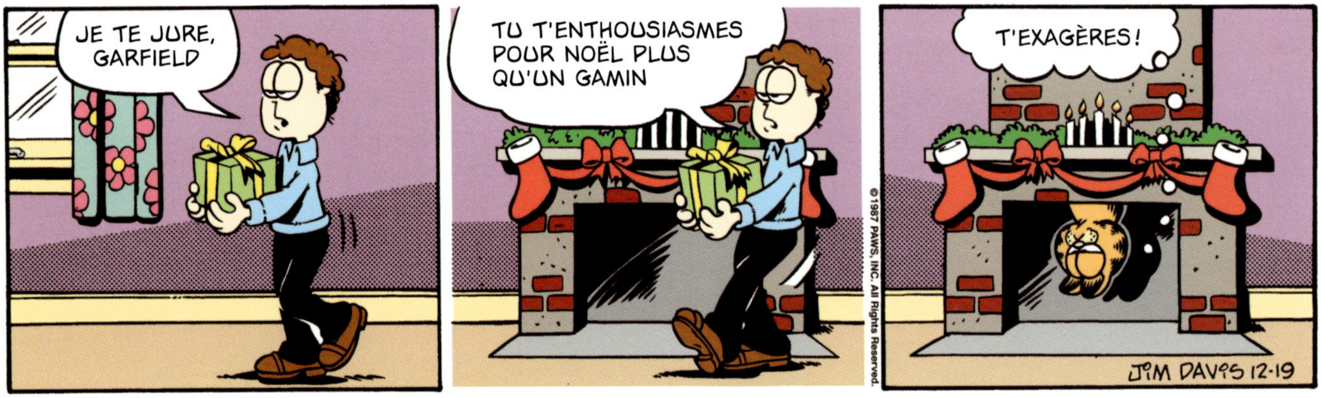
JE TE JURE, GARFIELD
TU T'ENTHOUSIASMES POUR NOËL PLUS QU'UN GAMIN
© 1987 PAWS, INC. All Rights Reserved.
T'EXAGÈRES!
JIM DAVIS 12-19

ON RACONTE QU'UN CHAT A PARCOURU 400 KM POUR RETROUVER SON MAÎTRE
© 1987 PAWS, INC. All Rights Reserved.
JIM DAVIS
TE VOIS-TU PARCOURANT UNE TELLE DISTANCE, GARFIELD?
HA! HA! HA!
J'ENVERRAIS UNE CARTE POSTALE
12-14

ON NOUS APPREND QUE NOMBRE D'ARTISTES CRÈVENT DE FAIM AU SERVICE DE L'ART
GARFIE
© 1987 PAWS, INC. All Rights Reserved.
GLUCK
GARFIELD
UN GLOUTON AFFAMÉ! BELLE IDÉE!
GARFIELD
JIM DAVIS 12-15

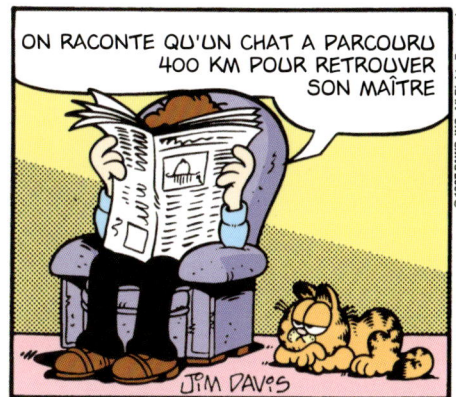

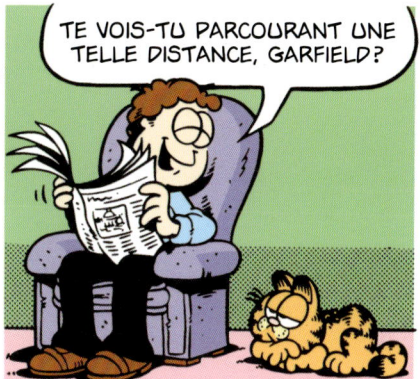

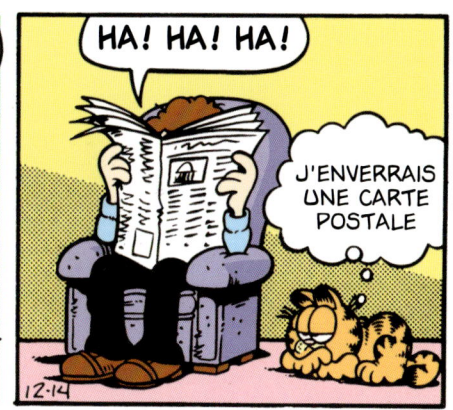

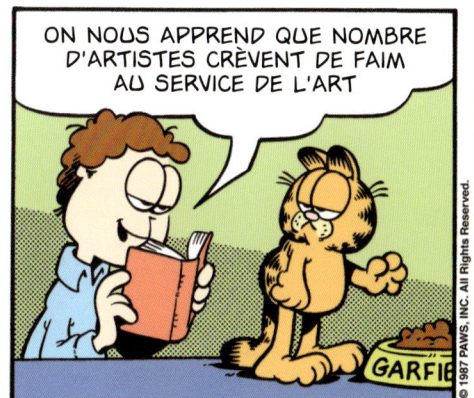

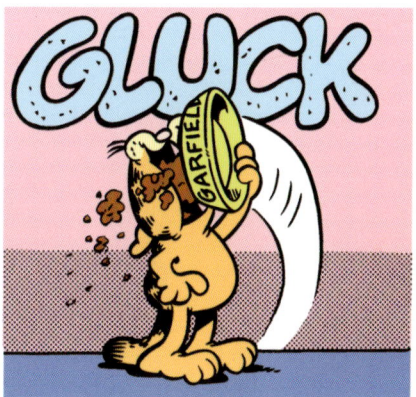

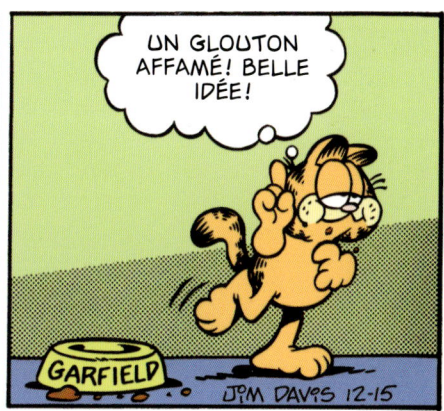